Denk Groß Team

„Dem Horst sein Logbuch"

Denk Groß Team

„Dem Horst sein Logbuch"

Runter vom Eis -
Volldampf für Ihren Unternehmenserfolg!

Herausgeber: Denk Groß Team

S. D'Angelo, C. Gorzalka, K. Letter, M. Letter, H.-G Mazur,
S. Masemann, B. Messer, D. Stempfle, G. Weiß, C. Wind,
R. Zartmann

Herausgeber:
Denk Groß Team
Verantwortlich: Michael Letter

Dem Horst sein Logbuch

Illustration und Covergestaltung:
Claudia Wind, 02fuffzehn, Düsseldorf

Druck und Bindung:
Fuldaer Verlagsanstalt, Fulda

ISBN 3-9810088-6-3
1. Auflage 2008

Erschienen im

BR Verlag
Conzestraße 32
59557 Lippstadt
Tel. (0 29 41) 2 29 35
Fax (0 29 41) 2 37 97
e-Mail: office@raffler-verlag.de
www.raffler-verlag.de

Inhalt

Einleitung

DEM HORST SEIN LOGBUCH

Eine Geschichte von Sandra Masemann und Barbara Messer

Horst ist nicht erst seit heute unzufrieden. Es geht schon lange so, dass ihm einiges gegen den Strich geht. Wie bittere Galle kommt es ihm hoch, verteilt sich auf der Zunge und lässt ihn nicht vergessen, dass es nun wirklich an der Zeit ist, zu handeln.

„Es wird immer weniger!", denkt er laut vor sich hin und brummelt dabei. Aber so, dass ihn keiner der umstehenden Pinguine hört.

Starr blickt er auf das Eis direkt vor ihm. Es ist noch jede Menge Eis da. Er weiß aber, dass die Schollen kleiner werden.

Gerade letzte Woche war er auf Kabeljau-Jagd, bis hin zur großen Felseninsel Richtung Norden. Er hatte dort mit kleinen Steinen eine Markierung gelegt, sodass er den Verlauf der Schollenkante gut einschätzen konnte. „Mindestens eine Robbenlänge weniger", denkt Horst und kann seine Sorgen nicht mehr verleugnen.

Er weiß, dass Christoph, der Anführer ihrer Sippe, seine Sorgen nicht sehr ernst nimmt. Wenn es nach ihm ginge, dann könnte alles so bleiben wie es ist. Er sieht nach wie vor keinen Grund für irgendeine Besorgnis. Sein Motto: „Die Fische reichen noch lange! Guckt doch, wie viele hier ständig vorbeikommen!"

Horst sieht das anders, aber er ist auch jünger. Und zudem hat er auch schon ein paar Reisen mehr unter den Flossen als der alte Christoph. Petra, dem Horst seine Frau, teilt diese Sorgen. Vor allem da die beiden auch auf ihren Nachwuchs warten und natürlich möchten, dass der Kleine dann auch noch auf großen Eisschollen rutschen kann.

Christoph ist schon in der 12. Generation Großvater, da denkt er an ganz andere Dinge, als die Sippe zu retten. „Vielleicht hat er auch gar keine Lust mehr, unser Chef zu sein?", hat Horst schon mehr als einmal gedacht.

Petra schaut Horst an und zwinkert mit dem rechten Auge. Diese Angewohnheit hat sie schon, seit sich die beiden ineinander verliebt haben. Wenn sie blinzelt, dann ist das wie ein kleiner Kuss von ihr. Horst lacht und weiß, was Petra will.

„Ich glaube es ist an der Zeit, mit allen zu sprechen.", sagt sie. „Wir sind viele hier auf unserer Scholle und bald kommt die Zeit der Eier. Es wollen doch alle einen sicheren Platz haben."

„Ja, ich weiß, Petra", erwidert Horst. „Was meinst du, wollen wir noch einmal zu Michael gehen und ihn bitten, eine Versammlung einzuberufen?"

„Hmm, unbedingt!" Petra blickt sich um, ob ihr Gespräch unter vier Augen geblieben ist. Die Nachbarn sind normalerweise 2 Schritte entfernt, mehr nicht. Und bevor sich diese Nachricht wie ein Lauffeuer verbreitet, sollte Christoph eingeweiht sein.

„Ja, du hast recht, wir sollten ihn einweihen." Horst schenkt seiner Frau immer Glauben, oftmals hat sie den richtigen Riecher, wenn es um Entscheidungen geht. Es ist nicht nur ihre Intuition, sondern auch ihr breites Wissen. Sie war einige Jahre unterwegs, in anderen Ländern und hatte Kontakt zu anderen Kolonien. Das macht sich natürlich jetzt bezahlt.

Später, kurz vor dem Einschlafen blicken sie noch einmal auf das Gespräch mit Christoph zurück. Er war erst sehr traurig, dass Horst und Petra seine Ansicht über die Rahmenbedingungen der Kolonie nicht teilten.

„Er wirkte müde und schien auch Zweifel zu haben", meint Petra. Denn er hatte ihrem Bericht lange zugehört. Zwischendurch hatte er nachdenklich in den Himmel geschaut, blickte sich zu den anderen Pinguinen um und atmete mehrfach lange und tief durch. Schlussendlich hatte Christoph zugestimmt, dass es morgen Mittag eine große Versammlung geben soll. Dort dürfen Petra und Horst ihr Anliegen vortragen.

„Ich hätte nie gedacht, dass er so reagiert!", meint Horst. „Aber vielleicht hat er auch gar keine Lust und Power mehr für seine Aufgabe. Guck mal, Petra, wie lange er schon unser Chef ist. Vielleicht ahnt er auch, dass andere nach seinem Posten schielen. Ich zum Beispiel hätte große Lust, eine Gruppe von uns anzuführen und nach einem neuen Reich für uns zu schauen." Petra schaut ihn liebevoll an, denn sie kennt seine Leidenschaft, etwas bewegen zu wollen. „Du bekommst wie immer meine volle Unterstützung, Horst. Sicher wird es einige geben, die ebenso abenteuerlustig und besorgt um unsere Zukunft sind wie wir. Ich denke, dass wir nicht einfach nur erzählen sollten, dass wir von hier weg wollen. Wir sollten tatsächlich einen genauen Plan entwerfen. Das Ziel sollte klar sein und auch, woran wir erkennen können, dass es erreicht ist."

„Du meinst, dass wir den anderen sehr konkret unsere Vision und unsere Ideen darstellen sollten? Das leuchtet mir ein, denn sonst hört sich das so „Wischi-Waschi" an. Ich habe auch ein paar Ideen, wie wir konkret anfangen können. Ich denke da an ein Floß. Hier kommt mit dem ganzen Müll so viel Holz angeschwemmt, daraus können wir sicher etwas bauen."

So geht es den ganzen Abend weiter und erst weit nach Mitternacht kommen Petra und Horst zur Ruhe. Am nächsten Morgen wollen die zwei nicht gleich richtig wach werden. Petra ist noch in ihren Träumen und rollt sich in der weißen Schneekuhle wild hin und her. Horst weckt sie, weil er den Tag für das Projekt nutzen wollte.

„Hey, Petra, was ist mit dir denn los?", fragt er sie, nachdem er sie mehrfach angestupst hat.

„Ohhh, du glaubst nicht, was ich alles im Kopf habe. Mich beschäftigt die Stimmung so. Es ist hier bei uns in der Kolonie oft so bedrückend, viele wissen nicht wie es weiter geht. Und Christoph gibt so wenig Bestätigung, Anerkennung und Klarheit. Ich glaube, wir sollten es anders machen. Die Pinguine sollten mitkommen, weil sie das selbe Ziel verfolgen wie wir: nämlich einen neuen, sicheren und zukunftsfähigen Lebensraum finden."

„Wie soll das gehen? Was meinst du damit, Petra?", Horst schaut sie fragend an.

„Ja, was meine ich eigentlich? So richtig kann ich es noch nicht ausdrücken. Ich kenne es aus Neuseeland. Die Maoris, also die ersten Einwohner in Neuseeland - du weißt, das liegt ja gleich in der Nähe - haben sich bei der Seefahrt an den Sternen orientiert. Sie wussten einfach, wo welche Sternenbilder sind und sind mit einer kleinen Gruppe an Booten von ihrer damaligen Insel aufgebrochen. Irgendwann fanden Sie dann Neuseeland."

Horst guckt seine Frau an. Immer wenn sie von ihren Reisen erzählt, plustert sich ihr Fell ein wenig auf, er kann sie dann nicht mehr bremsen, da sie alles erst einmal erzählen muss. Obwohl dies immer wieder Zeit kostet, ist das eine der Eigenarten, die er nicht missen möchte.

Ohne weitere Unterbrechung spricht sie weiter: „Natürlich war es bei den Maoris so, dass die Gruppen in den Booten sehr wertschätzend und vertrauensvoll miteinander umgegangen sind. Jeder hatte seine Aufgabe, seinen Posten. Es wurde sofort eine Versammlung einberufen, wenn es etwas zu klären gab. Dadurch waren und sind sie sehr erfolgreich. Und weißt du was, Horst? Sie singen die ganze Zeit bei der Arbeit, also damals bspw. beim Rudern. Durch ihren melodischen Gesang bin ich überhaupt auf sie aufmerksam geworden. Menschen waren für mich immer eher so grimmige, große Gestalten. Hier war es anders. Voller Freude und Kraft ruderten sie ihre Boote. Und auch wenn sie am Strand Paua Muscheln sammeln, singen sie."

Horst schaut lange in die Sonne während er zuhört. Sein Blick geht auch aufs Wasser. Und wieder fragt er sich, was Petra wohl meint. Sie hat so viele Ideen, spricht sie absolut emotional und manchmal auch wirr aus. Zumindest nimmt er das so wahr. Das macht sie wiederum zu einem so guten Paar, ihre jeweiligen Schwächen und Stärken ergänzen sich wunderbar. Aber jetzt ist er wieder am Rätseln. „Ich gehe noch einmal ans Wasser. Da kommen mir meist die besten Ideen.", denkt er und watschelt in Richtung Schollenkante.

„Wie kriegen wir bloß eine Schwimmfläche zusammen?" Mit diesem Gedanken taucht Horst erst einmal ab in die Fluten. Das ist immer der schönste Moment des Tages: das Eintauchen in die blauen Fluten, vor allem, wenn sich von oben noch das Sonnenlicht durch das Wasser bricht. Das Eis leuchtet weiß und die Fischschwärme glitzern. „Wieder das Essen genau vor der Haustür", denkt er, „aber es wird immer weniger. Das macht mir Angst. Wovon sollen unsere Kinder satt werden?" Horst taucht immer wieder auf und ab, holt sich ein paar Heringe und schwimmt noch ein wenig weiter Richtung Felsenküste.

„Ich brauche eine Pause, ich muss nachdenken. Ich bin ganz huschig im Kopf. Petra ist toll, aber sie verwirrt mich mit ihren Gedanken. Was soll ich bloß tun?" Er setzt sich auf einen der Felsen und beginnt bitterlich zu weinen. Natürlich weinen Pinguine nicht, oder nur absolut selten. Und vor allem den männlichen Pinguinen stehen diese Gefühlsausbrüche normalerweise nicht zu. „Oh, Mann, jetzt heule ich auch noch! Wenn mich einer von den Kumpels sieht, das geht doch nicht." Seine schlechte Laune steigt gewaltig, es ist nicht nur Trauer und Verzweiflung in ihm. Hilflos ist er, sauer und verwirrt. Jetzt platzt es in ihm und er kann sich nicht mehr halten. „Brauche ich ja auch nicht, hier ist ja niemand!", denkt er voller Scham. Er braust auf und schreit über die ganze Eisebene laut und elendig. Er schreit und schreit. Und es tut gut. Endlich lässt er Dampf ab und lässt los. Zulange hält er seine Gefühle schon unter Verschluss, nur Petra weiß wirklich, was mit ihm los ist. Jetzt wirft er sich einfach auf den Boden und rutscht sofort ein paar Meter weiter. „Ach, es ist doch egal", denkt er dabei. Und da plötzlich kommt ihm was in die Quere. Ein kleines, dickes und vor allem altes Buch liegt zwischen seinen Füßen und dem Stein auf seiner linken Seite. Es ist seit ein paar Jahren nicht mehr ungewöhnlich, dass die Pinguine auf Sachen und Dinge hier unten am Südpol treffen. Gerade letzte Woche hatten ein paar Freunde einen alten Schuh gefunden, diesen nutzen sie jetzt, um kleine Steine darin zu sammeln. So wird manches nützlich, und der Schuh ist nun eine willkommene Möglichkeit, die Fläche zum Eierlegen zu reinigen. Auch Horst hasst diesen Job, die Eisfläche von Steinen freizuhalten. Es fällt seit Jahrtausenden in das Arbeitsgebiet der Männer. Aber die Frauen haben schon recht, wenn sie ihre kostbaren Eier auf einen Stein fallen lassen, zerspringt ja sofort die Schale. „Aber was ist das hier?", hört Horst unvermittelt mit seinem Weinkrampf auf. Seine Neugier ist geweckt und er bearbeitet das Buch mit seinem geschickten Schnabel.

Logbuch steht vorne drauf, aber mehr kann Horst erst einmal gar nicht erfassen. „Jetzt will ich aber schnell nach Hause, Petra soll das auch erfahren." Mit diesen Worten macht er sich auf den Weg.

Petra ist begeistert: „Ein Buch, wow, das kann uns vielleicht helfen. Was steht denn drin? Lass mal sehen!" Und gleich darauf hat sie es in den Händen und gibt es nicht mehr her.

Wie sieht das Buch aus? Es ist schon sehr eingerissen, zerfleddert und ramponiert. Über 300 Seiten, eine sieht fast wie die andere aus. „Ist doch gut, dass wir beide damals lesen gelernt haben", lacht sie Horst an. Sie lacht, weil er die Schule gehasst hat. „Jetzt kommt es uns vielleicht zugute?" „Lass uns zur Versammlung gehen, sonst kommen wir zu spät!", sagt Horst eifrig und Petra nickt. „Wir wollen doch nicht, dass sie ohne uns anfangen, oder?"

„Aber halt, Petra, das Buch ist voll mit Tipps, wie man ein Unternehmen oder eine Unternehmung erfolgreich in Gang bringt und Probleme mit dem Arbeitsplatz lösen kann. Das ist ja der Wahnsinn! Schau mal, es geht hier vorne gleich mit Kultur im Unternehmen und Führung und so los." Horst ist ganz schwindelig vor lauter Begeisterung, das Buch kommt genau richtig, denn wenn sie wirklich mit allen los wollen, um einen neuen Lebensraum zu suchen, dann können sie jede Unterstützung gebrauchen. Und dieses Buch scheint genau die richtige Hilfe zu sein. Petra wirft auch einen Blick hinein, obwohl sie den Zeitdruck so kurz vor der Versammlung intensiv wahrnimmt.

„Du hast recht, Horst, das ist ja voll mit wichtigen Informationen. Lass uns noch mal schnell reingucken, dann bekommen wir vielleicht einen Tipp für die Versammlung!" Gesagt – Getan:

1. Zukunftsorientierte Unternehmenskultur – wertschätzend – kreativ - lebendig

Was Sie erwartet

In diesem Artikel werden Sie einen Einblick bekommen, welche Bedeutung die Unternehmenskultur für den Unternehmenserfolg hat. Wir haben aus diesem komplexen Feld Bereiche ausgewählt, die wir für besonders beachtenswert halten und die ebenfalls einen Blick über den eigenen Tellerrand erleichtern.

Nach einem Einstieg in den Begriff Unternehmenskultur nehmen wir folgende Themen in den Blick:

1. Unternehmenspolitik – sorgen Sie für Transparenz

2. Werte im Unternehmensalltag – walk what you talk

3. Gesunde Lebensweise – auch in Ihrem Unternehmen

4. Erfolgsfaktor Lachen - mit Humor geht alles leichter

5. Gender Mainstreaming – mit frauenfreundlichen Arbeitsplätzen punkten

6. Diversity Management - mit Vielfalt und Unterschiedlichkeit schaffen Sie eine moderne und zukunftsfähige Personalpolitik

7. Familienfreundliche Arbeitsplätze für Frauen und Männer – so gewinnen Sie qualifizierte Mitarbeiter

8. Innovationen durch wertschätzende Kommunikation - stoppen Sie Killerphrasen

9. Die Kunst der Präsentation – gewinnen Sie Interesse und Unterstützung für Ihre Ideen

10. Öffentlichkeitsarbeit - öffnen Sie Ihren Betrieb

11. Erfolgsfaktor Kreativität – geben Sie Ideen Raum

Der Kreativität widmen wir in diesem Beitrag unsere besondere Aufmerksamkeit. Zum einen erleben wir immer wieder, dass es vielen Unternehmen in Deutschland an Kreativität mangelt und zum anderen gibt es viele Erfahrungen, die zeigen, welche bedeutende Rolle die Kreativität für den Unternehmenserfolg in einer sich rasant wandelnden Welt hat.

Unternehmenskultur ist...

„Sie sind entlassen!" – So könnte es heißen oder auch so:

„Okay, Sie haben einen Fehler gemacht und es gibt einfach auch Dinge, die Sie ändern müssen. Dafür stellen wir Ihnen als Unterstützung ein Coaching zur Verfügung."

Diese zwei Aussagen spiegeln unterschiedliche Unternehmenskulturen wider. Doch was genau meint Unternehmenskultur?

„Unter einer Unternehmenskultur wird die Grundgesamtheit

- gemeinsamer Wert- und Normenvorstellungen sowie

- geteilter Denk- und Verhaltensmuster verstanden, die

- Entscheidungen,

- Handlungen und

- Aktivitäten der Organisationsmitglieder prägen." (Simon, 1990)

„Humor lädt die Batterien der Mitarbeiter wieder auf!" Ein Satz von Herrn Stefan Blahak - Geschäftsführer von Office 360 GmbH - der deutlich macht, welchen Wert er dem Lachen in seinem Unternehmen beimisst. Was hinter dieser Aussage steckt, ist ein kleiner Einblick in die Unternehmenskultur seiner Firma.

Mit Klein und Müri sind wir der Meinung, dass jede Organisationsstruktur ihre Geschichte und ihre Lebensweise hat. Dies wird unter dem Begriff Unternehmenskultur zusammengefasst. (Klein, Müri, 1991).

- Das kleine Kaufhaus am Ort, was in der dritten Generation lebt

- Der neue Friseursalon, in der eben fertig gestellten Ladenpassage

- Die Gemeinschaftspraxis am Ortskern, in der regelmäßig Ärzte und Therapeuten wechseln

- Die Keksfabrik auf der grünen Wiese, die seit 40 Jahren dort ist

Jede Organisation, jedes Unternehmen ist geprägt von kulturellen Aspekten. Die spezifische Kultur ergibt sich aus den Werten, der Unternehmensethik, Normen und Denkhaltungen. Sie zeigt sich im Zusammenleben der Mitarbeiter ebenso wie im Auftreten nach außen.

Elemente der Wertewelt des Unternehmens

In Anlehnung an Kälin und Mürr möchten wir folgende Elemente in den Blick rücken:

- 1. Werte:
  Verdichtung von Einzelwerten zu Gruppen- oder Bereichswerten, die sich sichtbar auf das Verhalten auswirken (z.B. die Umsetzung einer neuen Führungsstrategie).

- 2. Normen:
  Bildung einer Verhaltens- und Einstellungsnorm (Gewohnheit), die allgemein akzeptiert wird.

- 3. Stil:
  Entstehung eines Unternehmens-Stils, wenn die Einhaltung der Norm zur sozialen Selbstverständlichkeit geworden ist und nicht mehr registriert wird.

- 4. Stimmung:
  Einfärbung der Grundstimmung im Sinne des selbstverständlichen Stils. Entstehung einer nicht mehr reflektierten »Atmosphäre« oder eines unbewussten »Erscheinungsbildes«. (Kälin, Mürr, 1991)

Die besondere Aufgabe von Führungskräften

Um Unternehmenskultur bewusst zu gestalten, gehört es zu den Aufgaben der Führungskräfte eines Unternehmens, Visionen zu definieren und diese in der Gestaltung von Veränderungsprozessen, in ihrem eigenen Verhalten, ihrem Führungsstil und dem Umgang mit Kritik und Widersprüchen einzubringen.

Als Kundinnen eines Fitnessstudios können wir folgende Aussage einer Führungskraft dieses Unternehmens bestätigen:

„Teamgeist: Die Stimmung in einem Unternehmen ist wichtiger als jedes Wissen oder Kapital. Normen regeln die Verhältnisse, aber nicht das Verhalten. Echte Hingabe, echte Freude können wir weder verordnen noch einfordern. Das, was unsere Mitarbeiter tun, tun sie von Herzen." (Elan Fitness Studioinhaber Jürgen Wegner, Wennigsen)

Uns ist vollkommen bewusst, dass das Thema „Unternehmenskultur" umfangreich, spannend, im Umbruch und voller Gedanken und Ideen steckt. Um Ihnen einen Einblick und noch mehr Appetit auf dieses Thema zu machen, servieren wir Ihnen eine bewusste Auswahl an Tipps und Interventionen:

1. Unternehmenspolitik - sorgen Sie für Transparenz

Nur, wenn Mitarbeiter wissen, wohin es gehen soll, können sie mit all ihrer Kraft und Energie mitgehen. Dieser einfache Satz macht deutlich, wie wichtig es ist, dass Mitarbeiter den Weg kennen, der vor ihnen liegt. Sie müssen wissen, was es für aktuelle, kurz- und langfristige Ziele gibt, und auch wie diese erreicht werden sollen.

Unsere Tipps:

- Bitte machen Sie keine Geheimnisse aus Zahlen, Stellenbesetzungen, Wünschen und Erwartungen! Je mehr Klarheit, je weniger Unklarheit und Spekulation.

- Schaffen Sie klare, einfache Kommunikationswege, die nachvollziehbar sind und auf denen die Informationen zügig und unmissverständlich transportiert werden!

- Regemäßige Besprechungen sowie Informationsveranstaltungen für Ihre Mitarbeiter sind der Ort für Transparenz.

- Seien Sie authentisch, wenn es um Ihr Unternehmen und deren derzeitige Situation geht! Neutral benannt stellt sich manche Tatsache einfacher hin, als wenn lange drum herum geredet wird.

2. Werte und Realität – walk what you talk

Mitarbeiter und Kunden spüren, ob die kommunizierten Werte des Unternehmens mit der Realität und dem tatsächlichen Alltag übereinstimmen.

Zum Beispiel IKEA

IKEA scheint als Unternehmen daran interessiert zu sein, dass wir uns als Kunden dort wohl fühlen, fast als gehörten wir zu einer großen Familie. Wir werden als Kunden in der öffentlichen Kommunikation geduzt und direkt angesprochen. Das lädt viele ein, sich entspannt zu verhalten. Ebenfalls haben alle Produkte, in diesem Fall die Möbel, einen Namen. In unserem Wohnzimmer steht nicht irgendein Regal - nein, es ist „Billy". Zudem sorgt der Service vor Ort dafür, dass sich beim IKEA-Besuch alle wohlfühlen können. Selbst Kleinkinder haben ihren Spaß, und ihre Eltern bekommen im Restaurant Babynahrung gratis. Der Spaß- und Erlebnisfaktor wird groß geschrieben.

Inwieweit die Mitarbeiter diese Werte erleben, können wir als Kunden nur begrenzt erfahren. Wohl aber nehmen wir ein partnerschaftliches und freundliches Miteinander wahr.

„Ergebnisse sind das, was wir wollen. Werte sind das, weshalb wir wollen, was wir wollen. Die im Unternehmen praktizierten Werte sind der Treibstoff für die Unternehmensvision. Unsere persönlichen Werte liefern dementsprechend die Basis für unsere Motivation und unsere Entscheidungen. Sie haben mit dem zu tun, was uns wichtig ist. Werte werden normalerweise in Form abstrakter Nominalisierungen beschrieben mit Begriffen wie Liebe, Glück, Leistung, Anspruch, Gesundheit, Spaß." (McDermott, O´Connor, 1999)

„Walk what you talk" ist eine Aussage, die Sie von vielen Menschen mit NLP-Hintergrund hören können. Damit ist gemeint, dass wir das auch tun und leben sollen, was wir sagen. Dann sind wir authentisch und glaubwürdig.

Zur Verdeutlichung ein paar Negativbeispiele, die diesen Grundsatz nicht berücksichtigen:

- Eine Zahnarztpraxis wirbt für Mundgesundheit, die Mitarbeiter riechen nach Zigarettengeruch.

- Die Mitarbeiter eines Farben- und Dekorationsgeschäfts empfehlen „unter der Hand" den Baumarkt in der nächstgrößeren Stadt mit den Worten: *„Dort sind die Produkte billiger zu haben."*

- Ein Produzent von ökologischen Kosmetikprodukten bietet in der Betriebskantine Fertigprodukte an.

- Eine IT-Firma wirbt mit dem Logo *„Mit Teamgeist lösen wir jedes Problem über Nacht".* Als Kunden erleben wir, wie der Chef seine Angestellten vor unseren Augen lautstark anraunzt.

- Ein Autohaus wirbt mit seiner besonderen Kundenfreundlichkeit. Aber der Servicemitarbeiter ist bei einer Kundenbeschwerde bzgl. einer fehlerhaft angebauten Anhängerkupplung nicht in der Lage, sich für diesen Fehler zu entschuldigen.

Tipps und hilfreiche Fragestellungen:

- Wie setzen Sie bei Ihren Werten die Prioritäten? Es gibt sicher auch bei Ihnen Werte, die Ihnen wichtiger sind als andere. Wenn Sie vor eine Wahl gestellt werden, entscheiden Sie sich für den höherrangigen Wert.

- Zu welchen Werten fühlen Sie sich hingezogen? Werte wie: Liebe, Freundschaft, Respekt, Verantwortung, Spaß und Sicherheit, Anerkennung?

- Woran erkennen Sie Ihre Werte, woran spüren Sie, ob Ihre Werte erfüllt wurden oder verletzt worden sind? Suchen Sie nach den Regeln oder Kriterien, woran Sie merken, dass Werte erfüllt worden sind oder nicht.

- Wie leben Sie Ihre Werte anderen Menschen gegenüber aus? Woran können andere Ihre Werte erkennen?

- Wie gehen Sie mit Werten von Kunden, Mitarbeitern, Kollegen, Vorgesetzten, etc. um?

- Machen Sie die Werte des Unternehmens sichtbar, z.B. in Form von

Plakaten oder auch anderen Objekten an zentralen Stellen für Mitarbeiter und Kunden.

- Gestalten Sie Ihre Werbung so, dass die Hauptwerte des Unternehmens dem Betrachter sofort ins Auge fallen.

- Prüfen Sie auf allen Ebenen des Unternehmens, ob die im Leitbild genannten Werte durchgängig sind: im Umgang mit Kunden, Mitarbeitern und Lieferanten.

- Weisen Sie bei der Einstellung von Mitarbeitern auf die Werte des Unternehmens hin und prüfen Sie, wie Sie die individuellen Werte des neuen Mitarbeiters für Ihr Unternehmen nutzbar machen und bereichernd übernehmen können.

- Weichen die in Leitbild und Zielen formulierten Werte von der tatsächlichen Realität ab, beziehen Sie Mitarbeitermeinungen ein, speziell von neuen Mitarbeitern. Nutzen Sie die evtl. konträren Meinungen zur Optimierung Ihrer Werte.

3. Gesunde Lebensweise – auch in Ihrem Unternehmen

Wir kennen ein Unternehmen, da gehört es zum guten Ton, krank zu sein. Wer krank ist, ist normal. Die Mitarbeiter wechseln sich mit den Krankmeldungen ab. Wer gesund und belastbar ist, hat schlechte Karten. Die kranken Mitarbeiter klagen intensiv und oft über ihre Krankheiten, wer dazu nicht selber etwas beitragen kann, ist außen vor.

Das ist natürlich absolut unsinnig und geschäftsschädigend.

Bevor es so weit kommt, sollten Sie den Hebel in Richtung Gesundheit umdrehen.

Unsere Tipps:

- Schaffen Sie **angenehme Raucherecken**. Raucher werden derzeit zunehmend diskriminiert. Lassen Sie sie nicht draußen im Regen stehen. Auch Nichtraucher sollten sich evtl. in den „Raucherecken" wohl fühlen können.

- **Belohnungskonzepte**: Belohnen Sie Raucher, die zum Nichtraucher werden ebenso wie stark übergewichtige oder stark untergewichtige Mitarbeiter bei Erreichung eines Normalgewichts. Schaffen Sie Anreize, wie Gutscheine für den Besuch des Fitnessstudios, Saunagutscheine, Buchgutscheine, Prämienzahlungen, etc.

- Sorgen Sie für **Bewegung**: In Pausen können auf einfache Weise kleine Bewegungsprogramme (Joggen, Tai Chi, Yoga, Stretching, etc.) an jedem Arbeitsplatz durchgeführt werden. Besprechungen, die als Spaziergang oder Walking im Wald stattfinden, sind effektiver als am Tisch. Nehmen Sie an Firmenläufen und anderen Events teil. Laden Sie einen Fitnesstrainer an den Arbeitsplatz ein, bieten Sie Massagen in den Pausen an. Die zuerst anfallenden Mehrkosten sinken schnell angesichts der geringeren Ausfallzeiten durch Krankheit.

- **Ernährung**: Stellen Sie eine gesunde Ernährung sicher. Sprechen Sie die Kantine an, um einen gesunden Speiseplan zu erstellen. Sorgen Sie für frisches Obst, leichte gesunde Pausensnacks, ebenso bei Besprechungen. Erlauben Sie ein Nickerchen zur Mittagszeit. Wer danach weiter arbeitet, ist umso effektiver.

- **Rückkehrgespräche bei Krankheit**: Beachten Sie die Zeiten von Arbeitsunfähigkeiten, erstellen Sie eine Übersicht. Führen Sie bewusste, neutrale und gerechte Rückkehrgespräche mit Mitarbeitern, die häufiger krank sind.

- **Vorbild:** Seien Sie Vorbild, wenn es um gesundes Verhalten geht.

4. Erfolgsfaktor Lachen - mit Humor geht alles leichter

„Lachen ist Befreiung", sagt Henri Bergson.

„Spaß löst den gordischen Knoten der inneren Verkrampfungen, kennt keine Grenzen der Phantasie und ist überall zu haben." (Krause, Weyh, 1993)

Dieter Bartels, der Leiter der bekanntesten Clowns Schule in Deutschland, sagte uns in einem Gespräch zum Thema „Lachen": „Der Clown lernt den Verstand flachzulegen! Ist erst der Verstand flachgelegt, ist auch die „Polizei im Kopf", unser allgegenwärtiges Kontrollinstrument, am Schweigen. Dann ist Platz für echte Emotionen, Direktheit. Denn wenn wir die Grenzen unseres Verstandes sprengen und darüber springen, dann haben wir ein weites Feld vor uns."

Lachen entspannt, bringt Menschen zusammen und schafft Gemeinsamkeiten wie Erinnerungen.

Und noch mehr dazu finden wir bei Weyh und Krause:

„Spaß beiseite...Kommunikation ist angesagt, Hierarchien werden abgebaut, ein fröhliches, relaxtes Arbeitsklima ist nicht nur stimmungs- sondern auch umsatzfördernd. Wenn Sie nur ein Quäntchen Humor in Ihre Arbeitswelt einbringen, werden Sie überraschende Resultate bekommen – sogar außerhalb der Karnevalszeit. Freude motiviert." (Krause, Weyh, 1993)

Lachen verlängert das Leben und macht gesund. Das zeigt der steigende Einsatz von Klinikclowns in Krankenhäusern und Altenheimen.

William Shakespeare sagte: „Ein fröhlich Herz lebt am längsten."

Die Fakten:

- **Das physiologische Potenzial**
  Lachen ist gesund! Die noch relativ neue ‚Gelotologie' (Lachforschung) weist nach, dass Humorreaktionen das Immunsystem beeinflussen, dass Lachen u.a. Schmerz reduzieren kann, Stressabbau, Durchblutung und Verdauung fördert, oder helfen kann, den Blutdruck zu senken. Die Ansätze und Ergebnisse in diesen Bereichen sind vielversprechend, eine Bestätigung der Befunde auf breiter Basis steht noch aus.

- **Das psychologische Potenzial**
  Emotional: Humor löst Hemmungen, reaktiviert verdrängte Affekte, ermöglicht einen unmittelbaren und spontaneren Austausch menschlicher Gefühle und führt im therapeutischen Setting zu freizügiger

Gleichwertigkeit. (Anmerkung: auch im Arbeitsbereich führt dieser Effekt zu Gleichwertigkeit)

Kognitiv: Humor regt kreative Potenziale an, aktiviert Entscheidungsprozesse und Perspektivenwechsel, sensibilisiert für neuartige Zusammenhänge, fördert eine explorierende Haltung gegenüber scheinbar unumstößlichen Gegebenheiten und hilft, rigide Verhaltensmuster durch flexiblere zu ersetzen.

Kommunikativ: Humor wirkt erfrischend, entspannend und anregend (evtl. auch originell), trägt zu einer freundlich konstruktiven Beziehung bei und festigt das Arbeitsbündnis. Humor reduziert „Erhabenheitsansprüche" der Vorgesetzten, fördert ein Klima der Offenheit und Gleichwertigkeit und reduziert Widerstände. (vgl. Dr. Hahn, www.humor.ch)

Unsere Tipps für ein „Lachen im Alltag":

*   Steigern Sie Ihre eigene Fähigkeit zu lachen. Es reicht oftmals schon, die Mundwinkel weit auseinander zu ziehen und an etwas Lustiges zu denken.

*   Erzählen Sie Menschen, die Sie auf dem Weg zur Arbeit oder an Ihrem Arbeitsplatz treffen, einen Witz, oder eine lustige Begebenheit. Um den eigenen Fundus für Witze & Co gefüllt zu halten, stöbern Sie nach Witzen, Geschichten, Filmen, die Ihnen gefallen.

*   Schauen Sie nicht streng, wenn nicht gleich alles so ist, wie Sie es sich wünschen. Ein Lächeln zaubert - auch bei Kritikäußerungen - Warmherzigkeit beim Gegenüber hervor.

*   Überraschen Sie Ihre Kollegen mit einer witzigen Idee: ein Paket Gummibärchen zum Namenstag, ein wöchentlich wechselndes Comic im Fahrstuhl, ein lustiges und vor allem ungewöhnliches Kleidungsstück.

*   Schauen Sie sich mit Mitarbeitern zum Lachen ansteckende Filme oder Theaterstücke an.

*   Prämieren Sie den Witz der Woche, des Tages, der Besprechung.

- Nutzen Sie Cartoons und Karikaturen, um sie der innerbetrieblichen Geschäftspost beizulegen. Versehen Sie Aushänge mit witzigen Zeichnungen.

- Bleiben Sie authentisch!

- Hören Sie zu, gucken Sie hin, lachen Sie mit, wenn andere etwas Lustiges, Witziges machen.

- Lächeln oder lachen Sie am Telefon, es kommt am anderen Ende der Leitung an.

- Bringen Sie Ihre Kinder mit zur Arbeit: Es ist sehr interessant, was dann passiert. Manche Menschen wirken ganz plötzlich irgendwie menschlicher. Und nicht mehr so steif wie sonst. Wahrscheinlich, weil es schwierig ist, ernst und seriös zu wirken, wenn man von einem kleinen Menschen in bunter Kleidung niedlich angestrahlt wird und mitspielen soll. (vgl. Einfach die Welt verändern, 2006)

- Besuchen Sie mit Ihren Kollegen einen Theaterworkshop: Clown oder Improvisationstheater. Sie werden sehen, so viel haben Sie noch nie miteinander gelacht.

- Und vieles andere mehr.

5. Gender Mainstreaming – mit frauenfreundlichen Arbeitsplätzen punkten

„Frauen verdienen in Deutschland für jede geleistete Stunde entgeltliche Arbeit im Durchschnitt 22 Prozent weniger als Männer.

Dazu gibt es 3 Faktoren: Frauen erhalten bei gleicher Arbeit im Durchschnitt nach wie vor ein geringeres Entgelt, Frauen sind verstärkt in schlechter bezahlten Branchen tätig, und Frauen arbeiten häufiger nur Teilzeit, die gegenüber einer Vollzeitarbeit im Durchschnitt mit 4 Euro pro Stunde weniger bezahlt wird." (Schleicher, 2008)

Darüber hinaus können viele Frauen am Arbeitsplatz immer noch davon ein Lied singen: Zotige Bemerkungen, entwürdigende Blicke, Bevormundungen, frauenfeindliche Werbung, Gewalt (verbal/nonverbal), etc. Bekannt und oft nicht benannt ist auch folgendes Phänomen: Eine Mitarbeiterin hat eine Idee, nennt diese auch. Sie wird jedoch später dann von einem männlichen Kollegen als die seine „verkauft".

Frauen und Männer- vom kleinen Unterschied mit großen Folgen

Alice Schwarzer, die wohl bekannteste Feministin Deutschlands, prägte bereits vor vielen Jahren die Worte: „vom *kleinen Unterschied mit großen Folgen.*" Wie groß diese Folgen tatsächlich sind, gewinnt zunehmend Aufmerksamkeit in der Unternehmensführung. Die Bedeutung von Frauen und ihrer weiblichen Qualitäten in Führungspositionen wird mehr und mehr erkannt. Die Harvard-Psychologin Carol Gilligan hat zu diesem Thema ein brillantes Buch geschrieben: *Die andere Stimme – Lebenskonflikte und Moral der Frau.* Sie stellt u.a. folgende Unterschiede fest:

- Männer wollen Abstand zu Autorität und Familie; Frauen wollen Kontakt

- Männer sind nach innen orientiert; Frauen sind nach außen orientiert

- Männer sind rechtsbewusst; Frauen sind verantwortungsbewusst

Martha Barlett kommt in *Marketing to Woman* zu ähnlichen Ergebnissen:

- Männer haben eine individuelle Perspektive (Die Basiseinheit ist das »Ich«.); Frauen haben eine Gruppenperspektive (Die Basiseinheit ist das »Wir«.)

- Männer sind stolz auf Eigenleistung; Frauen sind stolz auf Teamerfolge (Peters, 2007)

Vieles davon findet sich in der Sprache wieder. Judy Rosener bringt es auf den Punkt: „Frauen sprechen und hören eine Sprache von Nähe und Vertrautheit, und Männer sprechen und hören eine Sprache von Status und Unabhängigkeit. Männer kommunizieren, um Informationen zu erhalten, ihren Status zu festigen und Unabhängigkeit zu demonstrieren. Frauen kommunizieren, um Beziehungen zu knüpfen, Interaktion zu ermöglichen und Gefühle auszutauschen." (Peters, 2007)

Susanne Kleinhenz entdeckt in ihrem Buch mit dem kraftvollen Titel „Das 21. Jahrhundert ist weiblich" noch mehr Unterschiede:

- **Sehfeld**: Bei Männern focussiert, bei Frauen umfassend.

- **Gehör:** Die Schwelle für unangenehmen Lärm liegt bei Frauen halb so hoch wie bei Männern.

- **Berührung:** Der sensibelste Mann empfindet Berührung weniger intensiv als die unsensibelste Frau. (Keine Übertreibung)

- **Menschenorientierung:** Bereits im Alter von drei Tagen suchen Mädchen doppelt so viel Augenkontakt wie Jungen. (Peters, 2007)

- **Multitaskingfähigkeit**: Susanne Kleinhenz stellt die Multitaskingfähigkeit als spezielles weibliches Merkmal heraus. Da Frauen aufgrund ihrer Gehirnstruktur multitaskingfähig sind, fällt es ihnen leichter, mehrere Dinge gleichzeitig zu tun. (Kleinhenz, 2007)

Frauen in Führungspositionen: Frauen haben andere Führungsstärken als Männer

McKinsey stellt in der Studie „Woman Matter" klar: „Firmen, in denen Frauen Führungspositionen einnehmen, erwirtschaften mehr Gewinn." (Beste-Forma, 2008)

Doch was machen Frauen in Führungspositionen anders als Männer? Hier ein Auszug aus Roseners und Fishers Liste zu weiblichen Führungsstärken:

- Frauen versuchen, Mitarbeiter zusammenzubringen, anstatt hierarchische Barrieren zwischen ihnen zu errichten.
- Sie bevorzugen einen interaktiven, kooperativen Führungsstil.
- Sie fördern erfolgreiche Teamarbeit.
- Sie geben Informationen großzügig weiter.
- Sie sind offen für strukturelle Veränderungen.
- Sie können uneindeutige Situationen besser akzeptieren.
- Sie schätzen Intuition mindestens so sehr wie reine „Rationalität".
- Sie sind von Natur aus flexibel.
- Sie schätzen kulturelle Vielfalt. (Peters, 2007)

Diese Unterschiede machen deutlich, wie eklatant wichtig eine gute geschlechtliche Durchmischung in Unternehmen ist, um die geschlechtsspezifischen Fähigkeiten und Verhaltensweisen für den Unternehmenserfolg zu nutzen.

Unsere Tipps:

- Stellen Sie mindestens 50% Frauen ein. „Meine These: Unternehmen brauchen gute Frauen. Gute Frauen brauchen Unternehmen, die „gender-balanced", „diversity-offen" und „work-life-fähig" sind. Und dann brauchen sie den Mut, um Chancen zu nutzen." (Sabine Asgodom)
- Beachten Sie die Gedanken zu familienfreundlichen Unternehmen.
- Zahlen Sie Frauen und Männern das gleiche Geld.
- Sorgen Sie dafür, dass alle zu Wort kommen, räumen Sie allen Platz für Ihre Beiträge ein.
- Machen Sie eine klare Karriereplanung – egal ob für weibliche oder männliche Mitarbeiter („Der Hauptgrund, warum Mitarbeiter zu Microsoft wechseln, sind die Karrierechancen und Entwicklungsperspektiven. Wir investieren sehr viel, um unsere Mitarbeiter bei der Karriereentwicklung zu unterstützen – unabhängig davon, ob sie in

Teil- oder Vollzeit arbeiten. Was zählt ist das Potenzial des jeweiligen Mitarbeiters." (Brigitte Hirl-Höfer)

• Schaffen Sie verschiedene räumliche Arbeitsplätze, sodass je nach Arbeitsauftrag gewechselt werden kann.

• Achten Sie darauf, selber keine frauenfeindliche Werbung zu gestalten. Es gibt sie immer noch: an vielen Plakatwänden in der Stadt oder in Zeitschriften. Positive und negative Beispiele dafür finden Sie in jeder Ausgabe der Zeitschrift *Emma*.

• Beziehen Sie die Ideen des Gender Mainstreaming in Ihre Firmenpolitik mit ein.

• Nutzen Sie Frauen als Führungskräfte.

6. Diversity Management - mit Vielfalt und Unterschiedlichkeit zu einer modernen und zukunftsfähigen Personalpolitik

Der Begriff „**Diversity Management**" bzw. **Vielfaltsmanagement** kommt aus dem Amerikanischen. Er bezeichnet ein Konzept der Unternehmensführung, das die Verschiedenheit der Beschäftigten bewusst zum Bestandteil der Personalstrategie und Organisationsentwicklung macht. Dabei geht es um Vielfalt im mehrfachen Sinne - zum einen um äußerlich wahrnehmbare Unterschiede wie ethnische Herkunft, Geschlecht, Alter und körperliche Behinderung, zum anderen um subjektive Unterschiede wie die sexuelle, weltanschauliche beziehungsweise religiöse Orientierung und der Lebensstil.

Chancengleichheit – und mehr

Diversity Management zielt zum einen darauf ab, Chancengleichheit zu gewährleisten und Diskriminierungen im Unternehmen zu vermeiden. Darüber hinaus wird Diversity Management zunehmend als Faktor für den Gesamterfolg einer Organisation anerkannt – beispielsweise, weil sich durch vielfältige Mitarbeiterstrukturen neue Märkte und Kundengruppen erschließen lassen und die Innovationsfähigkeit steigt.

Ziele von Diversity Management sind:

- Eine produktive Gesamtatmosphäre im Unternehmen zu erreichen,
- soziale Diskriminierungen von Minderheiten zu verhindern und
- Chancengleichheit zu verbessern.

Tipps für erfolgreiches Diversity Management:

- **Feste, Feier- und Gedenktage**: Lassen Sie alle zu Wort kommen, wenn es gilt Feiertage und andere bedeutsame Tage im Jahresverlauf zu feiern. Ostern und Weihnachten kennt jeder. Aber was ist mit Ramadan, Sabbat und dem Christopher Street Day. Bitten Sie die Mitarbeiter, die darüber berichten möchten, um einen interessanten Einblick in das Fest oder die Tradition. Auch besondere Gedenktage sollten genannt werden, so beziehen Sie die Vielfalt der Kulturen im Unternehmen mit ein.

- **Achten Sie auf Diskriminierungen**: Wie schnell werden andersgläubige oder homosexuell lebende Menschen diskriminiert. Das fängt bei den Mahlzeiten an, geht über Feiern bis hin zu negativen Äußerungen. Vermeiden Sie solch eine Kultur, werten Sie stattdessen genau diese Vielfalt auf. Beispiel: Viele Frauen wissen genau, wie gut ein schwuler Mann im Team sein kann. Sie können frei ohne den Flirtfaktor mit ihm kommunizieren und er bringt ihnen deshalb eine ganz andere Wertschätzung entgegen.

- **Nutzen Sie die vielfältigen Stärken**: Kulturelle und menschliche Vielfalt im Unternehmen kann gezielt nutzbar gemacht werden. Fremdsprachenkenntnisse von Migranten sind nützlich, wenn es um neue Kundenmärkte oder Kundenbeziehungen geht. Beispiel: Krankenhaus und Schule: In dem Moment, wo bspw. türkische Patienten im Krankenhaus sind oder türkische Kinder eine Schule besuchen, sollte dort auch türkisches Personal arbeiten.

- **Beziehen Sie unterschiedliche Meinungen und Haltungen ein**: Speziell dann, wenn es um neue Ideen geht. Je unterschiedlicher die Personengruppe bei Problemlöseaufgaben besetzt ist, desto komplexer und weitreichender können Lösungen aussehen.

- **Bilden Sie bewusst Teams mit unterschiedlichen Mitgliedern:**
  Die Problemlösekompetenzen wachsen.

- **Sorgen Sie für eine gute Altersdurchmischung im Unternehmen:**
  Während ältere Mitarbeiter viel Erfahrung und Wissen gewährleisten,
  bringen junge Mitarbeiter mehr Innovationsbereitschaft und Mut
  für Veränderungen mit. Bilden Sie Tandems zwischen älteren und
  jüngeren Mitarbeitern, bei denen zwei Mitarbeiter sich gegenseitig
  unterstützend zur Seite stehen. Beide Seiten können sehr davon
  profitieren.

7. Familienfreundliche Arbeitsplätze für Frauen und Männer – so gewinnen Sie qualifizierte Mitarbeiter

Mittlerweile wagen sich immer mehr Väter in das Abenteuer der Elternzeit.
Überhaupt hat das Leben mit Kind oder Kindern Auswirkungen auf das
Arbeitsleben. Nicht immer stimmen Öffnungszeiten von KITA und Schule
mit der Arbeitszeit überein. Oftmals gibt es gar keinen Betreuungsplatz,
oder der Platz kostet fast so viel wie die Teilzeitstelle des jeweiligen Eltern-
teils. Eltern haben natürlich auch vielfach Probleme, wenn Kinder plötzlich
erkranken.

Damit beide - Mutter und Vater - arbeiten können, gibt es viele Möglichkeiten.

Unsere Tipps:

- Richten Sie variable Teilzeitstellen ein.

- Sorgen Sie für flexible Arbeitszeiten, auch im Sinne von Jahresarbeits-
  konten.

- Wenn Sie im Unternehmen keine Kinderbetreuung einrichten können,
  stellen Sie Kontakt zu Kinderbetreuungseinrichtungen in der unmittelbaren Nähe her.

- Erlauben Sie Eltern, Kinder kurzfristig an den Arbeitsplatz mitzubrin-
  gen, halten sie kleine Kinderspielecken bereit.

- Sorgen Sie bei Elternteilen, die durch Erkrankung der Kinder ausfallen, für kurzfristigen Ersatz. Erlauben Sie den Eltern, unbezahlten Urlaub zu nehmen, oder gar die Arbeit in dieser Zeit zu Hause zu erledigen.

- Nutzen Sie Girls Days und Boys Days. Geben Sie jungen Menschen die Möglichkeit, Ihr Unternehmen kennenzulernen. Sie bringen Frische und Leichtigkeit in den Unternehmensalltag und Mitarbeiter können sich von einer ganz neuen Seite zeigen.

8. Innovationen durch wertschätzende Kommunikation - stoppen Sie Killerphrasen

Killerphrasen sind „1. Ein automatischer Reflex, der neue Ideen zermalmt; werden meistens von Vorgesetzten, Eltern und Regierungsbeamten angewandt. 2. Eine Bedrohung für neue Ideen". (Thomson, Lyons, 1995)

Killerphrasen sind überall: in der Schule, im Elternhaus, am Arbeitsplatz. Es ist die innere und nach außen getragene Stimme „Das wird doch nie was!". Sie zerschmettert damit Ideen und Neuerungen. Killerphrasen sind nichts Neues, der Satz „Das kann nicht funktionieren." begleitet die Menschheit schon lange. Und dennoch gibt es Abertausende von Beweisen, wo Menschen sich diesbezüglich gewaltig geirrt haben: Oder leben wir immer noch in der Annahme, die Erde sei eine Scheibe?

Hierzu ein paar Beispiele berühmter Killerphrasen:

- „Vernünftige und verantwortungsbewusste Frauen möchten kein Wahlrecht." Grover Cleveland, Präsident der Vereinigten Staaten, 1905

- „Auf der ganzen Welt werden nicht mehr als fünf Computer benötigt." Thomas Watson Sr., IBM-Gründer, 1943

- „Es gibt keinen Grund, weshalb ein Mensch einen Computer zu Hause haben sollte." Ken Olsen, Präsident von Digital Equipment, 1977

- „Unsere Zeichentrickfilme werden wir niemals als Videos verkaufen." Politik des Disney-Unternehmens, Mitte der Siebziger

- „Wer zum Teufel will Schauspieler reden hören?" Henry Warner,

Präsident von Warner Brothers, 1927

- „Gitarrengruppen sind weg vom Fenster." Decca Records, als sie die Beatles ablehnten, 1962

Spätestens beim Lesen dieser Beispiele wird u.E. nach deutlich, wie unsinnig allgemein Killerphrasen sind. Über Killerphrasen mit der besonderen Tragweite, wie die oben genannten, gibt es natürlich noch die Alltagskillerphrasen, die Sie sicherlich auch aus Ihrem Unternehmen kennen:

- „Das kostet zu viel."

- „Das haben wir schon immer so gemacht."

- „So geht das nicht."

- „Bei Ihnen ist wohl eine Schraube locker!"

- „Das ist viel zu blauäugig."

- „Sie sind zu jung/alt dafür!"

- „Ja, aber....!"

- „Das haben wir alles schon versucht und hat ja nichts gebracht."

- „Wie wollen Sie das denn schaffen?"

- „Das bringt mehr Probleme als Vorteile."

- „Meine Mitarbeiter wollen keine Veränderung."

- „Machen Sie sich doch nicht lächerlich!"

Unsere Tipps: Was tun mit Killerphrasen?

1. Erkennen Sie die Killerphrase, decken Sie sie auf. So steckt in jedem „Ja, aber" eine Killerphrase. Achten Sie auf ähnliche Aussagen wie oben aufgeführt.

2. Erkennen Sie die Ursache für die genannte Killerphrase. Je mehr Sie wissen, weshalb diese Killerphrase auftaucht, desto wirksamer können Sie reagieren. Meist steckt ein unbefriedigtes Bedürfnis (z.B. der Wunsch nach Beständigkeit und Sicherheit) hinter der Killerphrase.

3. Blicken Sie auf die Möglichkeiten. Dieses gelingt, wenn Sie die Ursache kennen. Dann nämlich können Sie dem Neinsager helfen, eine neue Perspektive zu ermöglichen, oder ihm zumindest Verständnis signalisieren.

4. Aktion „In dir muss brennen, was du in anderen entfachen willst."
   (Plutarch): Begeistern Sie Ihre Mitarbeiter für Ihre eigenen neuen
   Ideen und begeistern Sie sich für die neuen Ideen Ihrer Mitarbeiter.

5. Geben Sie alternative Antworten: „Ja, und..."; „Was wäre, wenn...",
   „Die Idee wird sich entwickeln, geben Sie ihr eine Chance.", „Sie sind
   auf der richtigen Fährte.", „Jetzt bin ich neugierig, erzählen Sie mir
   mehr...!"

9. Die Kunst der Präsentation – gewinnen Sie Interesse und Unterstützung für Ihre Ideen

Kennen Sie das auch? Mehr als die Hälfte der Mitarbeiter eines Meetings schläft schon fast, oder beschäftigt sich mit anderen Aufgaben (Einkaufsliste, Hausarbeiten der Tochter, Statistik über das eigene Projekt, ein kleines Nickerchen zwischendurch, etc.). Mit einfachsten Mitteln sorgen Sie dafür, dass Inhalte in Besprechungen, auf Meetings, auf Präsentationen anschaulich „an den Mann und die Frau kommen".

Was wäre, wenn...

eine Ideen- oder Produktpräsentation einfach spannend ist, statt ein Hinwegdämmern bei der 30.ten Power-Point-Folie droht.

Unsere Tipps für Ihre Präsentation:

Nutzen Sie Ihren Einfallsreichtum, indem Sie z.B.

- Die Hauptaussagen auf Plakate an den Wänden aufhängen, versehen mit einem passenden Bild, Cartoon oder Foto. Verpacken Sie die jeweilige Message in eine „freche" These oder Behauptung, das regt zum Nachdenken, Schmunzeln und zur Auseinandersetzung an.

- Wählen Sie zu jedem wesentlichen Punkt einen passenden Gegenstand heraus, den Sie während der Präsentation zeigen. Oder legen Sie ein DinA4-Blatt auf den Boden oder Tisch, auf dem der Inhalt in Stichworten steht und den Gegenstand dazu. Hierbei nutzen Sie einerseits die metaphorische Wirkung der Gegenstände und Sie sorgen dafür, dass darüber die Präsentation in Erinnerung bleibt. Beispiele: Der derzeitige Stand ist ein knappes Budget – Gegenstand: leeres Portemonnaie oder leere kleine Kasse; Kundenwunsch ist Komfort - Gegenstand: rotes Samtkissen auf dem eine kleine Krone liegt.

- Tragen Sie entsprechende Kleidung. Normalerweise sind Sie zum Unternehmen passend gekleidet (Businesskleidung, Dienstkleidung, etc.) Wenn Sie nun ein spannendes, neues oder innovatives Thema präsentieren möchten, oder darüber sprechen werden, dann denken Sie doch einfach an Kleidung, die dazu passt. Das kann ein Dirndl, ein Matrosenanzug, die Kleidung des Schornsteinfegers oder was auch immer sein. Beispiel: Sie haben einen Vorschlag für eine neue Vision, bzw. ein Projekt zur Expansion Ihrer Abteilung, der Produkt- oder Dienstleistungspalette: dazu passt die Kleidung eines Piloten. Oder: Sie möchten mehr ökologisches Bewusstsein in Ihrer Firma sehen (Reduzierung der Papierfluten, Strom sparen, etc.): dazu passt Kleidung vom Landwirt, des Gärtners oder gar des Greenpeace-Aktivisten.

Beachten Sie dieses für firmeninterne und externe Präsentationen:

- Bereiten Sie Informationen so vor, dass etwas für's Auge, für die Hand bzw. das Gefühl dabei ist.

- Es muss nicht alles via Power-Point-Folie dargestellt werden. Visualisieren Sie auch mittels Plakaten und Arrangements von Gegenständen mit Symbolcharakter.

- Erstellen Sie Landkarten zu einem Fachthema, nutzen Sie Collagen, etc.

- Zeigen Sie, was Sie meinen: Führen Sie einen Sketch auf, wenn Sie etwas verdeutlichen möchten.

- Erzählen Sie eine passende Geschichte.

- Zeigen Sie „das schlechte und das gute Beispiel" auf, stellen Sie mit einer Gruppe interessierter Mitarbeiter die Inhalte szenisch dar.

- Nutzen Sie externe Personen, die sich auf merkwürdige Präsentationen spezialisiert haben, um Ihre Inhalte auf den Punkt zu bringen.

Sie können sich auf den Inhalt konzentrieren, während die externen Fachleute das „Wie" ansprechend umsetzen.

- Sorgen Sie für eine Moderation, die amüsant und treffend durch die Veranstaltung führt.

10. Öffentlichkeitsarbeit - öffnen Sie Ihren Betrieb

Sicherlich ist es von Vorteil, wenn man Ihr Unternehmen vor Ort kennt. Somit wissen potenzielle Kunden, was Sie anbieten. Dies erreichen Sie u.a. durch erfolgreiche Leistungen und ein gelungenes Marketing-Konzept. Ein Baustein davon ist die Öffentlichkeitsarbeit.

Es geht aber auch andersrum. Wenn Ihre Mitarbeiter erleben, was bei Ihnen „alles los ist", oder wo Sie sich als Firma engagieren, können Stolz und Loyalität steigen. Laden Sie beispielsweise zu einem Tag der offenen Tür ein und der Mitarbeiter darf sich in seiner Arbeit präsentieren, den Erfolg Ihres Unternehmens gemeinsam mit nach außen tragen. Dann werden Sie sicherlich die Freude und das Engagement Ihres Mitarbeiters erhöhen. Er bekommt Anerkennung und ist bei etwas „Interessantem" mit dabei. Und womöglich erleben ihn noch seine Nachbarn oder die Lehrer der Kinder an seinem Arbeitsplatz und er hinterlässt einen individuellen Eindruck.

Wir möchten hier keine Marketing-Tipps geben, wir möchten Ihnen Anregungen geben, wie es sich lohnt, das Unternehmen nach außen zu öffnen. Diese Öffnung geht bis hin zum sozialen oder kulturellen Engagement bei Ihnen „vor Ort":

- Familienaktionen: Laden Sie einmal im Jahr die Mitarbeiter mit ihren Familien in Ihr Unternehmen ein. Stellen Sie die Abteilungen, die Abläufe, die Produkte und Besonderheiten vor. Zeigen Sie sich von Ihrer „besten" Seite.

- Die gute Tat: Betreiben Sie Werbung durch gute Taten! Beispiele: Der Malerbetrieb stellt einen Lehrling zur Verfügung, um mit den Eltern die Räume des Kindergartens zu streichen. Bei der örtlichen Papierbootregatta stiften Sie die Würstchen und den Kartoffelsalat und bieten sich in einem besonderen Kostüm für die Moderation an. Lassen Sie die Kinder Ihrer Mitarbeiter im örtlichen Altenheim regelmäßig zu Weihnachten singen.

- Veranstalten Sie im Stadtteil einen Volkslauf!

- Beteiligen Sie sich an Girls day/Boys day. Laden Sie die örtliche Schule ein, bieten Sie Praktikumsplätze an.

- Sorgen Sie für Presse durch ungewöhnliche Aktionen im Unternehmen. Ideen für solche Aktionen fallen Ihnen sicherlich ein.

11. Erfolgsfaktor Kreativität - geben Sie Ideen Raum

Kreativität gehört zu den Schlüsselkompetenzen im Management, denn:

Unternehmen leben von guten Ideen.

Kreative Mitarbeiterinnen und Mitarbeiter sind ein wesentlicher Erfolgsfaktor im internationalen Wettbewerb. Dies gilt erst recht für Länder, in denen nicht Bodenschätze und Agrarwirtschaft oder industrielle Fertigung, sondern Dienstleistungen den Hauptanteil des Sozialprodukts ausmachen. Hier ist Wissen Standortfaktor Nummer eins und neue Ideen zu fördern, ist eine der Hauptaufgaben von Führungskräften.

Ideen als neue Impulse sind zielgerichtet und konsequent zu managen, damit sie nicht im Sande verlaufen. Bei der Entwicklung und Realisierung von Ideen können eingefahrene Sichtweisen zum gefährlichen Ballast werden. Dagegen hilft der Einsatz von struktureller Kreativität. (Blumenschein, Ehlers, 2004)

Es wird viel von Kreativität gesprochen, doch was genau ist damit gemeint?

„Kreativität bezeichnet die Fähigkeit schöpferischen Denkens und Handelns. Ursprünglich wurde der Begriff Kreativität als Bezeichnung für die Ursache persönlicher geistiger Schöpfungen von Künstlern verwendet. In jüngerer Vergangenheit wurde diese menschliche Fähigkeit vermehrt zum Gegenstand des Interesses von Wirtschaft und Wissenschaft.

Kreativ sein ist „in", nicht ohne Grund. Denn kreative Menschen verspre-chen Originalität und Flexibilität, ganz das Gegenteil von Reproduktion.

Kreativität ist besonders dann gewünscht, wenn es – mit wenigen Mit-teln und hohem Zeitdruck – darum geht, Lösungen für bisherige Probleme oder eingefahrene Situationen zu bringen.

Was wir in Unternehmen am meisten fürchten – Fluktuation, Störung, Ungleichgewicht - ...ist die Hauptquelle von Kreativität. (Weathley, 1995)

Deshalb empfehlen wir: Bauen Sie Ihre Kreativitätskompetenzen aus – und auch die Ihrer Mitarbeiter!

In Anlehnung an Blumenschein und Ehlers möchten wir die Kreativität in unterschiedliche Kompetenzbereiche aufteilen:

- Kreativ-Kompetenz Neugier
- Kreativ-Kompetenz Perspektivwechselfähigkeit
- Kreativ-Kompetenz Einfallsreichtum
- Kreativ-Kompetenz Mut
- Kreativ-Kompetenz Motivationsfähigkeit
- Noch mehr Tipps für Kreativität im Berufsalltag

Kreativ-Kompetenz Neugier:

„Man entdeckt keine neuen Erdteile, ohne den Mut zu haben, alte Küsten aus den Augen zu verlieren." (André Gidé)

Dieser vielzitierte Satz macht deutlich, dass Neugier und Mut zwei unzer-trennlich miteinander verbundene Fähigkeiten sind. Wer Neues probiert, weiß noch nicht, wie es sich auswirkt und ob es sich bewährt. Wichtige Mo-toren der Kreativ-Komepetenz Neugier sind Wissbegierde und Wissens-durst.

„Neugier ist ein bereits angelegtes Interesse an der gesamten Umwelt, gepaart mit Experimentierfreude. Neugier hilft spielerisch dazuzulernen. Neugier bedeutet alltägliche Situationen mit Lust und Vergnügen immer wieder neu zu entdecken.

Neugier bedeutet also auch Aufgeschlossenheit und Offenheit Neuem gegenüber. Ebenso äußert sie sich im Sinne von kreativer Unzufriedenheit, durch kluges Hinterfragen von Bestehendem." (Blumenschein, Ehlers, 2004)

Unsere Tipps, um Ihre Neugier zu schärfen:

- Verstärken Sie Ihr Bewusstsein für Ihre Fähigkeit: Neugier! Wann sind Sie automatisch neugierig, wann eher nicht?

- Testen Sie Ihren Alltag auf Selbstverständlichkeiten (immer die gleiche Mitarbeiterin, die für die Feier, Tagung etc. zuständig ist, derselbe Parkplatz, derselbe Sitzplatz, etc.): Was setzen Sie voraus, ohne es zu überprüfen oder in Frage zu stellen? Worüber denken Sie schon gar nicht mehr nach, weil es selbstverständlich ist?

- Wo bestehen Zwänge und Automatismen?

- Kultivieren Sie Ihre Neugier, indem Sie Dinge wirklich anders angehen. Testen Sie Varianten und Spielarten!

- Nehmen Sie eine „unklare Unzufriedenheit" als Quelle Ihrer Neugier wahr. Teilen Sie diese auch Ihren Gesprächspartnern mit, sonst denken diese, dass Sie mit deren Arbeit unzufrieden sind.

Kreativ-Kompetenz Perspektivwechselfähigkeit

„Perspektivwechselfähigkeit bedeutet, bewusst unterschiedliche Standpunkte und Sichtweisen einnehmen zu können, das heißt von Nähe zu Distanzbetrachtung und von Teil- zu Gesamtbetrachtung wechseln zu können." (Blumenschein, Ehlers, 2004)

Der Vorteil eines perspektivischen Wechsels liegt auf der Hand: mit dieser Fähigkeit können wir Situationen relativieren, bis dato als unüberwindbar empfundene Probleme werden minimiert und verwandeln sich in lösbare Herausforderungen.

Häufig sehen wir den Wald vor lauter Bäumen nicht, wenn wir zu nah dran sind und in alle Details eines Problems involviert sind. Sind wir sehr nah dran, kennen wir die Einflussfaktoren im direkten Umfeld und der Überblick über die Gesamtproblematik kann verloren gehen.

Um wieder die Gesamtheit sehen zu können, braucht es Distanz. Denn aus einer distanzierten Betrachtung mit einem weiten Blick, lassen sich Zusammenhänge in ihrer Vernetzung und Wechselwirkung sowie ihre Einbettung ins Gesamte klarer erkennen. Mit einer distanzierten Betrachtung ist zwar nicht mehr jedes Detail zu erkennen, dafür aber gewinnt der Blick an Weite. Zuvor nicht wahrgenommene Lösungsansätze werden sichtbar.

Auch der Perspektivenwechsel in einen anderen Menschen, in seine Sicht bringt uns neue Erkenntnisse.

Wir möchten hier eine unserer Lieblingsgeschichten anführen, die genau dieses deutlich macht:

„Der Plätzchendieb"

Eines Nachts wartete eine Frau am Flughafen. Ihre Maschine ging erst in ein paar Stunden. So besorgte sie sich ein Buch und eine Tüte Plätzchen und zog sich in einen ruhigen Winkel zurück.

Sie war in die Lektüre vertieft und sah doch, wie sich der Mann neben ihr mit beispielloser Frechheit ein paar Kekse aus der Tüte fischte, die zwischen ihnen stand. Sie ignorierte es, um eine Szene zu vermeiden.

Sie las und knabberte und behielt die Uhr im Blick, während sich der dreiste „Plätzchendieb" weiter an ihrem Vorrat vergriff. Von Minute zu Minute wuchs ihr Zorn, und sie dachte: „Wäre ich nicht so nett, würde ich ihm eins aufs Auge geben."

Jedes Mal, wenn sie in die Tüte gegriffen hatte, griff auch er hinein. Als nur noch ein einziges Plätzchen übrig war, fragte sie sich, was er jetzt wohl tun würde. Er lächelte nervös, angelte den letzten Keks aus der Tüte und brach ihn in der Mitte durch.

Den einen Teil reichte er ihr, den anderen schob er sich selbst in den Mund. Unwirsch nahm sie ihre Hälfte entgegen und dachte: „Oh Mann! Der Typ hat vielleicht Nerven. Und unverschämt ist er auch noch. Ja, nicht einmal dankbar ist er mir!"

Noch nie war sie so verärgert gewesen, und als ihr Flug endlich aufgerufen wurde, seufzte sie erleichtert auf. Sie suchte ihre Siebensachen zusammen und machte sich auf den Weg zum Gate, ohne den „undankbaren Dieb" auch nur eines Blickes zu würdigen.

Sie stieg ins Flugzeug ein und ließ sich in ihren Sitz fallen. Dann zog sie das Buch heraus, das sie fast ausgelesen hatte. Doch als sie in ihre Tasche griff, blieb ihr vor Schreck fast die Luft weg, denn da lag ihre Plätzchentüte unversehrt drin!

„Wenn meine hier sind", stöhnte sie verzweifelt, „dann waren die anderen *seine*, und er hat sie mit mir geteilt". Doch es war zu spät, um sich zu entschuldigen, da half alles nichts. Jetzt stand sie selbst als dreiste, undankbare Diebin da!" (Valerie Cox)

Tipps für den Perspektivwechsel:

* Machen Sie Gedankensprünge: „Was denkt der Papierkorb oder der Portier oder der Nachbar über Ihr Problem? Bleiben Sie neugierig, was es dort an Sichtweisen und Perspektiven zu erfahren gibt.

* Fragen Sie Mitarbeiter Ihres Unternehmens, die ganz andere Zuständigkeitsbereiche haben. Nutzen Sie den gesunden Menschenverstand Ihres Hausmeisters, denn der sieht den Wald, während Sie die ganzen Bäume sehen. Blicken Sie aus dessen Perspektive auf Ihr Verhalten. Könnten Sie noch etwas anders oder gar besser machen?

* Ändern Sie: Verändern Sie die Sichtweise bewusst. Ähnlich wie bei einer Kamera können Sie auch Ihre Sicht verändern: Malen Sie mal schwarz/weiß statt Farbe; nutzen Sie den Focus: also das Problem oder die Sicht groß oder kleinmachen; verwandeln Sie andere Menschen in Ihrem inneren Bild zu Zwergen oder Riesen.

Kreativ-Kompetenz Einfallsreichtum:

„Es macht Spaß, das Unmögliche zu tun!" Walt Disney

„Einfallsreichtum bedeutet, über eine blühende Fantasie im Sinne von sprühender Energie, lebendiger Vorstellungskraft und begeisternder Visionsfähigkeit zu verfügen. Oft verbindet sich damit Improvisationstalent, das heißt die Fähigkeit, das Vorhandene geschickt zu nutzen." (Blumenschein, Ehlers, 2004)

Unseren Einfallsreichtum nutzen wir sehr oft am Tage. Unser Leben besteht aus vielen und abertausend Situationen, die wir bewusst und unbewusst gestalten. Einige Alltagssituationen meinen wir in der „Hand zu haben", in anderen wiederum scheinen wir kaum noch etwas selbst bestimmen zu können.

Und ohne besonders darauf zu achten, greifen wir viele tausend Male am Tag auf die Methode „Improvisation" zurück.

Zum Beispiel:

- Heute greife ich beim Einkaufen zu den Nektarinen.

- Ich habe mich für die Fortbildung XY entschieden.

- Eben habe ich mir das Buch XY gekauft- es fiel mir quasi in die Hände!

- Und heute wähle ich auf dem Weg zur Arbeit einen ganz anderen Weg, ich biege gleich links ab.

- Und: Nun habe ich doch tatsächlich meine PIN-Nummer beim Bezahlen des Sprits an der Tankstelle vergessen. Der Tankwart runzelt schon die Stirn. Was nun?

Wir schöpfen quasi aus einer Fülle an Möglichkeiten, die Quelle dafür ist u.a. unser Einfallsreichtum. Die Wege und Einflussfaktoren zur Entscheidung für eine bestimmte Möglichkeit sind uns häufig nicht bewusst, da sie in einer unglaublichen Geschwindigkeit ablaufen. (Masemann, Messer, 2009)

Je weiter uns diese Fähigkeit zur Verfügung steht, je mehr Möglichkeiten haben wir.

Erweitern Sie Ihren Einfallsreichtum: Nutzen Sie einige der untenstehenden Tipps!

Tipps, um Ihren Einfallsreichtum zu stärken:

- Schärfen Sie Ihre Sinne! Lenken Sie mehrfach am Tag Ihre Aufmerksamkeit auf jeweils einen Ihrer Sinne. Dies gelingt besonders gut, wenn Sie die anderen Sinne reduzieren, die in der Situation normalerweise führend sind: z.B. die Augen schließen, während Sie den Flur Ihrer Abteilung entlang gehen, oder schalten Sie die Ohren durch Ohrstöpsel aus, während Sie in einem Meeting sitzen.

- Schärfen Sie Ihre Wortgewandtheit: Spielen Sie mit Worten und Begriffen, schöpfen Sie eigene Wörter.

- Behalten Sie den Überblick, indem Sie z.B. ein Mindmap® nutzen, so können Sie Ihre Ideen an mehreren Punkten gleichzeitig bearbeiten.

- Nutzen Sie die Quelle Ihrer Phantasie, lassen Sie sich durch Bilder, Geschichten, Spiele, Zitate anregen. Assoziieren Sie, um die Fülle Ihrer Ideen anzufeuern.

- Nutzen Sie die Kraft der Metaphern. Mit Metaphern sind bildhafte Geschichten gemeint, auch Vergleiche und Analogien. Metaphern bieten sich an, wenn etwas in einer Aussage noch verdeutlicht werden soll. Wählen Sie für Ihr Unternehmen eine passende Metapher aus, wie z.B. eine Fußballmannschaft, einen Ameisenhaufen, ein Schiff oder eine Reisegruppe. Damit können Sie variantenreicher über Ihre Firma sprechen und bei Ihren Mitarbeitern starke Bilder erzeugen.

- Sammeln Sie Redensarten für Ihre Situation oder die Aufgabe, die vor Ihnen liegt: „Jemanden auf den Arm nehmen", „Jemandem Steine in den Weg legen", „Jemanden übers Ohr hauen", „Jemanden auf Händen tragen", „Jemanden gegen den Strich bürsten", „Jemandem die Zähne zeigen", „Sich ins Fäustchen lachen". Oder nutzen Sie Sprichwörter, die einfach gut passen.

- Entwerfen Sie Szenarien in Ihrem Kopf, die Ihre Routine aus dem Gleichgewicht bringen und entwickeln Sie in Gedanken Lösungsideen.

- Besuchen Sie ein Seminar zum Thema Improvisationstheater – Sie werden erleben, wie flexibel und einfallsreich Sie sind.

Kreativ-Kompetenz Mut

„Es geht um die Fähigkeit, sich selbst und andere ermutigen zu können. Dazu bedarf es einer genauen Kenntnis der eigenen Stärken und Schwächen, also einer realistischen Selbstwahrnehmung... Wer sich selbst nichts zutraut, wird niemals den Mut aufbringen können, seine Ideen auch vor anderen und in der Öffentlichkeit überzeugend zu präsentieren. Und damit fehlt auch der Mut zu möglichen Fehlern und dem konstruktiven Umgang mit ihnen. Sich selbst Ziele zu setzen, Risiken zu erkennen und rasche

Entscheidungen zu treffen, ist Ihnen aus dem beruflichen Alltag bestens vertraut. Dennoch, schon manche Entscheidung wurde verzögert oder gar nicht getroffen, eben weil der Mut zum Handeln fehlte." (Blumenschein, Ehlers, 2004)

Mut gibt uns Zuversicht und Tatendrang, Mut kann uns neugierig machen, für uns selbst und für andere. Mut ist immer wieder erforderlich, um die Welt zu verbessern.

So stärken Sie Ihre Kreativ-Kompetenz Mut:

- Seien Sie wachsam und checken Sie mögliche Risiken ab. Es ist natürlich gut, auf schwerere Risiken und deren Folgen eingerichtet zu sein. Halten Sie deshalb verschiedene Risiken im Auge. Nutzen Sie dafür Instrumente wie die Balanced Scorecard oder ein gesundes Qualitätsmanagement.

- Setzen Sie sich neuen und unbekannten Situationen aus. Beispiele: Erlernen Sie ein neues Hobby, reisen Sie in ein unbekanntes Land mit Zelt und Rad, helfen Sie unbekannten Menschen, melden Sie sich zu einem Kletterwochenende an, fangen Sie eine neue Sportart an, etc.

- Suchen Sie bewusst neue und unbekannte Situationen, sprechen Sie dabei bewusst unbekannte Menschen an.

- Wagen Sie kleine Risiken, testen Sie, ob tatsächlich etwas Schlimmes passiert ist. Beispiele: Muten Sie einem Mitarbeiter tatsächlich ein eigenes Projekt zu. Erlauben Sie sich eine längere Abwesenheitszeit und vertrauen Sie darauf, dass Ihre Mitarbeiter in der Zwischenzeit „den Laden am Laufen halten".

Kreativ-Kompetenz Motivationsfähigkeit

„Man hat immer die Wahl, wie man seine Arbeit machen will, auch dann, wenn man sich die Arbeit selbst nicht aussuchen kann."; „Spiele!", „Bereite anderen Freude" und „Sei präsent!". (Lundin, Paul, Christensen, 2003) – Das Fish-Prinzip

Motivation kommt dem Begriff „Beweggrund" sehr nahe, unser innerer

Antrieb, der uns in Bewegung setzt, etwas zu tun.

Die Gründe für Motivation sind vielfältig und sehr unterschiedlich.

„Heute wissen wir, dass sich menschliche Einstellungen und Verhaltens-weisen nicht in ein Schema pressen lassen, sondern dass es unterschied-liche Motive oder ganze Motivbündel sind, die unser Verhalten steuern. (Seiwert, 2002)

„Motivationsfähigkeit bedeutet zunächst, sich selbst motivieren zu kön-nen, sich –wörtlich genommen in Bewegung versetzen-, um etwas zu tun. Um die Antriebskräfte für das eigene Handeln zu verstehen, muss man seine Wünsche und Bedürfnisse kennen, annehmen und ernst nehmen. ...Motivationsfähigkeit in diesem Sinne ist ein eigengeleiteter Antrieb. Dieser hängt entscheidend mit der Wertschätzung der eigenen Person zusammen, die wiederum erst ermöglicht, auch anderen Personen Wert-schätzung zu vermitteln." (Blumenschien, Ehlers, 2004)

Zum Thema Motivation gibt es unzählige Bücher und Tipps, die Sie nutzen können.

Wir haben hier in Folge auch einige für Sie zusammen gestellt.

Stärken Sie Ihre Kreativ-Kompetenz Motivationsfähigkeit:

- Schenken Sie Ihrer eigenen Person Wertschätzung: Geben Sie Ihrer Stelle und Aufgabe einen Titel, der stolz macht. Z.B. Profi für flotte Kommunikation, Besprechungsmeisterin, Innovationsbeauftragter, etc. Schreiben Sie diesen Titel auf kleine Kärtchen, die Sie in Ihrem Arbeitsraum sichtbar befestigen.

- Achten Sie auf Ihre eigenen Werte und deren Befriedigung. Werden diese oft missachtet, kann es zu Sorgen, Problemen und Burnout führen. Für viele Menschen sind die Werte Abenteuerlust, Erfolg, Gesundheit, Liebe, Nähe, Behaglichkeit, Freiheit, Leidenschaft, Macht und Sicherheit von hoher Bedeutung. (Seiwert, 2002)

- Motivieren Sie sich mit förderlichen Glaubenssätzen! „Ich habe immer daran geglaubt, dass ich es schaffen werde! Dies ist ein Satz, den erfolgreiche Menschen ungewöhnlich oft sagen, wobei mit «Er-folg» ganz unterschiedliche, persönliche Dinge gemeint sein können."

(Feustel, Komarek, 2006). Machen Sie daraus ein Ritual, gleich am Morgen, wo Sie sich durch einige ausgewählte Glaubenssätze stärken. Positive Glaubenssätze sind: Ich bin liebenswert. Ich kann das. Ich löse meine Aufgaben in der Zeit, die ich dafür brauche. Ich habe eine gute Ausstrahlung. Ich werde auch diese Aufgabe bewältigen.

- Sehen Sie Ihren persönlichen hinderlichen Glaubenssätzen ins Auge. Viele Glaubenssätze haben Sie bereits früh im eigenen Elternhaus quasi mit der Muttermilch aufgesogen. Z.B: „Ich muss perfekt sein!", „Das schaffe ich nie!", „Die Welt ist schlecht!"; „Alle sind gegen mich!". Suchen Sie nach der positiven Absicht. So kann der Glaubenssatz: „Ich habe kein Talent, eine neue Sprache zu lernen." vor zu viel neuen Anforderungen schützen. Selbstverständlich können diese auch im Coaching mit einem Profi verändert werden.

- Hinderliche Glaubenssätze können auch gelöscht werden, indem Sie Antisätze finden, sie ins Gegenteil verkehren und diese immer mal wieder für sich sagen.

- Schenken Sie anderen Menschen Wertschätzung. Es gibt unzählige Möglichkeiten, andere Menschen anzuerkennen. Also loben Sie, erkennen Sie andere Menschen mit ihrem Alltag, ihren Leistungen und Fähigkeiten an!

„«Lob ist gleichzeitig Anerkennung». In Anerkennung stecken die Begriffe „erkennen" und „kennen". So wie ich das verstehe, bedeutet das: Erst wenn wir jemanden kennen, können wir ihn erkennen und seine Fähigkeiten, Besonderheiten und seine Einmaligkeit anerkennen. Das heißt, dass wir unser Gegenüber mit allen Sinnen wahrnehmen, ansehen, zuhören, spüren, ja sogar „riechen können", wie die deutsche Sprache so schön beschreibt. Leider schaffen wir das nicht immer: Wir loben andere oft, ohne sie dabei direkt anzublicken." (Asgodom, Scherer, 2001)

- Gehen Sie auf private Sorgen ein. Mitarbeiter bleiben im Unternehmen, wenn auch vom Arbeitgeber Unterstützung bei privaten Sorgen kommt. Dies ist besonders wichtig bei Krankheit von Familienmitgliedern, Todesfällen, Sorgen, besonderen Ereignissen, etc. Gerade letzte Woche erlebten wir, dass eine Familie komplett aus dem Ruder kam, weil der Großvater plötzlich an einer Demenz erkrankte und nicht mehr alleine zu Hause sein konnte.

„-Managing by walking around- In diesen Unternehmen laufen Füh-
rungskräfte durch die Firmen und führen Privatgespräche, trinken
hier einmal eine Tasse Kaffee und dort einmal ein Mineralwasser und
sagen: „Ah, Sie haben Kommunion in Ihrer Familie nächste Woche?
Wie viele Leute haben Sie eingeladen? Reichen Ihnen überhaupt die
Stühle? Nein, die reichen nicht, wollen Sie welche mitnehmen?" etc.
Wie kann der Mitarbeiter überhaupt private Probleme lösen, wenn
Sie keine Privatgespräche mit ihm führen?" (Kobjoll, 1998)

- Förderung von Qualitäten und Kompetenzen. Aus unserer Erfahrung
  sind Mitarbeiter dann motiviert, wenn sie in ihrer eigenen Person, mit
  ihrem persönlichen „Schwächen-Stärken-Profil" anerkannt und gefördert werden. Denn wenn ich als Mitarbeiterin erfahre, dass meine
  Kompetenz, Besprechungen effektiv zu moderieren, wahrgenommen
  und sogar anerkannt werden, steigt meine Motivation.

- Werden Sie Fish-Fan. „Fish" ist ein Prinzip von tiefgehender Motivation aus den USA. „Mary Jane Ramirez hat ein Problem – man hat
  sie zur Leiterin einer Abteilung gemacht, die firmenintern nur als
  Wüste und *Giftmülldeponie* bezeichnet wird. Diese Leute erledigen
  unmotiviert einen völlig langweiligen Job. Und nun erwartet man von
  ihr, dass sie ihrer Abteilung umgehend wieder Leben und Energie
  einhaucht.... Schließlich ist es ein Besuch auf dem Pike Place Fisch-
  markt, durch dessen mitreißende Atmosphäre Mary Jane erfährt,
  wie sie sich selbst und ihren Mitarbeitern Arbeitsfreude und Energie
  zurückgeben kann. Und bald merkt sie, zu welchen Leistungen ein
  Team fähig ist, das dynamisch, motiviert und lustvoll an seine Aufgaben herangeht. (Lundin, Paul, Christensen, 2003)

Noch mehr Tipps für Kreativität im Berufsalltag:

Holen Sie sich Informationen über Kreativität:

Lesen Sie Bücher zum Thema Kreativität oder besuchen Sie Seminare.
Damit holen Sie sich Anregungen und können diese dann einfach umsetzen. Zudem bekommen Sie einen großen Schwung an Motivation, der Ihnen bei der Umsetzung hilft.

Treiben Sie Unsinn:

Trauen Sie es sich zu, alleine, mit Kollegen oder auch als Vorgesetzte Unsinn zu treiben. Warum nicht aus einem wichtigen Schriftstück ein Papierboot bauen und im Waschbecken auf der Toilette einen Wassertest machen? Warum nicht einfach einen Tag in der Woche, an dem alle etwas Verrücktes anziehen? Zeigen Sie sich von Ihrer unvernünftigen, spielerischen Seite.

Bewegen Sie sich zwischendurch:

Denn: Forscher fanden heraus, dass der Hamster im Rad klüger ist als der Hamster, dem man das Rad wegnimmt. Das Gleiche gilt für den Menschen. Durch Bewegung bilden sich mehr Datenautobahnen im Gehirn. Nutzen Sie den Weg zur Arbeit, um sich zu bewegen, lassen Sie das Auto nicht nur wegen der hohen Spritpreise stehen. Joggen Sie in der Mittagspause, tanken Sie Kraft und Entspannung durch kurze Gymnastik, Brain Gym oder Yogaübungen zwischen Ihren Arbeitseinheiten. Treten Sie der Betriebssportgruppe bei oder gründen Sie diese! Treiben Sie in Ihrer Freizeit Sport, mit dem Partner, mit Freunden, mit den Kindern. Auch gerade dann, wenn Sie sich an einer gedanklichen Aufgabe festgebissen haben, dann tut Abstand und Bewegung immer gut. Sauerstoff strömt ins Gehirn, verteilt sich im Körper und sie fühlen sich gleich besser. Nach Dr. Ulrich Strunz flutet bei Bewegung das Kreativitätshormon ACTH durch den Körper.

Nutzen Sie Kreativitätstechniken:

Es gibt eine Fülle an Techniken, um die eigene und gemeinsame Kreativität zu wecken und zu nutzen. Sie können alleine oder in Gruppe angewendet werden und es gibt jede Menge Literatur dazu. Bekannt sind natürlich das Mindmap® und Moderationsmethoden wie z.B. die Kopfstandmethode und Walt Disney Strategie aus dem NLP.

Denken Sie quer:

Ungewöhnliche gedankliche Verbindungen herzustellen, eröffnet neue Räume und Lösungen. Lassen Sie sich überraschen, wenn es heißt, den Unterschied und die Gemeinsamkeiten einer Haftpflichtversicherung und einer Schale Erdbeeren zu entdecken. Speziell bei diesen Querdenkerstrategien werden gedankliche Bremsen schnellstens gelöst und jede Menge Assoziationen bereichern Ihre jeweilige Aufgabe.

Nutzen Sie Ihre Phantasie und Ihre inneren Bilder:

Träumen Sie zwischendurch ganz bewusst vor sich ihn. Lassen Sie Ihren Gedanken freien Lauf, schalten Sie das Denken ab, so gut es geht und nehmen Sie Platz in Ihrem inneren Kopfkino. So geben Sie Ihrem Unterbewusstsein Raum und Ihrer Intuition die Möglichkeit, aufzutauchen. Auch wenn neue Informationen auf Sie zukommen, machen Sie sich ein Bild davon, verknüpfen Sie dieses mit allem Möglichen, was vor Ihrem inneren Auge auftaucht.

Sie toppen den Effekt noch, wenn Sie Ihre Assoziationen aufschreiben oder einfach malen, skizzieren.

Also: Welche Bilder kommen Ihnen in den Sinn bei Begriffen wie: Unfallverhütungsvorschrift, Leben mit Demenz, Sprachstörungen, Engpass, Einführung EDV-System, ...

Fragen Sie berühmte Persönlichkeiten:

Meist stecken wir ja in unseren eigenen Erkenntnissen und Wahrheiten fest. Selten, dass wir uns bei der Meinungsbildung an anderen Menschen orientieren.

Dabei wächst unser Horizont enorm, wenn wir die Frage mit den Konsequenzen der Euro-Umstellung aus der Sicht von Florence Nightingle, Lucky Luke oder Harry Potter betrachten. Es ist eine sehr effektvolle Methode, sich eine Liste mit berühmten Persönlichkeiten anzulegen. Fragen Sie sich bei der einen oder anderen Herausforderung, was der oder die denn dazu sagen würde, oder wie sie sich entscheiden würde.

Reduzieren Sie:

Der derzeitige Trend, als Leitungskraft im Wald beim gemeinsamen Zeltlager oder auf dem Hochseil berufliche (oder auch persönliche) Probleme zu lösen, hat seinen Sinn. Dabei wird Alltagstrott zurückgelassen und existenzielle Fähigkeiten kommen zum Vorschein. Ebenso gibt es erheblich weniger Ablenkung, so dass man schnell zum Kern des jeweiligen Themas kommen kann. Eine abgespeckte Version kann schon erreicht werden, wenn eine gemeinsame Arbeitsklausur durchgeführt wird. Diese muss nicht in einem – teilweise recht teuren – Tagungshotel stattfinden, sondern kann auch „schmal" budgetiert sein. Warum nicht zusammen kochen und in Mehrbettzimmern schlafen? Das bringt die Menschen auf einfache

Weise zusammen. Nutzen Sie die Kraft und Quelle der Natur. Eine Besprechung beim Picknick im Stadtpark kann bessere Resultate bringen, als in bekannter Sitzordnung im Konferenzzimmer.

Wir wünschen Ihnen viel Erfolg bei der Umsetzung der einen oder anderen Idee zur bewussten Gestaltung Ihrer Unternehmenskultur.

Sandra Masemann & Barbara Messer

DiE VERSAMMLUNG

Wenn die ganze Kolonie zusammen auf der Eisfläche steht, dann ist das schon ein kolossaler Anblick, denn bis zum Horizont sind Pinguine zu sehen, egal in welche Richtung man schaut. Ein Meer an Pinguinen, alle stehen neugierig, leise lauschend zusammen.

Christoph, Petra und Horst sowie noch ein paar ausgewählte Pinguine stehen oben auf der höchsten Scholle, so können sie von allen gesehen und auch manchmal gehört werden. Das mit dem „Gehörtwerden" ist hier unten so eine Sache. Der Wind ist eisig, rauscht, pfeift und fegt über den Südpol, manchmal können sich die Pinguine über eine Distanz von 15 Metern schon nicht mehr hören. Und dann wieder erkennen sie die anderen Stimmen über 40 Meter, ganz vom Wind abhängig. Damit alle wirklich die gleichen Informationen bei Versammlungen haben, stehen an kleinen erhöhten Stellen weitere Pinguine, die das Gesagte jeweils in die entsprechende Richtung weiter transportieren.

Kurz gesagt knallt es an diesem Abend. Horst und Petra stellen ihre Sorge, dass der Lebensraum knapp wird und die Nahrung nicht mehr reichen wird vor und rufen zur gemeinsamen Reise auf. Dabei legen sie Wert darauf, dass alle der Sippe erreicht werden. Sie berichten von der Situation hier am Südpol, dass das Eis schwindet und auch die Nahrung knapp wird. Und sie erinnern die anderen auch daran, dass der Müll zunimmt. Damit alle wissen worüber sie sprechen, halten sie Holzlatten mit den wichtigsten Begriffen hoch. So können alle noch dazu lesen, worum es geht. Horst und Petra sind für Fragen da, es wird schnell klar, dass die Pinguine engagiert sind und Fragen haben. Horst ist es wichtig, dass alle zu Wort kommen, was schwer ist, da es viele tausend Stimmen sind, die durcheinander reden.

Die Pinguine sind konträrer Meinung, vor allem als Christoph auch endlich zu Wort kommt.

Christoph fordert die Sippe auf, hier zu bleiben und der Lebensweise der Großmütter und Großväter zu folgen. Es gibt in Kleingruppen heiße Diskussionen, die Pinguine nutzen den Open Space, um die kontroversen Haltungen zu erörtern und abzuschätzen. Es geht ihnen nicht darum, Sieger und Verlierer herauszukristallisieren, sondern darum, Meinungen und Haltungen sauber und fair voneinander abzugrenzen. Damit haben sie dann eine

Grundlage für eine Entscheidung. Es sind ca. 140 Pinguine, die mit auf die Reise gehen wollen, somit bleibt es für Christoph immer noch eine große Sippe, die er führen darf. Er überrascht die gesamte Gruppe an diesem Tag damit, dass er offen darüber spricht, eine Ablösung für seine Aufgaben als Führer der Gruppe zu suchen. Er sagt offen, dass es ihm mittlerweile schwerfällt, die gesamte Verantwortung alleine zu tragen. Dies bringt ihm eine riesige Woge der Empathie und viele, wirklich viele Pinguine, auch von den jüngeren, bieten sich für diese Aufgabe an.

Zum Ende der Versammlung treffen sich Horst und Petra noch mit den Pinguinen, die jetzt gemeinsam mit aufbrechen möchten. In verschiedenen Gruppen erarbeiten sie die groben Ziele und Schritte ihres Projekts. Dazu nutzen sie Methoden wie Kopfstand-Brainstorming oder ein Mindmap® aus Schollenstücken. Zum Abschluss entwickeln sie einen ersten Plan, der die nächsten Schritte für sie klärt. Horst kann in den Gesichtern um sich herum sehr viel Engagement und Freude wahrnehmen, es gibt aber auch Skepsis, gerade bei den älteren Pinguinen.

Abends an ihrer Schlafstelle blicken Petra und Horst noch einmal auf die Ereignisse und Eindrücke des Tages zurück. „Horst, ich bin stolz auf dich. Du hast die anderen mit deinen Worten wirklich mitgerissen. Ich war sehr bewegt und bin glücklich, an deiner Seite zu sein. Danke, dass es dich gibt!" Sie küsst ihn hinter sein Ohr und drückt seinen weichen Bauch, weil sie weiß, dass es ihm gut tut. Horst ist nicht immer der coole Pinguin, er ist ein sehr weichherziger, liebevoller Pinguin-Mann, der entspannt neben seiner Frau steht.

Einige Tage später:

Die Pinguine haben Holzreste gesammelt, erste Pläne sind gezeichnet und ein Bauplatz ist eingerichtet. Meist sind alle Pinguine der Gruppe den Tag über in den Bau involviert. Alle arbeiten mehr oder weniger zusammen und sprechen sich ab. Die männlichen Pinguine sind aktiv, wollen schaffen, die weiblichen Pinguine achten neben der „Bauarbeit" auch auf die Stimmung im Team, sie beziehen die Kinder mit ein und achten darauf, dass alle ähnlich beschäftigt sind. Horst fühlt sich in der neuen Rolle im Umgang mit den Kollegen unsicher. Bisher sind sie es gewohnt, dass Christoph sie führte und sagte, was zu tun ist. Horst ist jetzt neu in der Rolle des Führers der Gruppe. Dabei ist er – wie alle anderen – ein ganz normaler Pinguin.

Beim Bau des Floßes gibt es einige Schwierigkeiten, so ist z.T. das Holz morsch. Die Gruppe Pinguine, die für die Holzauswahl zuständig ist, hat hier einfach nicht aufgepasst. Horst fragt sich, wie er so ein Verhalten mit den Konsequenzen, die daraus resultieren, ansprechen soll. Sie haben so viele Jahre gemeinsam miteinander gefischt und jetzt ist er plötzlich für die Ereignisse in der Gruppe zuständig.

Außerdem stellt er fest, dass die älteren Pinguine sehr geschickt darin sind, mit ihrem Schnabel die Stämme für das Floß festzubinden. Keiner der jungen Pinguine will sich etwas sagen lassen. Sie sind der Meinung, dass sie mit ihrer jugendlichen Abenteuerlust auf die Alten verzichten können.

Dies hat starke Auswirkungen auf die Gruppenstimmung. Es geht soweit, dass die ersten der alten Pinguine überlegen, nicht mit auf Fahrt zu gehen.

Horst verzweifelt, schwimmt wieder ein paar Runden durchs Meer, um klare Gedanken zu bekommen. Irgendwann wird es Petra zu bunt, sie legt ihm das Logbuch vor und schlägt ganz nebenbei die Seite mit dem Kapitel Führung auf.

2. Führen heißt Führung, Führung heißt führen!

Michael Letter, Experte für strategisches Unternehmenscoaching, zeigt im folgenden Kapitel einige Herausforderungen in der Mitarbeiterführung auf. Exemplarisch finden Sie Beispiele der brennenden Themen, denen sich Führungskräfte der Wirtschaft heute ausgesetzt sehen und finden Lösungsansätze zu den Themen:

- Die „neue" Führungskraft: Wenn die Kollegen zu Chefs werden

- Mitarbeiter zu besseren Leistungen coachen

- So fällt Kritik auf fruchtbaren Boden

- Als Chef weibliche Kommunikationskultur bei der Führungsarbeit beachten

- Die „alten Eisen" schmieden: Ältere Mitarbeiter fördern

- Sucht am Arbeitsplatz: Mit dem Betroffenen reden, nicht über ihn!

Die „neue" Führungskraft: Wenn die Kollegen zu Chefs werden

Gestern noch hat der neue Abteilungsleiter die Kollegen geduzt und im Team mit ihnen zusammengearbeitet – und heute ist er ihr Chef. Wie meistens im (Berufs-) Leben: Wichtig ist es, aktiv und offen klärende Gespräche zu führen.

In die Freude über die Beförderung mischen sich Bedenken und Befürchtungen: „Kann ich der Herausforderung gerecht werden?" Oft genug werden Mitarbeiter, die als Fachexperten eine hervorragende Rolle gespielt haben, auf eine Führungsposition befördert, ohne dass sicher ist, ob sie über die entsprechenden Qualifikationen verfügen. Das Peter-Prinzip, nach dem in einer Hierarchie Beschäftigte auf die Stufe ihrer Unfähigkeit befördert werden, lässt grüßen.

Kumpelverhalten vermeiden

In der Regel stehen der neuen Führungskraft Weiterbildungsmaßnahmen und firmeninterne Führungsseminare und Coachings zur Verfügung, durch die sie die fehlenden Kompetenzen erwirbt. Das Hauptproblem für den neuen Vorgesetzten aber konkretisiert sich in der Frage: „Wie gehe ich mit den Kollegen um, denen ich früher gleichgestellt war und jetzt Anweisungen geben soll?"

Hinzu kommt: Wie geht der beförderte Mitarbeiter mit dem ehemaligen Kollegen um, mit dem er sich noch nie so richtig verstanden hat? Das andere Extrem ist der Duzfreund, mit dem er ab und an auf ein Bierchen in die Kneipe gegangen ist. Folgende Verhaltensweisen sind kontraproduktiv:

- Durch das „Kumpelverhalten" droht die Gefahr, dass einige Mitarbeiter die nachgiebige Haltung auszunutzen versuchen, nach dem Motto: „Wir haben uns doch super verstanden. Könntest Du nicht mal ..." „Everybodys Darling" sein zu wollen – diese Strategie funktioniert nicht.

- Unsichere Führungskräfte, die nicht wissen, wie sie sich verhalten sollen, kompensieren ihre Verlegenheit mit übertriebener Stärke. Sie wollen demonstrieren, dass sie sich von den ehemaligen Kollegen keinesfalls auf der Nase herumtanzen lassen. Dies provoziert sie zu einer „Politik der Stärke" – mit genau der Folge, die sie verhindern wollten: „Was spielt der sich auf und lässt den Chef raushängen", heißt es auf Seiten der Mitarbeiter.

„Wir sitzen im selben Boot"

Am besten ist es, den Rollenwechsel vom ersten Tag an deutlich zu markieren und eine Haltung an den Tag zu legen, die signalisiert: „Obwohl sich das Binnenverhältnis geändert hat: Wir sitzen immer noch im selben Boot. Und nur gemeinsam können wir es zum Erfolg steuern."

Natürlich sind andere Haltungen möglich – zu verschieden sind die Charaktere der Beteiligten und die jeweiligen Situationen in den Unternehmen, als dass es eine „Platinregel" geben könnte. Häufig ist eine Haltung, die den Teamgedanken in den Mittelpunkt rückt und die neue Führungskraft als Baustein eines Teams sieht, das von ihr zugleich geführt werden muss, die erfolgversprechendste Strategie.

Ganz gleich, welche Haltung die Führungskraft einnimmt – sie muss diese Position konsequent beibehalten und jeden Anschein vermeiden, sie würde einige Mitarbeiter anders behandeln als andere.

Mit offenen Karten spielen

Die neue Führungskraft ruft ihre Mitarbeiter nach der Beförderung möglichst zeitnah zu einem Teammeeting zusammen, um zu verdeutlichen: „Ich bin befördert worden – und dieser Rollenwechsel hat für unsere Zusammenarbeit folgende Konsequenzen: ...“ Sie spricht deutlich an, welche Aufgaben sie ab sofort zu bewältigen hat: Sie ist zum Beispiel befugt, Arbeitsaufträge zu erteilen, Urlaub zu genehmigen, Ziele zu vereinbaren und deren Erreichung zu überprüfen, Mitarbeiter zu fördern und zu kritisieren, sie übt Macht aus und trifft Entscheidungen, die nicht immer jedem gefallen werden.

Der ehemalige Kollege erläutert die Aufgaben so detailliert wie möglich und macht klar, dass diese Aufgaben mit der neuen Rolle zu tun haben – die jedoch nichts an den jeweiligen *persönlichen* Beziehungen zu den Mitarbeitern ändert. Beispiel:

- Der Duzfreund wird nicht plötzlich wieder gesiezt.

- Er schuldet der Führungskraft den notwendigen Respekt – und zwar im Verhältnis zwischen Vorgesetzten und Mitarbeitern.

- Auch weiterhin wird sich geduzt.

- Achtung: Die Führungskraft darf die gute Beziehung zum Duzfreund nicht ausnutzen, um Anhaltspunkte über die Stimmung in Team und Belegschaft zu erhalten. Nichts ist schlimmer als ein ehemaliger Kollege, der als Chef versucht, alte Seilschaften zu pflegen.

Mögliche Konfliktherde ansprechen

Je nachdem, wie eng die Beziehung zu einem „Ex-Kollegen" ist, sollte die Führungskraft diese Problematik nicht nur im Meeting ansprechen, sondern zusätzlich im Einzelgespräch mit dem betreffenden Mitarbeiter vertiefen. Das gilt insbesondere für den Kollegen, der sich ebenfalls Hoffnungen auf die Stelle gemacht hat. Die Führungskraft muss ausloten, wie er die Zurückstellung verkraftet und die Situation bewertet: Ist er neidisch? Ist er ein „schlechter Verlierer"? Akzeptiert er die Entscheidung der Geschäftsführung?

Ist die Beziehung zu dem „übergangenen" Kollegen nicht geklärt, tickt hier eine Zeitbombe, die unbedingt entschärft werden muss. Falls das persönliche Gespräch zu keiner oder nur einer unbefriedigenden Lösung führt, muss der unmittelbare Vorgesetzte der neuen Führungskraft hinzugezogen werden.

In dem Meeting spricht die Führungskraft alle potenziellen Konfliktherde direkt an und regt von sich eine Diskussion darüber an, dass ein Ex-Kollege Vorgesetzter ist. Dabei beachtet sie: Nicht nur sie selbst fühlt sich angesichts des Rollenwechsels unwohl – einigen Mitarbeitern wird es ebenso ergehen. Ein Beispiel: Der Kollege, der mit der Führungskraft einmal einen Streit hatte und mit ihr aneinander geraten ist, befürchtet „die späte Rache". Das Meeting gibt dem neuen Vorgesetzten Gelegenheit, für Klarheit zu sorgen: „Ich behandle dich mit Respekt, du behandelst mich mit Respekt. Wenn wir uns beide an diese Spielregeln halten, können wir gemeinsam Ziele erreichen und erfolgreich sein." In Extremfällen muss er wiederum das Einzelgespräch mit dem Mitarbeiter suchen.

Fazit

Wie man in den Wald hineinruft, so schallt es heraus: Wer die schwierige Aufgabe, jetzt Chef der ehemaligen Kollegen zu sein, mit Respekt vor dem Anderen, Fingerspitzengefühl und einer klaren Haltung zu der neuen Rolle löst, dem wird ebenfalls Respekt entgegengebracht.

Die ersten Schritte nach der Beförderung

- die Rolle als Führungskraft annehmen. Das heißt auch: „Kollegen" sind nun die anderen Führungskräfte

- grundsätzliche Haltung zu der neuen Rolle festlegen und konsequent verfolgen

- im Teammeeting neue Rollenverteilung darlegen und Folgen diskutieren

- problematische Beziehungen (etwa Konflikt mit Ex-Kollegen, Duzfreund) in Einzelgesprächen klären

- erste Entscheidung als Führungskraft ist eine Bewährungsprobe und muss besonders gut vorbereitet werden

- das zu Beginn gewöhnungsbedürftige Verhältnis Schritt für Schritt normalisieren

Als neue Führungskraft Unterstützung suchen

- Personalchef bitten, die Besetzung der Position rechtzeitig zu kommunizieren

- Austausch mit anderen Führungkräften, die ähnliche Situation bewältigt haben; sie um Rat fragen

- Direkten Vorgestzten fragen, ob er bereit ist, zu Beginn des Teammeetings die Rolle der neuen Führungskraft zu erläutern

Mitarbeiter zu besseren Leistungen coachen

Die Herausforderung für Führungskräfte: Ein Mitarbeiter will nicht, er kann nicht. Die Konsequenz: Er bringt nicht die Leistung, zu der er fähig wäre. Die Lösung: Mitarbeiterorientierte Motivationsgespräche, die bei der individuellen Motivationsstruktur ansetzen.

Die Führungslandschaft ist bunt wie ein Kaleidoskop, den Motivations-Königsweg gibt es nicht. Denn jeder Mensch ist einzigartig, und nicht alle verfügen über dieselbe Motivationsstruktur. Es nutzt nichts, den Angestellten, der Wert auf eigenverantwortliche Entscheidungen legt, mit einem Spitzengehalt zu ködern. Wenn sich ihm nicht gleichzeitig Entscheidungsspielräume eröffnen, entfacht der finanzielle Anreiz nur ein Motivationsstrohfeuer.

Zuckerbrot und Peitsche

Wodurch lässt sich ein Angestellter motivieren? Ist es der Raum zur freien Entfaltung der eigenen Leistungsmöglichkeiten? Ist es die ehrliche Anerkennung? Die Möglichkeit, sich mit dem Unternehmen zu identifizieren? Oder doch die ausgezeichnete Provision? Und dann gibt es noch diejenigen, die sich nur zu etwas bewegen lassen, wenn der Chef ihnen die unangenehmen Konsequenzen ihres Verhaltens vor Augen führt. Sie ändern Verhalten nur, um Nachteile zu vermeiden. Und oft speist sich die Motivationsstruktur nicht allein aus beruflichen Quellen. Für viele Menschen besitzen etwa Freizeit und Familienleben einen hohen Stellenwert.

Die Führungskraft klärt in einem Vorgespräch mit einem Mitarbeiter, zu welchem Motivationstyp er gehört. Benötigt er das Zuckerbrot, die Peitsche – oder ist der „goldene Mittelweg" angesagt? So kann sie einen individuellen Mix an Motivatoren zubereiten und bestimmen, welche Instrumente notwendig sind, um selbst un- und demotivierte Mitarbeiter zu besseren Leistungen zu bewegen.

Zudem stellt sich die Frage, ob es Gründe für Demotivation gibt. Die Demotivationsfalle droht etwa, wenn der „falsche Mitarbeiter am falschen Platz" arbeitet. Die Führungskraft gleicht darum Qualifikations- und Anforderungsprofil miteinander ab. Falls es Diskrepanzen gibt, können die Beteiligten nach Lösungsmöglichkeiten suchen.

Zielvereinbarungskultur etablieren

Was ist bei der Durchführung des Motivationsgesprächs zu beachten? Die Führungskraft gibt dem Mitarbeiter Gründe, sich für das Unternehmen einzusetzen. Dies gelingt durch eine Zielvereinbarungskultur – dem Mitarbeiter wird bei der Zieldefinition ein Mitspracherecht eingeräumt. Dies bedeutet: Zu Beginn führt der Vorgesetzte ihm bildlich vor Augen, was es für ihn und das Unternehmen bedeutet, wenn er gute Leistungen bringt. Die Zielerreichung sollte begeistert und begeisternd formuliert sein: „Stellen Sie sich die Folgen vor, wenn es uns gelingt, alle unsere Kunden zu begeistern!" Dann bindet er ihn aktiv in den Zielfindungsprozess ein: „Was, glauben Sie, könnten Sie dazu beitragen, absolute Kundenfreundlichkeit zu erreichen?"

Der Mitarbeiter fühlt sich ernst genommen und kann Vorschläge unterbreiten, welche Möglichkeiten ihm in seinem Tätigkeitsbereich offen stehen, einen persönlichen Beitrag zur Zielerreichung zu leisten. Jeder Mensch verfolgt seine eigenen Ideen und Ziele mit größerem Engagement als die, die ihm andere vorgeben.

Zu empfehlen ist, Lob und Anerkennung für geleistete Arbeit auszusprechen: „Sie haben ja im letzten Quartal bei der Betreuung unseres wichtigen Kunden Müller bewiesen, dass Sie Kundenorientierung groß schreiben!" Gerade bei der Gesprächseröffnung ist die Betonung der Stärken wichtig. Leider loben viele Führungskräfte vor allem die Sache, die ein Mitarbeiter gut erledigt hat. Die meisten Chefs werden persönlich, wo sie sachlich bleiben sollten: bei der Kritik. Dafür bleiben sie sachlich, wo sie persönlich werden müssten – nämlich beim Lob. Bewusstes Loben stellt den persönlichen Beitrag des Mitarbeiters in den Vordergrund, der zu einem guten Arbeitsergebnis geführt hat. Und auch, wenn Kritik ansteht, gilt: Die Führungskraft spricht niemals die Identitätsebene an, sondern immer die Verhaltensebene. Es geht um die Handlung – nicht um die Person. Die Persönlichkeit des Mitarbeiters lässt sich nicht ändern – aber seine Verhaltensweise beeinflussen.

Mit Hilfe dialogorientierter Gesprächstechniken (siehe Kasten) gibt die Führungskraft dem Mitarbeiter Gelegenheit, ein eigenes Bild seiner Stärken und Schwächen zu zeichnen. Wenn sie anderer Meinung ist, begründet sie ihre Ansicht. Schließlich formuliert sie: „Ich habe mir überlegt, wie Sie Ihre Fähigkeiten noch optimaler einsetzen können. Ich möchte mit Ihnen besprechen, welche Maßnahmen dafür notwendig sind."

Am Ende des Gesprächs steht der Konsens, der in konkrete Vereinbarungen mündet: „Wir sind zu dem Ergebnis gekommen, dass Ihre Stärke in der Privatkundenbetreuung liegt. Diese Fähigkeit bauen wir weiter aus. Sie dürfen jedoch die Neukundenansprache nicht vernachlässigen. Lassen Sie uns gemeinsam geeignete Fördermaßnahmen festlegen." Die Gesprächspartner gießen die Vereinbarung in einen Zeitplan: Welche Maßnahmen müssen bis wann erledigt sein?

All dies hält die Führungskraft schriftlich in einem Protokoll fest, das sie dem Mitarbeiter vorlegt, damit er sich damit einverstanden erklären kann. So ist ein Maßnahmen-Controlling möglich, und der Vorgesetzte kann nachfragen, warum ein Punkt nicht bis zum vereinbarten Zeitpunkt bearbeitet wurde.

Fazit:

Die Qualität des Motivationsgesprächs steht und fällt mit der intensiven Vorbereitung. Die Kenntnis der Motivationsstruktur ist der „Motivationsknopf", den die Führungskraft drücken muss, um zu besseren Leistungen anzuspornen. Des Weiteren stehen Anreize zur Verfügung, die materieller Art sein, aber ebenso Motivationsfaktoren wie Karrierechancen oder Selbstverwirklichung am Arbeitsplatz betreffen können.

Check fürs Motivationsgespräch

- Stellen Sie die Motivationsstruktur des Mitarbeiters fest.

- Definieren Sie Ihre Gesprächsziele, wählen Sie einen motivierenden Gesprächseinstieg.

- Stellen Sie die Ursachen für Demotivation fest und beseitigen Sie sie.

- Beenden Sie das Gespräch mit klaren Zielvereinbarungen, deren Erreichung Sie kontrollieren können.

Dialogorientierte Gesprächstechniken

- Überreden Sie nicht, überzeugen Sie argumentativ.

- Offene Meinungsfragen veranlassen den Mitarbeiter, von und über sich zu reden. Die Antworten erlauben Rückschlüsse auf Einstellungen und Motive.

- Formulieren Sie Aussagen als Ich-Botschaften: „Ich habe beobachtet, dass Sie Probleme haben bei ... Was sagen Sie dazu?"

- Hören Sie aktiv zu: „Habe ich Sie richtig verstanden ...?"

- Sorgen Sie für Klarheit: Wiederholen Sie Äußerungen des Mitarbeiters mit eigenen Worten.

- Kritisieren Sie in Frageform: „Was halten Sie davon, wenn Sie zukünftig Folgendes berücksichtigen ...?"

So fällt Kritik auf fruchtbaren Boden

Um die soziale Kompetenz deutscher Chefs ist es schlecht bestellt. Nach einer Umfrage der Personalberatung Studnitz & Partner ist unangemessen vorgetragene Kritik einer der häufigsten Gründe für Demotivation. Wie muss Kritik verpackt sein, damit sie angenommen wird?

Erbost stürmt der Abteilungsleiter in das Büro des Mitarbeiters, der sich gerade mit einer Kollegin unterhält. Schon seit längerem ist er unzufrieden mit dem Angestellten, der junge Mann erreicht nicht die Anzahl der vereinbarten Kundengespräche: „Warum klappt das eigentlich nicht mit ihnen? Die anderen schaffen es doch auch! Wir sitzen doch alle im selben Boot! Wenn alle so unfähig wären wie Sie ...“

Der Vorgesetzte macht so ziemlich alles falsch, was er nur falsch machen kann: aggressiv vorgebrachte Kritik in Gegenwart der Kollegin; er lässt den Mitarbeiter nicht zu Worte kommen und den Sachverhalt aus seiner Sicht darstellen; er nutzt seine Machtposition aus, um ihn zu disziplinieren.

Die große Gefahr: Der Mitarbeiter überträgt das Führungsverhalten des

Vorgesetzten auf seine Kundengespräche und legt ein Verhalten an den Tag, das dem Vertrauensaufbau und der Notwendigkeit, im Kopf des Kunden zu denken, zuwiderläuft.

Konstruktiv kritisieren

Kritik kann auch konstruktiv wirken. Die Führungskraft muss dazu das Kritikgespräch als Chance begreifen, gemeinsam mit dem Mitarbeiter auf die Suche nach einer Problemlösung zu gehen. Dazu klärt sie vor dem Kritikgespräch ihre Gesprächsabsichten und -ziele genau ab. Das Gespräch findet unter vier Augen und in einer störungsfreien Atmosphäre statt. Die Kritik wird sachbezogen vorgetragen und bezieht sich auf einen konkreten Anlass – Angriffe auf die Person und dunkle Andeutungen werden vermieden.

Problemlösungsorientierung erreicht die Führungskraft, indem sie fragend kritisiert. So wird der Kritik die Schärfe genommen. Zudem sollte die Kritik zukunftsorientiert ausgerichtet sein: Der Vorgesetzte „reitet nicht auf der Vergangenheit herum", sondern will Verbesserungen in Gang setzen. Der Mitarbeiter merkt: „Der Chef zweifelt nicht an mir als Person, er will mir in der Sache helfen" – und ist so motiviert, eigene Verbesserungsvorschläge zu formulieren.

Schließlich bittet die Führungskraft ihn, die Angelegenheit aus seiner Perspektive zu schildern, hört aktiv zu, fragt nach und resümiert das Gesagte. Ziel ist eine Vereinbarung, durch die das kritisierte Verhalten unwahrscheinlich wird.

Feedback geben statt kritisieren

Produktive Kritik, die Mitarbeiter zu Verhaltensänderungen motivieren will, nimmt auf die Persönlichkeit und Mentalität des Kritisierten Rücksicht: Während der eine Mitarbeiter den Anraunzer braucht und wegsteckt – nach dem Motto: „Dem zeige ich es jetzt erst recht" – zieht sich der andere beleidigt in die Kajüte zurück.

Natürlich: Kritikpunkte müssen unmissverständlich angesprochen werden – das Kritikgespräch ist keine Sozialveranstaltung. Doch wahrscheinlich kennt jede Führungskraft Situationen, in denen sie glaubte, jetzt müsse der Mitarbeiter doch endlich einsehen, dass er sein Verhalten – zum Bei-spiel – gegenüber Kollegen und Kunden einfach ändern *muss*; mit dem traurigen Resultat, dass er im selben Trott weitermacht. Der allzu mensch-liche Grund: Verhaltensveränderungen, die von außen angestoßen oder gar erzwungen werden, entfalten bei weitem nicht die Wirkung, die ent-steht, wenn sie aus eigener Einsicht initiiert werden.

Um dieses Ziel zu erreichen, führt die Führungskraft kein Kritik-, sondern ein Feedbackgespräch. Der Unterschied: Der Mitarbeiter soll sein Verhal-ten eigeninitiativ ändern, also *aus eigenem Willen und Antrieb*. Entschei-dend für den Erfolg ist die Einstellung der Führungskraft: Sie muss davon überzeugt sein, dass es in der Verantwortung *des Mitarbeiters selbst* liegt, seine Verhaltensweisen zu überprüfen und zu ändern. Die Vorgehensweise:

- Der Vorgesetzte stellt auf Seiten eines Mitarbeiters ein störendes Verhalten fest; einige Kunden haben sich über sein unhöfliches Verhalten bei der telefonischen Terminvereinbarung beschwert. Doch statt gleich ins Kritikgespräch zu gehen, überlegt die Führungskraft, welches Verhalten wünschenswert ist: „Der Mitarbeiter soll vertrau-ensvolle Kundenbeziehungen aufbauen – eindeutige Terminvereinba-rung und Höflichkeit gehören dazu."

- Erst jetzt sucht er das Gespräch. Im Mittelpunkt steht allerdings nicht das Verhalten – also die Unhöflichkeit –, sondern die Zielsetzung, dass der Mitarbeiter eine gute Beziehung zum Kunden aufbauen will und kann. Darum beginnt er das Gespräch mit der Formulierung: „Mein Ziel ist die Verbesserung der Kundenbeziehungen."

- Nun fragt er den Mitarbeiter nach Lösungsvorschlägen und bittet ihn um Ideen, wie das angestrebte Ziel *seiner Meinung nach* erreicht werden kann. Wahrscheinlich wird der Mitarbeiter den Aspekt „Höf-lichkeit" selbst ansprechen – falls nicht, wird er von der Führungs-kraft ins Spiel gebracht. Sie gibt sachliches Feedback, wie sie den Aspekt „Höflichkeit" bei dem Mitarbeiter beurteilt. Dabei berücksich-tigt sie die Prinzipien der konstruktiven Kritik.

- Falls der Mitarbeiter zustimmt, er könne sein Verhalten in Richtung erhöhter Höflichkeit verbessern – und damit die Kundenbeziehungen –, vereinbaren die Beteiligten eine Verfahrensweise für den Fall, dass die alte Verhaltensweise wieder auftritt.

- Falls er es ablehnt, in Erwägung zu ziehen, er könne an seinem Verhalten Verbesserungen vornehmen, nennt der Chef jetzt Beispiele, mit denen er ihm seine Unhöflichkeit nachweist. Dies sollte wertfrei geschehen. Noch muss er das Ziel, der Mitarbeiter könne von selbst zur Einsicht gelangen, nicht aufgeben.

Fazit

Die Führungskraft bewegt den Mitarbeiter mit Hilfe eines Feedbacks zu der Einsicht, dass er einen Fehler gemacht hat und darum sein Verhalten ändern sollte. Wenn sie zudem mit dem Gesprächspartner fair umgeht, sachlich bleibt, wertfreie Formulierungen wählt und Verallgemeinerungen und Vorwürfe vermeidet, wächst die Wahrscheinlichkeit, dass die Kritik angenommen wird.

Wählen Sie die richtige Formulierung

- *Falsch*: „Sie sind immer unpünktlich!" – Persönlicher Angriff, Verallgemeinerung. *Richtig*: „Was können wir tun, damit Sie in Zukunft pünktlich sind?" – Kritik in Frageform

- *Falsch*: „Ich muss Sie kritisieren." – Demotivierender Gesprächseinstieg. *Richtig*: „Ich bin mit Ihren Leistungen wirklich zufrieden, zum Beispiel ... Ich möchte aber auch einen kritischen Punkt ansprechen."

- *Falsch*: „Mir ist da etwas zu Ohren gekommen ..." –Gerüchteküche. *Richtig*: „Ich möchte mit Ihnen über Ihre Terminvereinbarungsquote sprechen. Daran gefällt mir nicht ..."

- *Falsch*: „Sie müssen unbedingt Ihr Telefonverhalten ändern." – Provozierende Sie-Botschaft, Angriff. *Richtig*: „Ich bin der Meinung, wir können Ihr Vorgehen am Telefon verbessern." – Ich-Botschaft stellt Ihre Meinung zur Diskussion, „Schuld" des Mitarbeiters wird nicht als unumstößliche Tatsache dargestellt.

Geben Sie konstruktive Rückmeldungen

Setzen Sie die verschiedenen Techniken der Rückmeldung in einem abgestuften Vierschritt ein:

1. erst loben und anerkennen

2. dann Feedback geben und Verhaltensveränderungen initiieren

3. schließlich kritisieren und

4. notfalls tadeln

Als Chef weibliche Kommunikationskultur bei der Führungsarbeit beachten

Nicht nur in traditionell-konservativen Unternehmen kommt es häufig vor: Der männliche Vorgesetzte führt die weiblichen Angestellten. Auch auf Schiffen gibt es selten einen weiblichen Kapitän. Treffen in einem Unternehmen zwei kommunikative Welten aufeinander, die die Führungsarbeit erschweren?

„Warum Männer nicht zuhören und Frauen schlecht einparken können" – so der Titel des Buchklassikers von Allan und Barbara Pease, der auf die typischen Rollenklischees abhebt. Andererseits: Wer kennt sie nicht – die Männer, die ihre Frauen ans Steuer lassen, wenn sie ihren Wagen in der Innenstadt rückwärts in die Parklücke quetschen müssen. Und eine neue Untersuchung in den USA kommt zu dem Ergebnis, dass die Männer die wahren Quatschtüten seien: Entgegen aller Klischees sprechen die Männer nicht weniger, sondern mehr als die Frauen. Allerdings: Männer plappern häufiger über unpersönliche Dinge und zeigen sich ihren Gesprächspartnern gegenüber unbeugsamer, Frauen hingegen verhalten sich kooperativ.

Rollenerwartungen hinterfragen und prüfen

Wer sich mit typisch männlichen und typisch weiblichen Verhaltens- und Kommunikationsmustern beschäftigt, um als Chef Frauen optimal zu führen und zu motivieren, muss wissen: Die Muster stellen eine abstrahierende Landkarte der Wirklichkeit dar, nicht jedoch die reale Landschaft. Darum sollte der Chef:

- seine eigenen Rollenerwartungen hinterfragen und überprüfen: „Welche Klischees bestimmen mein Bild der weiblichen Angestellten?"

- sich fragen: „Treffen diese Erwartungen auf die konkreten Mitarbeiterinnen, mit denen ich zu tun habe, wirklich zu? Oder ist ‚meine Frau Müller' eine Frau, die überhaupt nicht zuhören, aber toll einparken kann, also dem Klischee einfach nicht entsprechen will?"

Testosteron versus Östrogen

Ein wenig Sicherheit bietet der Hirnforscher Hans-Georg Häusel, der die hormonell bedingte Unterschiede zwischen weiblichem und männlichem Gehirn betont: Oft sei es so, dass das „Balance-Programm" bei den Frauen überwiege, bei den Männern hingegen das „Dominanz-Programm". Der vom Testosteron gesteuerte Mann strebt nach Überlegenheit und Dominanz und ist auf Konfrontation aus: „Ich will, dass Sie das so machen!" Die Östrogen-geleitete Frau sucht nach Schutz und will den Ausgleich herstellen: „Vielleicht ist es doch nicht so gut, wenn Sie das so machen."

Das heißt: Es gibt tatsächlich eine „typisch männliche" und eine „typisch weibliche" Kommunikationskultur (s. Kasten 1). Chefs, denen dies bekannt ist, können weibliche Angestellte im Gespräch mit Kunden so einsetzen, dass ihre kommunikativen Stärken optimal zum Tragen kommen. Weil Frauen zumeist über ein höheres Maß an sozialer Empathie verfügen, sensibel auf Gefühlsschwankungen reagieren und Gespräche mit Fragen führen, sind sie für die Aufgabe, Vertrauen zum Kunden aufzubauen, geradezu prädestiniert.

Übrigens: Warum nicht „Berater-Teams" bilden, zusammengestellt je nach Kundentypus? Vereinfacht ausgedrückt: Die Mitarbeiterin kümmert sich um die gute Kundenbeziehung, der männliche Kollege sorgt auf der Hard-

Fact-Ebene für den Abschluss. So bietet der Chef beiden Gruppen optimale Arbeitsbedingungen und Aufgaben, die den jeweiligen Stärken gerecht werden.

Weibliche und männliche Motivationsstruktur unterscheiden

Sinnvoll ist die Sensibilisierung für typisch weibliche Kommunikations- und Verhaltensmuster zudem, wenn der Chef seine Mitarbeiterinnen zu Höchstleistungen motivieren möchte oder etwas von ihr will, wozu sie nicht verpflichtet ist.

Nehmen wir das Extrembeispiel, dass er seine Angestellte dazu bewegen möchte, früher aus dem Erziehungsurlaub zurückzukehren, weil sie im Unternehmen unbedingt gebraucht wird. Er sollte ihr die Vorteile aufzeigen, die das Unternehmen und sie dadurch haben, wenn sie frühzeitig an ihren Arbeitsplatz zurückkehrt, und dabei eine Belohnungsstrategie fahren, die dem typisch weiblichen Verhaltensmuster entgegenkommt.

Während es beim Mitarbeiter in einem vergleichbaren Fall wohl richtig wäre, ihm die Vergrößerung seines Verantwortungsbereiches in Aussicht zu stellen, kann der Vorgesetzte die Mitarbeiterin zur frühzeitigen Rückkehr eher dadurch motivieren, indem er den partnerschaftlichen Gedanken betont: „Frau Schmidt, wir brauchen Sie hier, ohne Ihr Zutun sind die langfristige Entwicklung der Abteilung und durchaus auch Arbeitsplätze der Kollegen gefährdet, wir können ohne Sie einige Kunden nicht halten." – Achtung: Es geht nicht darum, die Mitarbeiterin auszunutzen! Natürlich muss die dargestellte Situation der Realität entsprechen.

All dies wird nur gelingen, wenn der Chef zugleich die Rahmenbedingungen beeinflussen und der Mitarbeiterin zusagen kann, dass das Unternehmen sie tatkräftig dabei unterstützen wird, eine Kinderbetreuung zu finden.

Fördern durch qualifiziertes Feedback

Frauen kommunizieren gern auf der Beziehungs- und Gefühlsebene, sind sensibel, streben den Ausgleich an. Der Chef verbessert die Kommunikation mit der Mitarbeiterin, wenn er selbst eine ähnliche Kommunikationskultur ausbildet und nicht allein männlich-rational argumentiert, also sein Dominanz-Programm zurückfährt. Er muss den Mut aufbringen, seine

„weibliche Seite" nicht zu verleugnen, und das aus Überzeugung. Ansonsten merkt es die Mitarbeiterin – und ist zu Recht verstimmt.

Die Führungskraft arbeitet dann mit qualifiziertem Feedback: Sie lobt und setzt Feedback ein, um die Gesprächspartnerin dazu zu bewegen, ihr Verhalten *aus eigenem Willen und Antrieb* zu ändern. Verhaltensveränderungen, die von außen angestoßen oder gar erzwungen werden, entfalten bei weitem nicht die Wirkung, die entsteht, wenn sie aus eigener Einsicht initiiert werden.

Fazit

Die Führungskraft führt die Mitarbeiterinnen und Mitarbeiter situationsangepasst und personenbezogen. Jeder Angestellter ist ein einzigartiges Individuum. Auf dieser Basis klärt sie ab, inwiefern die Berücksichtigung geschlechterspezifischer Verhaltens- und Kommunikationsmuster in die Führungsarbeit einfließen muss. Die Führung, Motivation und Förderung der Mitarbeiterinnen gelingt, wenn der Chef die weibliche Kommunikationskultur in das eigene Repertoire integriert.

Typisch männlich – typisch weiblich

Als wissenschaftlich gesichert gilt:

- Männliche Kommunikation ist eher aggressiv und dominant, selbstbezogen, konfrontativ und hält Statusunterschiede aufrecht.

- Weibliche Sprache ist freundlicher, die Kommunikation ist kooperativ, personenbezogen, unterstützend und harmoniefördernd.

- Frauen stellen mehr Fragen als Männer und schwächen ihre Argumente selbst ab, weil sie den Eindruck vermeiden wollen, über dem Gesprächspartner zu stehen. Männer formulieren direkter, Frauen indirekter.

- Männer kommunizieren machtbewusst. Frauen lehnen es ab, ihre Verdienste in den Vordergrund zu rücken.

Die "alten Eisen" schmieden – ältere Mitarbeiter fördern

Die Abkehr vom Jugendwahn ist vollzogen, das Leistungsprinzip hält Einzug in die Personalentscheidungen der Unternehmen. Denn die Grauköpfe sind nicht weniger, sondern nur anders leistungsfähig als die Jungspunde. Gerade in den konservativen Branchen sind ältere Mitarbeiter wieder hoch anerkannt – und müssen daher entsprechend gefördert werden.

„Wie können wir vom Wissen unserer älteren Mitarbeiter profitieren?" Es ist noch nicht lange her, da rief diese Frage nur ein müdes Lächeln hervor. „Es gibt doch genügend qualifizierte junge Mitarbeiter, warum auf die Alten zurückgreifen, die nicht mehr schnell und lernfähig genug sind", so die Begründung. Stattdessen hatten viele Unternehmen nichts Besseres zu tun, als – das „Alter" war auch gesamtgesellschaftlich stigmatisiert – die „Greise" sozialverträglich abzuschieben.

Zum Umdenken gezwungen

Mittlerweile hat ein Umdenken stattgefunden, zunächst aufgrund der Macht des Faktischen: Deutschlands Arbeitnehmer werden immer älter, allein diese Tatsache zwingt dazu, sie entweder wieder in den Arbeitsprozess zu integrieren oder sie nicht zu zeitig in die Frühverrentung zu schicken.

Damit nicht genug: Der Demografiewandel veranlasst auch die Personal-abteilungen in den Unternehmen, darüber nachzudenken, wie sie ihre älteren Mitarbeiter motivieren und fördern können. Zunächst jedoch steht die Analyse an: Das Management muss prüfen, ob und ab wann sie mit einer älteren Belegschaft zu arbeiten hat. Dazu sollte es die gegenwärtige Alterstruktur errechnen und die voraussichtliche Altersstruktur in 5 und 10 Jahren ermitteln. So können die Verantwortlichen in den Vorstandsetagen auf die Veränderungen reagieren, die durch die ältere Mitarbeiterschaft entstehen.

Denn die älteren sind nicht weniger leistungsfähig als die jungen Mitarbeiter, aber sie arbeiten und denken anders, sie verfügen über andere Kompetenzen, sie brauchen andere Motivationstreiber. Wer bereits jetzt eine altersübergreifende Personalentwicklungspolitik betreibt, die den Demografiewandel berücksichtigt, wird die bevorstehenden unumgänglichen Veränderungen besser meistern.

Jung und Alt im Team

Ältere Mitarbeiter besitzen Erfahrungswissen und soziale Kompetenzen, die sie allein aufgrund der langjährigen Arbeit in der Branche oder in dem Unternehmen erwerben. Über dieses Wissen können die Jüngeren nicht verfügen – deswegen sollte dieses Wissen transferiert werden, indem Arbeitsgruppen bewusst nach dem Alter zusammengestellt werden: Jüngere und Ältere werden zur Lösung einer konkreten Aufgabe im Team zusammengebracht. Alle Beteiligte profitieren, und die älteren Mitarbeiter fühlen sich aufgrund ihrer Mentorenfunktion wertgeschätzt und ernst genommen, übertragen ihr Wissen auf die „nächste Generation" und werden zugleich gefördert. Denn natürlich verläuft der Wissenstransfer in beide Richtungen.

Wichtig beim Transfer des Erfahrungswissens ist die Branche. So ist zum Beispiel die Finanzbranche eher traditionell konservativ, und wenn es ums liebe Geld geht, vertrauen die meisten Kunden immer noch eher dem Solidität ausstrahlenden Graukopf mit Anzug und Krawatte als dem gepiercten Hitzkopf. Und darum ist es sinnvoll, die im gelungenen Beziehungsaufbau gestählten und ergrauten Mitarbeiter zu fördern.

Fördermaßnahmen für Hochbetagte

Im Alter – so zeigt die Hirnforschung – nimmt aufgrund der Veränderung der Hormonstruktur im Gehirn der Wunsch nach Sicherheit zu. Die Älteren sollten daher nicht mehr den hektisch-stressigen Situationen ausgesetzt werden, sondern den Bereichen, in denen sie immer noch Hervorragendes leisten können, etwa dem Kundengespräch, in dem es um den Vertrauensaufbau geht. Statt permanent Herausforderungen mit neuen EDV-Programmen zum Beispiel die Betreuung der langjährigen Unternehmenskunden oder der Auszubildenden und der Einsatz in Arbeitsgebieten, für die besondere Umsicht und Erfahrung Voraussetzung sind.

Ein elementarer Bereich dabei: die Einarbeitung und Weiterbildung der Jungspunde. Neue Mitarbeiter, deren Probezeit durch einen Mentor oder Paten bereichert werden soll, sind in den Händen der Älteren gut aufgehoben. Und warum sollten diese ihr Wissen nicht in internen Weiterbildungsmaßnahmen weitergeben? Umgekehrt macht sich die Personalabteilung intensiv Gedanken darüber, welche speziellen Schulungsangebote den älteren Mitarbeitern nutzen könnten.

Sensible Vorgehensweise erforderlich

An Bedeutung gewinnen zudem Gesundheitsfragen: Wer den Älteren zum Beispiel nach ergonomischen Aspekten strukturierte „mitalternde" Arbeitsplätze bietet, sichert ihre Beschäftigungsfähigkeit und fördert ihre Leistungsfähigkeit.

Das gilt ebenso für Arbeitszeitmodelle, die auf die Bedürfnisse der Älteren zugeschnitten sind. Singles sind unter den Methusalems eher selten anzutreffen – nimmt die Firma Rücksicht auf die Notwendigkeit, Privat- und Berufsleben eng miteinander verzahnen zu können, fällt es den Älteren leichter, Höchstleistungen zu erbringen.

Schließlich ist in Sachen Motivation ein Umdenken erforderlich: Oft schlägt auch hier Sicherheit die Rendite – der ältere Arbeitnehmer lässt sich weniger durch Geld, mehr durch etwa einen Vorsorgeplan für den Ruhestand motivieren. Das Management muss die spezifischen Motivationsmuster ihrer Älteren erkennen und darauf eingehen.

Alle genannten Fördermaßnahmen sollten in enger Abstimmung mit den Betroffenen und mit Fingerspitzengefühl in Gang gesetzt werden. Denn es gibt nicht wenige Ältere, die sich durch die „altersbedingten Maßnahmen" diskriminiert fühlen. Das offene Gespräch in dem Unternehmen über das Faktum, dass im Alter bestimmte Fähigkeiten abnehmen, andere hingegen aufgebaut werden, hilft dabei, Vorurteile abzubauen und Animositäten zu begegnen.

Fazit

Ältere Mitarbeiter können ebenso Höchstleister sein wie jüngere Kollegen, sie sind nur anders leistungsfähig. Darum müssen sie anders gefördert werden: durch jeweils altersangepasste Aufgaben, Arbeitszeitregelungen, Arbeitsplätze und Weiterbildungen. Die Jüngeren profitieren vom Wissen der Grauköpfe am besten, wenn sie mit ihnen in Projektteams zusammenarbeiten.

Warum die bejahrten Mitarbeiter gefördert werden müssen

- Der demografische Wandel führt zu einer alternden Mitarbeiterschaft.

- Sie verfügen über unersetzliches Erfahrungswissen und Know-how, das erhalten und weitergegeben werden muss.

- Viele Kunden vertrauen erfahrenen Mitarbeitern überdurchschnittlich.

- Bei Neueinstellungen können die älteren Mitarbeiter die neuen als Mentoren angemessen einarbeiten (Patenschaften).

Fördermaßnahmen für Grauköpfe

- Stellen Sie altersgemischte Teams zusammen und sichern Sie so den Wissens- und Lerntransfer in beide Richtungen: von jung nach alt und umgekehrt.

- Sorgen Sie für altersangepasste Aufgabenstellungen und Arbeitsplätze.

- Unterbreiten Sie spezielle Gesundheitsangebote und führen Sie Arbeitszeitmodelle ein, in denen die Belange der Älteren in den Mittelpunkt rücken.

- Berücksichtigen Sie in Motivations- und Weiterbildungsprogrammen den Sicherheitsaspekt.

- Geben Sie den älteren Mitarbeitern Gelegenheit, ihr altersspezifisches Wissen weiterzugeben – so erfahren sie Wertschätzung und Anerkennung.

Sucht am Arbeitsplatz: Mit dem Betroffenen reden – nicht über ihn!

Konsequenz im Umgang mit suchtkranken Mitarbeitern gehört zu den schwierigsten Führungsaufgaben. Es ist damit zu rechnen, dass weit über 5% aller Beschäftigten alkoholkrank sind. Und weitaus mehr Menschen laufen Gefahr, aufgrund einer Sucht am Arbeitsplatz nicht ihre volle Leistung abrufen zu können.

Thomas Klein (*Namen geändert*), Abteilungsleiter „Großkundengeschäft", ist sich ziemlich sicher: Der Fachberater Sebastian Frankl fällt durch häufige Kurzfehlzeiten auf, ist häufig am Montag krank und trotz aller Erfolge, die er weiterhin hat, zuweilen überaus nervös und aggressiv. Und dann immer diese Kaugummis und Lutschbonbons ...

„Zu Wochenbeginn ist mir öfter aufgefallen, dass er eine Alkoholfahne vor sich herträgt. Aber wir wissen alle von unseren Betriebsfeiern, dass der Frankl gerne mal einen über den Durst trinkt." Und darum hat der

Abteilungsleiter lieber geschwiegen. „Was soll ich machen?", fragt Klein, „ was ist, wenn der Verdacht gar nicht stimmt? Und außerdem bin ich kein Therapeut!"

Jetzt ist die Situation eskaliert: Ein wichtiger Kunde hat sich über die Unverschämtheit beklagt, von einem „betrunkenen Mitarbeiter" beraten zu werden.

Klaren Rahmen schaffen

Verheimlichen, bagatellisieren, totschweigen, wegschauen – es ist fatal, wenn der suchtkranke Mitarbeiter und der Vorgesetzte dieselben Bewältigungsstrategien im Umgang mit der Sucht einsetzen. Dabei ist klar: Ein Patentrezept gibt es nicht. Aber gewisse Grundregeln, die die Führungskraft beachten sollte: Ihre wichtigste Aufgabe ist es, dem Suchtkranken konsequent Angebote zu unterbreiten, wo er sich professionelle Hilfe suchen kann.

Allerdings liegt es nicht in ihrer Verantwortung, das Suchtproblem zu diagnostizieren, den Gründen auf die Spur zu kommen und eine „selbstgestrickte" Lösung zu präsentieren. Denn da hat Thomas Klein schon recht: Er ist kein Therapeut – jedoch immerhin Führungskraft. *Diese* Rolle sollte er als Grundlage nehmen, dem Fachberater zu helfen: Er als Vorgesetzter hat die Aufgabe und Pflicht, dafür zu sorgen, dass der Mitarbeiter seinen Aufgaben am Arbeitsplatz nachkommt, und zwar im Rahmen des Arbeitsvertrages.

Es hat sich bewährt, beim Umgang mit dem Suchtkranken diesen klaren Rahmen abzustecken und als Fundament zu nutzen, von dem aus die Führungskraft Hilfe anbietet. Daraus ergibt sich folgende Handlungsanleitung: Die Führungskraft achtet auf Auffälligkeiten und Symptome (*Infokasten 1*) und prüft, ob diese über einen längeren Zeitraum vorkommen. Und auch wenn dies ein schwerer Schritt ist: Danach muss sie diesen Verdacht im Gespräch gegenüber dem Mitarbeiter äußern und ihn durch die Darlegung der beobachteten Auffälligkeiten belegen.

- Zum einen signalisiert sie so, dass ein Suchtproblem keine Schande ist, die „unter den Teppich gekehrt" und über die der Mantel des Ver(Schweigens) gedeckt werden muss.

- Zum anderen ist dies die einzige Möglichkeit, auf einem Boden gesicherter Tatsachen ein Hilfsangebot unterbreiten zu können.

- Wenn sich der Verdacht als falsch erweist, muss die Führungskraft begründen, was sie dazu veranlasst hat, damit die „Verdachtsmomente" ausgeräumt werden können.

Sachliches und emotionsfreies Gespräch führen

Die Notwendigkeit, das knifflige Gespräch genau vorzubereiten, steht außer Frage. Die Führungskraft sollte einen aktuellen Vorfall zum Gesprächsanlass nehmen und die Folgen der Sucht für die Arbeit und die Leistungsfähigkeit des Mitarbeiters selbst, die Kollegen, das Umfeld und das Unternehmen beschreiben – aber nicht in einem vorwurfsvollen Ton. Dieser sollte sachlich und frei von Emotionen bleiben.

Bewahrheitet sich schließlich der Verdacht, darf sich die Führungskraft nicht auf Diskussionen einlassen. Es gehört NICHT zu ihren Aufgaben,

- den Gründen für den Alkoholmissbrauch nachzuspüren,

- eine Diagnose zu stellen – sie ist nicht dazu qualifiziert; es kann sein, dass sich der Mitarbeiter dann jedem weiteren Gesprächsangebot verschließt,

- Schein-Lösungen zu diskutieren, die etwa darauf hinauslaufen, dass der Mitarbeiter die Trinkmenge reduziert.

Die Führungskraft äußert den Verdacht, belegt ihn und unterbreitet Hilfsangebote. Dazu zählen zum Beispiel die unternehmensinterne Suchtarbeitsgruppe, der Betriebsarzt, soziale Dienste sowie externe Beratungsstellen.

Dazu kann sie sich der Unterstützung der Personalabteilung oder des Betriebsrats versichern. Dies ist auch sinnvoll, weil suchtkranke Mitarbeiter häufig versuchen, die „Schuld" für die Sucht den Kollegen, den Vorgesetzten oder dem Unternehmen zuzuschieben. Jeder ist schuld – nur der Suchtkranke selbst nicht. Diese Haltung ist häufig Teil des Krankheitsbildes und darum von der Führungskraft mit dem Instrumentarium, das ihr zur Verfügung steht, kaum aufzubrechen. Bloße Appelle richten bei einem suchtkranken Menschen zumeist nichts aus.

Eben darum ist es wichtig, sich realistische Ziele zu setzen – und dazu gehört nicht, den Mitarbeiter von seiner Sucht zu heilen. „Ich will den Fachberater mit seinen nachlassenden Arbeitsleistungen konfrontieren, die Problematik eindeutig benennen, die Konsequenzen darstellen, die eintreten, wenn wir nicht gegensteuern, und ihm konkrete Hilfsangebote unterbreiten" – das wäre ein erreichbares Gesprächsziel.

Fazit

Der Vorgesetzte allein kann die Suchtproblematik mit dem Mitarbeiter nicht lösen. Zumeist müssen das berufliche Umfeld und das familiäre Umfeld mitwirken. Die unmittelbare Führungskraft kann als aufmerksame Beobachterin die Suchtproblematik frühzeitig erkennen und als erste im Mitarbeitergespräch thematisieren. Sie sollte sich primär als Vermittlerin professioneller Hilfe verstehen.

So erkennen Sie das Suchtproblem frühzeitig

- auffälligstes Symptom: Kurzfehlzeiten

- Entschuldigung für Fehlzeiten wird NICHT vom Mitarbeiter selbst vorgebracht

- unbegründete Abwesenheit vom Arbeitsplatz

- Unpünktlichkeit und Unzuverlässigkeit

- starke Schwankungen beim Leistungs- und Durchhaltevermögen

- Veränderungen auf persönlicher Ebene: Unkonzentriertheit, unzureichende Selbsteinschätzung, häufige Stimmungswechsel

- körperliche Auffälligkeiten: Zittern, Schwitzen gerötete Haut, unklare Ausdrucksweise

- Alkolohfahne, überdeckt von Mundwasser o. Ä.

Die Auffälligkeiten treten über einen längeren Zeitraum und kontinuierlich auf!

So reagieren Sie richtig

- Belege (= Symptombeobachtung) sammeln und Mitarbeitergespräch führen

- Im Gespräch Verdacht äußern und belegen, Hinweis auf professionelle Hilfsangebote

- Gespräch mit klarer Vereinbarung beenden (Aufsuchen einer Beratungsstelle)

- Problematisch ist es, wenn sich die Führungskraft selbst als „Therapeut" oder Problemlöser der Suchtproblematik präsentiert

- Zuweilen tragen Probleme am Arbeitsplatz selbst zu der Suchtproblematik bei. Die Führungskraft hinterfragt ihren Führungsstil und prüft, was sie vorbeugend tun kann, um Suchtabhängigkeit zu vermeiden: gutes Betriebsklima, mitarbeiterorientierter Führungsstil

- Die Führungskraft prüft, ob Trinkgewohnheiten und -rituale am Arbeitsplatz (Betriebsfeier!) die Suchtproblematik beeinflussen oder verstärken

- langfristige Lösung anstreben: innerbetriebliche Regelungen beschreiben, wie Führungskräfte beim Umgang mit suchtkranken Mitarbeitern vorgehen sollen

Michael Letter

HORST GEHT IN FÜHRUNG

Horst liest und verschlingt die Seiten, denn jetzt wird ihm einiges klar: Führung heißt wirklich führen, die Dinge, Aufgaben und Probleme anpacken. Erst lacht er, als es darum geht, die weiblichen Pinguine anders anzusprechen als die männlichen. Aber klar ist es ihm schon, sie haben ganz andere Kompetenzen.

„Petra, ich denke es wäre gut, wenn du ganz offiziell meine Stellvertretung bist. Ich möchte gerne weiter die Gruppe führen. Ich habe dazu ein paar neue Gedanken bekommen. Aber du bist so stark und empathisch, deine Ideen sind wertschätzend und kreativ und außerdem sind wir ja auch seit vielen Jahren ein Paar. Magst du?"

Petra lacht, weil sie schon lange auf diesen Moment gewartet hat. „Ich möchte weiterhin, dass du mich so intensiv berätst. Vielleicht ist es auch gut, dieses Logbuch jetzt wirklich immer wieder zu Hilfe zu nehmen.", bittet Horst.

„Das mache ich gerne, Horst. Ich denke, ich war schon oft auf dem richtigen Kurs."

Die Arbeiten am Floß sind weitgehend abgeschlossen, sogar zwei Testfahrten hat es überstanden. Alle wissen, dass am nächsten Tag der Abschied von der Gruppe kommt. Das fällt zumindest den älteren Pinguinen schwer, sie lassen ihren Lebensraum und auch ihre Heimat zurück. Überall stehen die Pinguine in kleinen Familiengruppen zusammen, in den Gesprächen werden Erinnerungen ausgetauscht. Und es wird geweint, denn allen ist klar, dass es vermutlich kein Wiedersehen geben wird. Christoph beruft eine letzte Versammlung ein, zu der alle kommen. Und dieses Mal wird nicht gesprochen, es ist eher ein Fest, welches mit einem gemeinsamen Heringsbeutezug beginnt. Alle schwimmen noch ein letztes Mal zusammen, die Pinguine, die sich auf die Reise machen, tauchen in ihre gewohnten Fangplätze noch einmal ab. Dann wird zusammen getanzt und einige ihrer alten Lieder gesungen. Dichter und dichter stellen sich die Pinguine zusammen, sie möchten noch einmal intensiv den Zusammenhalt und Kontakt in der ganzen Gruppe schweigend erleben. Als wäre er bestellt, scheint an diesem Abend der Vollmond auf ihren Platz.

„Es fällt mir schwer zu gehen, Horst. Ich habe so viele Erinnerungen hier.

An meine Kindheit, an unsere Familie und all die ganzen Freunde." Petra seufzt sich leise in den Schlaf. „Aber es gibt doch auch einiges, da bist du froh, wenn es nicht mehr um dich ist, oder? So wie der Umgang mit den Eiern." Horst möchte ihr den Abschied leicht machen, er weiß aber auch, dass ihm das nicht gelingen kann. Petra ist ein sehr emotionaler Pinguin, sie hält ihre intensiven Gefühle nicht zurück. Irgendwann finden die zwei in dieser letzten Nacht den Schlaf. Und sie sind am nächsten Morgen nicht die Einzigen, die mit müden, verquollenen Augen den Tag beginnen.

Jetzt wird nicht mehr viel geredet, wer mit will, geht einfach leise auf das große Floß, welches angeleint an der großen Felskante liegt.

Sie sind nun bereits die ersten Tage und Nächte auf hoher See, Nahrung gibt es reichlich, nur der mitunter starke Seegang macht ihnen – fast ausnahmslos allen – zu schaffen. Horst lebt sich mehr und mehr in seine neue Führungsrolle ein. Er führt Gespräche, delegiert klar die notwendigen Aufgaben und klärt bei Konflikten. Und dennoch vergisst er manches Mal, den richtigen Ton zu treffen. Petra denkt, dass er sich wohl für etwas Besseres hält. Das könnte noch größere Probleme bringen, als sie jetzt haben. Denn die Stimmung an Bord sinkt. Horst fällt ebenfalls auf, dass die meisten Pinguine den Kontakt zu ihm meiden. „Petra, was soll ich tun, die anderen mögen mich nicht mehr, ich bringe es irgendwie nicht fertig, alle gut beisammen zu halten. Irgendetwas mache ich falsch?" Petra wendet sich ihm zu und macht ihm alleine schon mit dieser Geste wieder Mut. „Komm wir schnappen uns das Logbuch. Dort findest du es schwarz auf weiß, was hilft. Dein Job ist nicht immer leicht, aber wenn du an der einen oder anderen Stelle dein Verhalten änderst, könnte es klappen. Schau, was du bereits in den letzten 5 Wochen erreicht hast!"

3. Das Ende der Eiszeit

Behandeln Sie Ihren Mitarbeiter so, wie Sie es sich von einer Führungskraft wünschen, und Sie werden die gemeinsam gesteckten Ziele erreichen. Seien Sie nicht immer Kapitän sondern auch mal Matrose.

Führungskräfte und Mitarbeiter müssen wieder miteinander reden, um Kompetenzen zu entwickeln und Talente zu fördern

Führungskräfte und Mitarbeiter reden nicht mehr miteinander. Eine lethargische Atmosphäre des An- und Verschweigens entsteht, eine Führungskultur, in der nicht mehr von Angesicht zu Angesicht kommuniziert wird – Gespräche finden per E-Mail und SMS statt. Differenzierte Kommunikation wird unmöglich. Es gilt, die kommunikativen Wurzeln aufs Neue freizulegen: einander zuzuhören, in einen Dialog treten, mit dem Körper sprechen – und überhaupt erst einmal wissen, dass ein Körper spricht.

Wir können miteinander NICHT kommunizieren

Die Anzeichen sind alarmierend: Eine Studie des Online-Dienstes „Stepstone" kommt zu dem erschreckenden Ergebnis, dass nur knapp ein Drittel der Vorgesetzten in Deutschlands Unternehmen regelmäßig ein- bis zweimal im Jahr Gespräche mit ihren Mitarbeitern führen. In mehr als der Hälfte (!) der Unternehmen sind sie überhaupt keine feste Einrichtung. Und eine Umfrage der Personalberatung Studnitz & Partner ergab: 71 Prozent von 1.500 befragten Berufstätigen sind unzufrieden mit ihren Vorgesetzten, weil sie zu selten direkt ansprechbar sind und sich zu wenig Zeit nehmen, mit ihren Mitarbeitern zu reden.

Es scheint, als wollten Deutschlands Führungskräfte das Diktum Paul Watzlawicks, der Mensch könne nicht nicht kommunizieren, ad absurdum führen und den Beweis für das Gegenteil führen: „Hört und seht her, wir schaffen es, mit Nicht-Kommunikation ein Unternehmen und Mitarbeiter zu führen. Wir belegen, dass wir NICHT miteinander kommunizieren können!"

Entschuldigung, liebe Führungskräfte, aber was Ihr da macht, ist ein Witz ohne Worte.

Bei Präsentationen wird oft gesagt:

Es mag sein, dass die Menschen nicht mehr so viel miteinander spre-
chen, jedenfalls nicht von Angesicht zu Angesicht. Aber sie telefonieren
mehr als je miteinander, sie kommunizieren per SMS – da machen so-
gar Staatsoberhäupter und deutsche Kanzlerinnen mit –, und sie schi-
cken sich Mails zu. Ist das nicht auch eine Form der Kommunikation?

Und meine Antwort lautet:

Sicherlich. Aber es gibt Situationen, in denen sich diese Art der unper-
sönlichen Gesprächsführung verbietet. Stellen Sie sich vor, Ihr Ehepart-
ner und Sie würden nur noch per SMS, E-Mail und Handy kommunizieren. In der jugendlichen Peer-Group mag das ja noch statthaft und
sinnvoll sein, aber in der Partnerschaft?

Auf der anderen Seite reden Paare, die schon mehrere Jahre zusam-
men sind, täglich im Durchschnitt nur noch 5 bis 10 Minuten miteinan-
der. Und dabei werden auch noch hauptsächlich organisatorische und
praktische Dinge des Familienlebens geklärt. Zärtliche Worte und lie-
bevolle Komplimente bleiben auf der Strecke. Da ist es doch gut, wenn
dann wenigstens ab und an noch eine SMS zugeschickt wird.

Ich finde es wichtiger, wenn die Menschen wieder miteinander reden,
sich zuhören und sich dabei ins Gesicht schauen. Das gilt für die Ehe
und Partnerschaft ebenso wie für die Beziehung zwischen Führungskraft und Mitarbeiter.

Das Ende der Sprachlosigkeit

Bitte fragen Sie sich doch einmal, welche Anteile Ihrer Arbeitszeit Sie damit verbringen, mit Ihren Mitarbeitern zu sprechen.

Nehmen Sie sich Zeit zur Selbstreflexion

- Führen Sie eine Woche lang Tagebuch: Wie oft sprechen Sie mit Ihren Mitarbeitern?
- Welche Gesprächsarten sind in Ihrer Führungsarbeit institutionalisiert?
  - Führen Sie regelmäßig Zielvereinbarungsgespräche mit Ihren Mitarbeitern? Wie oft genau?
  - Wie schaut es mit Konflikt-, Kritik- und Motivationsgesprächen aus?
  - Gibt es auch informelle Kommunikation, also Gespräche „zwischen Tür und Angel"?
- Überschlagen Sie einmal grob die „Redezeit" mit Ihren Mitarbeitern, etwa pro Monat und pro Jahr: Welchen prozentualen Anteil hat diese Redezeit an Ihrer Gesamtarbeitszeit?

Wie lässt sich die Sprachlosigkeit am Arbeitsplatz beenden? Zunächst einmal sollten sich Deutschlands Führungskräfte verdeutlichen, dass ihre originäre, ihre vornehmste Aufgabe die Menschenführung ist. Das ist nicht die Planung von Konferenzen, nicht das Schreiben von Memos, nicht die Organisation von Arbeitsabläufen – nein: Der Kernpunkt der Führungsarbeit ist das Führen von Menschen. Darum ist Ihre menschliche und soziale Kompetenz wichtiger als die Beherrschung von Techniken. Gesunder Menschenverstand, Fairness, Ehrlichkeit sowie die Akzeptanz und Toleranz des Mitarbeiters – das sind die Schlüsselkompetenzen der modernen Führungskraft.

Wenn Sie sich dies bewusst machen und die Einstellung gewonnen haben, dass die Mitarbeiterkommunikation Ihr wichtigster Kompetenzbereich ist, sollten Sie in folgenden Bereichen Kompetenzen erwerben und aufbauen:

- Menschenkenntnis

- Aktives Zuhören

- Fragetechnik

- Meta-Kommunikation

- Körpersprache

Menschenkenntnis erwerben

Der „Mangel an Menschenkenntnis ist eine der wichtigsten Führungsvoraussetzungen in der Politik." Dieser Satz, der dem ehemaligen hessischen Ministerpräsidenten Holger Börner zugeschrieben wird, mag auf Politiker zutreffen – bei Führungskräften sieht dies indes anders aus. Denn Führungskräfte müssen tagtäglich Entscheidungen fällen, deren wichtigste Grundlage die Wahrnehmung und Beurteilung von anderen Menschen ist: von Mitarbeitern, Geschäftspartnern und Kunden.

Um angemessen mit anderen Menschen umgehen zu können, sollten Sie aber nicht nur die Persönlichkeitsstruktur und Verhaltensweisen dieser Menschen kennen und verstehen lernen, sondern sich zudem Gedanken machen über die eigene Persönlichkeitsstruktur: Selbst- und Menschenkenntnis sind die zwei Seiten derselben Medaille.

Warum ist die Selbst- und Menschenkenntnis gerade bei der Mitarbeiterführung von so eminent großer Bedeutung? Nehmen wir an, ein Abteilungsleiter ist sehr willensstark, dominant und zielstrebig. Eine seiner Stärken in der Gesprächsführung liegt daher im zielgerichteten Vorgehen. Er kommt schnell auf den Punkt, übernimmt gern die Verantwortung für die Gesprächsführung und liebt es, wenn am Ende des Gesprächs klare Resultate feststehen und jeder weiß, was er nun zu tun hat.

Es sind zahlreiche Situationen denkbar, in denen diese Persönlichkeitsstruktur als eine Stärke bezeichnet werden darf: etwa in der Teamsitzung, für die nur wenig Zeit zur Verfügung steht, in einem Gespräch mit einem Mitarbeiter, dessen Reifegrad in Sachen „Selbstverantwortung" nicht allzu sehr ausgeprägt ist und der daher klare Handlungsanweisungen benötigt, oder in brenzligen Situationen, wenn schnell und eindeutig entschieden werden muss.

Doch was geschieht, wenn dieser zielorientierte Abteilungsleiter in einem Konfliktlösungsgespräch auf einen Mitarbeiter trifft, der sich durch die Impulsivität des Vorgesetzten schnell einschüchtern lässt? Oder auf eine Mitarbeiterin, die ebenso dominant veranlagt ist, so dass nun zwei starrköpfige Personen aufeinanderprallen, von denen jede auf der Durchsetzung ihrer Konfliktlösung beharrt?

Mögliche Folge: Jener Mitarbeiter lässt sich durch die Dominanz des Abteilungsleiters verschrecken und leistet kaum einen konstruktiven Beitrag zur Konfliktlösung – seine Ideen zur Konfliktlösung werden erst gar nicht gehört. Das Gespräch mit der Mitarbeiterin hingegen droht zu eskalieren, weil Führungskraft und Angestellte nicht in der Lage sind, sich auf die Position des Gegenübers einzulassen und dessen Argumenten Gehör zu schenken.

Hätte unser Abteilungsleiter die Selbstkenntnis besessen, sich selbst, seine Verhaltenspräferenzen und seine Wirkung auf andere Menschen einzuschätzen, und über die Menschenkenntnis verfügt, die persönlichkeitstypischen Verhaltensweisen des schüchternen Mitarbeiters sowie der selbstbewussten Mitarbeiterin einzuordnen, hätten sich alle Beteiligten eine Menge Frust und Ärger erspart.

Vorteile guter Selbst- und Menschenkenntnis

- mehr Verständnis für sich selbst und andere Menschen aufbringen können – auch für Personen, die uns eigentlich nicht so recht liegen oder gegen die wir sogar eine Abneigung empfinden,

- in Konflikten erkennen und beurteilen können, mit wem man es zu tun hat und wie man mit dem Konfliktgegner besser umgehen kann,

- die Fähigkeit, auf die eigene und die individuelle Persönlichkeit seiner Gesprächspartner besser einzugehen und so zu sich selbst und anderen Menschen bessere Beziehungen zu entwickeln,

- durch bessere Einschätzung der Wirkung des eigenen Verhaltens feinfühliger mit sich und anderen umgehen können,

- sich in Gesprächen mit Mitarbeitern besser auf den Gesprächspartner einstellen können und

- die Fähigkeit, Mitarbeiter besser zu motivieren, weil man weiß, auf welche Motivatoren sie reagieren.

Neugierig aufeinander bleiben

Die Frage ist: Was kann der Abteilungsleiter in unserem Beispiel tun, um zu mehr Selbst- und Menschenkenntnis zu gelangen, um so in verschiedenen Kommunikationssituationen personen- und situationsangemessen zu reagieren? Was muss er tun, um seine Mitarbeiter besser kennen zu lernen?

Auf einer Personalführungsveranstaltung zum Thema ‚Mitarbeitermotivation' meinte ein Abteilungsleiter eines größeren Unternehmens: „Um herauszufinden, was meine Leute wollen, müsste ich ja dann einen beachtlichen Teil meiner Zeit damit zubringen, sie zu beobachten und mit ihnen zu reden!' Er meinte das eher abschätzend, und ich antwortete ihm: ‚Ja, genau das müssen Sie tun. Das ist Ihre Aufgabe, wenn Sie eine hoch motivierte Mannschaft hinter sich versammeln wollen."

Natürlich ist es auch möglich, durch bestimmte Persönlichkeitstypologien Menschen besser einschätzen und beurteilen zu können. Am allerwichtigsten aber ist es, den Menschen wieder zuzuhören, ihnen Fragen zu stellen und mit ihnen in einen Dialog zu treten.

Oft wird der folgende Einwand bei Präsentationen geäußert:

Zyniker behaupten, Menschenkenntnis sei die Summe aller Vorurteile und Klischees, die ein Mensch im Laufe seiner Lebenszeit angehäuft hat. Was sagen Sie dazu?

Beste Voraussetzung zur Entwicklung von Menschenkenntnis hat derjenige, der den Mut zur menschlichen Kompetenz aufbringt und bereit ist, sich unbefangen auf den anderen Menschen einzulassen, ihm zuzuhören, das Gespräch mit ihm zu suchen und möglichst viel von ihm zu erfahren, kurz: der neugierig auf sein Gegenüber ist. Diese Neugierde ist das Schmiermittel, das eine Partnerschaft zwischen Führungskraft und Mitarbeiter interessant macht und am Laufen hält. Wenn jeder der Beteiligten aktiv Anteil nimmt an den Interessen, Bedürfnissen und Wünschen des Anderen, bleibt die Spannung in der Beziehung des Arbeitsalltags erhalten.

Gerne nimmt man dann das Reizwort SPANNUNG auf und fragt:

Spannung? Das meinen Sie aber nicht im Sinne von konfliktgeladenen Spannungen?

Nein, ich meine damit, dass man jeden Arbeitsalltag neugierig aufeinander ist. Und das ist man, wenn man dem Anderen zuhört und ihm Fragen stellt – und so jeden Tag Neues von ihm und über ihn und seine Handlungsweisen erfährt.

Zuhörkompetenz erwerben

Ein Blick in die Rhetorik-Literatur zeigt: Reden ist Gold, Schweigen ist Blech.

Insbesondere Führungskräften bieten Ratgeber zahlreiche Kommunikationstechniken an, die helfen sollen, die Mitarbeiter zu überzeugen. Das ist richtig und gut so – zuweilen jedoch wird darüber vergessen, dass der Mensch zwei Ohren hat, mit denen er nicht nur das Gleichgewicht halten, sondern zuhören kann. Gott gab uns zwei Ohren, aber nur einen Mund, damit wir doppelt so viel zuhören wie sprechen – diese Sentenz wird Goethe zugeschrieben.

Nehmen Sie sich Zeit zur Selbstreflexion

- Was bedeutet „Zuhören" für Sie? Welche Zuhörtechniken kennen Sie?
- Welche Fragetechniken kennen Sie?

Innerliches Beteiligt sein als Qualitätskriterium

Genauso wie es verschiedene Fragetechniken gibt, existieren ganz unterschiedliche Formen des Zuhörens. Die einfachste kann als *„formales Zuhören"* bezeichnet werden – man hält halt einfach den Mund und wartet, bis man das Wort erteilt bekommt oder der Gesprächspartner zu Ende gesprochen hat. Das innerliche Beteiligtsein ist gering oder gar nicht vorhanden – darum entsteht oft der Eindruck, der Sprecher gehe gar nicht auf das ein, was der Vorredner gesagt hat.

Der Mindestanstand des Zuhörens ist gewahrt, wenn Sie sich mit dem, was der Mitarbeiter äußert, auseinandersetzen. Dieses *„aufnehmende Zuhören"* verrät einen höheren, aber immer noch schwach ausgeprägten Grad des innerlichen Beteiligtseins – und dieses ist das entscheidende Kriterium für die Qualität des Zuhörens.

Äußerliches Kennzeichen des aufnehmenden Zuhörens sind Äußerungen wie „Ja, richtig", „Ich verstehe" oder das bestätigende Kopfnicken. Ziele sind, dem anderen zu signalisieren, dass man immer noch auf derselben Wellenlänge funkt, und ihn zum Weiterreden zu animieren.

Die grauen Gehirnzellen beschäftigen sich indes mehr mit dem, was man gleich selbst zu sagen vorhat.

Gesprächsinhalte paraphrasieren – verstehend zuhören

Kommen wir zum *„verstehenden Zuhören"*. Dabei nutzen Sie die Zeit, in der der Mitarbeiter spricht, um sich darüber Klarheit zu verschaffen, was genau er sagen will. Ihr innerliches Beteiligtsein erfährt eine weitere qualitative Steigerung. Es drückt sich aus, indem Sie die Äußerungen des Gesprächspartners in eigenen Worten oder mit anderen Ausdrücken wiedergeben. In der klassischen Rhetorik spricht man von der Paraphrase.

Wenn Sie paraphrasieren, signalisieren Sie dem Mitarbeiter: „Ich bin ernsthaft gewillt, dir zu folgen, dich zu verstehen." Mit der Umschreibung betreten Sie – im Gegensatz zu den anderen Formen des Zuhörens – erstmals die Gedanken- und Vorstellungswelt des anderen Menschen.

Gefühle in Worte kleiden – aktiv zuhören

Das verstehend-umschreibende Zuhören ist die Vorstufe zur Kunst des *„aktiven Zuhörens"*. Während sich die Führungskraft beim umschreibenden Zuhören noch an den Wortlaut des Gegenübers hält, den sie mit eigenen Worten wiederholen, gehen wir beim aktiven Zuhören auf das ein, was der andere zwischen den Zeilen zum Ausdruck bringt. Der aktiv Zuhörende ist auch auf den Tonfall, die Stimmlage, den Gesichtsausdruck, die Körpersprache des Gesprächspartners fokussiert.

Er spürt nach, wie dem Anderen zumute ist. Er zieht in Betracht, wie etwas gesagt wird und von welchen non-verbalen Zeichen und von welcher Körpersprache es begleitet wird. Die Führungskraft betreibt „LoveLeading©".

Wer diese Kunst beherrschen will, muss über ein aufnahmefähiges Bewusstsein verfügen, durch das ein wahrhaftiges innerliches Beteiligtsein überhaupt erst ermöglicht wird.

Wenn Sie im Mitarbeitergespräch dazu in der Lage sind, im beschriebenen Sinne aktiv zuzuhören, dringen Sie tief in die Vorstellungswelt des Mitarbeiters ein und bauen eine Brücke zu ihm auf – ein Dialog entsteht.

Fragekompetenz erwerben – und Menschen respektieren

Zuhör- und Fragekompetenz sind Zwillingsschwestern. Voraussetzungen sind die Fähigkeit, sich in andere Menschen hineinversetzen, und die Bereitschaft, das eigene Zuhör- und Frageverhalten permanent zu hinterfragen und zu verbessern. Dazu muss der Mitarbeiter zuallererst respektiert, wertgeschätzt und als gleichberechtigter Partner angesehen werden, der Anspruch darauf hat, dass ein Gesprächsgegenstand auch aus seiner Sicht betrachtet wird. Dies gelingt mit dem Führungskonzept „LoveLeading©".

Aktives Zuhören heißt vor allem, den anderen Menschen ernst zu nehmen und in seinem So-Sein wahrzunehmen und zu achten. Darum gehören zum aktiven Zuhören die wertschätzenden Fragetechniken, die einen Dialog eröffnen. Denn zumeist ergeben sich aus den Antworten auf offene Fragen Rückschlüsse auf die Ansichten, Einstellungen, Motive und Meinungen des Gesprächspartners. Eine Variante der offenen Frage steht mit der Bewertungsfrage zur Verfügung, mit der der Andere gebeten wird, eine detaillierte Einschätzung abzugeben.

Wertschätzend fragen

Es gibt weitere Fragetypen, die der wertschätzenden Gesprächsführung und dem LoveLeading© dienen. Dazu zählt die Informationsfrage, mit der Sie nähere Informationen zum Gesprächsgegenstand einholen. Eine Zuspitzung dieser Frageart ist die Alternativfrage, die so formuliert ist, dass der Mitarbeiter seine Antwort aus vorgegebenen Alternativen auswählen kann. Alternativfragen können Sie zum Gesprächsabschluss einsetzen, um das Gespräch zusammenzufassen und eine Entscheidung herbeizuführen.

Mit Bestätigungsfragen wie „Habe ich Sie richtig verstanden...?" und mit Präzisierungsfragen wie „Sie sagten eben... – worum genau ging es dabei?" sichern Sie ab, ob Sie den Gesprächspartner wirklich richtig verstanden haben.

Sechs Grundregeln zur Zuhörkompetenz und Fragetechnik

- Ermutige andere, ihre Meinung zu äußern.
- Stelle klar, wie das Gesagte wahrgenommen wird.
- Wiederhole wichtige Punkte und Gedanken.
- Versuche, die Gefühle und Ansichten des Anderen zu verstehen.
- Fasse den Inhalt der Botschaft zusammen, um ihre Richtigkeit zu überprüfen.
- Erkenne die Ansicht und den Beitrag des Anderen an.

Wenn Sie die Feinheiten der Zuhörarten kennen und über ein differenziertes Repertoire an kommunikativen Zuhörkompetenzen verfügen, können Sie individuell auf den jeweiligen Gesprächspartner eingehen. Denn jedes Mitarbeitergespräch verläuft ja anders.

Selten, aber doch manchmal genügt das formale Zuhören, öfter schon ist das aufnehmende Zuhören notwendig. Dialoge ohne verstehendes Sich-Einlassen auf den Mitarbeiter sind kaum vorstellbar. Kommunikationsprofis schließlich sind auf die Kunst des aktiven Zuhörens angewiesen – und müssen sie ständig verfeinern.

Faktoren, die das aktive Zuhören verhindern

Selbst Kommunikationsprofis, die das aktive Zuhören beherrschen, scheitern zuweilen. Denn es gibt einige Faktoren, die das Zuhören verhindern – wenn Sie sie kennen, können Sie gegensteuern:

- **Verteidigungsmechanismus:** Menschen wehren sich gegen „schlechte Nachrichten". Nachteil: Wer nicht richtig zuhört, kann Gefahren überhören und setzt sich mit ihnen nicht auseinander. Ein dafür typischer Einwand: „Ja, aber ..."

- **Schwaches Selbstbewusstsein:** Nervosität, Selbstzweifel und Angst sind dem Zuhören abträglich. Klassisches Beispiel: Der Mitarbeiter steht unter Erfolgs- und Ertragsdruck und kann darum sein Potenzial nicht entfalten.

- **Fehlende Energie:** Zuhören erfordert Energie und ist Gedankenarbeit.

- **Zuhören wurde nicht erlernt bzw. verlernt:** Die Führungskraft hat es sich angewöhnt, vorauszudenken und zu reden, obwohl sie dem Mitarbeiter besser noch zuhören sollte.

- **Verhandlungspartner wird nicht akzeptiert:** Menschen hören nicht hin und zu, weil sie von dem Gesprächspartner nichts Wertvolles erwarten oder er sich nicht mit ihnen auf einer Hierarchiestufe befindet.

Zuhör- und Frageverhalten analysieren

Die Voraussetzung für gelungene Kommunikation ist das Beherrschen der verschiedenen Zuhör- und Fragetechniken. Was halten Sie davon, Ihr bisheriges Gesprächsverhalten ständig zu analysieren? Bewerten Sie in Ihren nächsten Mitarbeitergesprächen Ihre Zuhör- und Fragekompetenz, fertigen Sie Notizen zu den folgenden Aspekten an:

- Arbeite ich in meinen Mitarbeitergesprächen mit Fragen?

- Welche der Zuhörtechniken wende ich an?

- Wie groß ist der Anteil des „aktiven Zuhörens"?

- Wie kann ich den Zuhör- und Frageanteil erhöhen?

Spätestens hier kommen oftmals zusammenfassende Überlegungen:

....*also, nur eine Führungskraft, die nicht ihre qua Hierarchie verliehene Macht ausnutzt, sondern sich verstehend, zuhörend und fragend auf den Mitarbeiter einlässt, ist eine Führungskraft, die diesen Namen auch verdient.*

Ich hätte es nicht treffender formulieren können. In der Partnerschaft sind Liebe und Zuneigung die Voraussetzung dafür, dass man sich dem Anderen verstehend, zuhörend und wertschätzend widmet. Am Arbeitsplatz ist das der Respekt vor dem Mitarbeiter, der als gleichberechtigtes Individuum anerkannt wird.

Kompetenz zur Metakommunikation erwerben

Szenen eines Arbeitsalltags (Führungskraft): „Sie verstehen mich nicht!", „Sie können einfach nicht nachvollziehen, was ich meine!" Äußerungen eines Mitarbeiters: „Das habe ich so doch gar nicht gemeint!", „Warum verdrehen Sie mir andauernd das Wort im Munde?"

Kommunikative Missverständnisse passieren immer wieder, und sie werden sich auch nie vermeiden lassen. Wichtig ist, wie wir mit ihnen umgehen: Erkennen wir sie überhaupt? Welche Konsequenzen ziehen wir daraus?

Zwischen dem, was man denkt, und dem, was man sagt, und dem, was beim Gegenüber ankommt, existieren zuweilen erhebliche Unterschiede. Wir interpretieren Kommunikationssituationen eben unterschiedlich – und darum sollten Sie stets reflektieren, wo der Gesprächspartner und Sie stehen, und zwar mit Hilfe der Metakommunikation: Das bedeutet, darüber zu reden, wie man miteinander redet: „Ich würde mich gern mit Ihnen unterhalten, wie wir miteinander umgehen."

Diese Einstellung ist speziell im Kritikgespräch wichtig, denn hier laufen Sie Gefahr, den Mitarbeiter durch eine unsachgemäße Gesprächsführung zu verletzen.

Metakommunikation setzt voraus, sich gleichsam außerhalb des Dialogs zu setzen, ihn von außen, von oben, aus der Helikopterperspektive zu betrachten. Metakommunikation setzt zudem den Willen und die Fähigkeit zum Perspektivenwechsel voraus, die Intelligenz, sich in andere hineinzuversetzen und deren Perspektive einzunehmen. Das ist zum einen eine Einstellungssache, zum anderen erfordert es die Beherrschung bestimmter Techniken, die zum Perspektivenwechsel befähigen.

Meta-Perspektive einnehmen

Was genau bedeutet „Perspektivenwechsel"? Zum einen ist damit gemeint, dass Sie eine Meta-Perspektive einnehmen. Sie steigen auf den Berg und betrachten von oben – aus der Distanz – den Mitarbeiter, das Gespräch. Die Konzentration aufs Detail versperrt den erweiterten Blick aufs Ganze, auf die nicht immer nahe liegende beste Lösung, auf die aus der Nähe kaum zu erkennenden Veränderungen, die sich im Laufe des Mitarbeitergesprächs ergeben. Dort oben in luftiger Höhe löst sich die Verstrickung in die Einzelheiten der gegenwärtigen Situation und die Fokussierung auf eine bestimmte Betrachtungsweise auf. So ist eine bessere Analyse der Gesprächssituation möglich.

Sich in andere hineinversetzen

Zum zweiten ist mit „Perspektivenwechsel" ein Positionswechsel gemeint, das Sich-Einfühlen in eine andere Person. Eine Angelegenheit wird aus der Sicht des Gegenübers gesehen, die eigene Meinung gegen eine andere ausgetauscht, um nachzuspüren, ob nicht auch sie bedenkenswert ist. Die Ergebnisse des perspektivischen Wechsels fließen schließlich in die eigene Betrachtungsweise ein, relativieren und modifizieren sie.

Das Spiel mit den Perspektiven führt dazu, dass Sie mehrere Meinungen und Ansichten durchspielen können. Sie haben sich der Ego-Brille entledigt und setzen sich, im übertragenen Sinne, nacheinander mehrere Brillen auf – nämlich stets die des jeweiligen Mitarbeiters.

Eine praktische Konsequenz ist, dass Sie zu Beginn des Mitarbeitergesprächs zunächst einmal durch aktives Zuhören und offene Fragen in
Erfahrung bringen, in welcher Situation sich der Mitarbeiter befindet,
welche Erwartungen er hat, was er eigentlich will – Sie nehmen seine
Perspektive ein.

**An dieser Stelle werde ich oft mit folgenden Äußerungen
konfrontiert:**

*Die Führungskraft soll doch bitte schön führen, und keinen Sozialklim-
bim aufführen. Ich finde, ein Vorgesetzter kann schon mal die Richtung
vorgeben.*

Wenn es die Situation erfordert – richtig. Aber die Führungsarbeit ist
bunt wie ein Kaleidoskop, und nicht jede Situation erfordert den „harten
Hund" und das Führen qua Machtwort. Oft ist es besser, sich in die Lage
des Anderen hinein zu versetzen, um schließlich einen Interessenaus-
gleich anzustreben.

Wenn der Mitarbeiter seine Idee priorisiert und Sie ihre: Warum nicht
aus der Sicht des anderen prüfen, warum er dies will, es verstehen oder
zumindest nachvollziehen – und dann einen Konsens oder Kompromiss
finden?

Den Perspektivenwechsel trainieren

Die Frage ist: Kann man den Perspektivenwechsel trainieren? Selbstverständlich – so bietet etwa das *Rollenspiel* die Möglichkeit, in eine „andere
Haut" zu schlüpfen und die Betrachtungsweise aus einem anderen Blick-
winkel zu üben. Allerdings bedarf es dazu einer zweiten Person – etwa
eines Kollegen.

In der Übung übernimmt eine der zwei Führungskräfte den Part des Mitarbeiters, der andere „bleibt" Führungskraft. Wählen Sie ein möglichst kon-
troverses Thema – der Mitarbeiter will zum Beispiel Urlaub einreichen, die
Führungskraft will ihn wegen einer Produktionsspitze nicht gestatten. Die
erste Führungskraft versucht nun, sich die „fremde Wahrnehmungsbrille"
des Mitarbeiters aufzusetzen. Danach werden die Rollen getauscht.

Oder: Der Kollege und Sie suchen sich ein Thema, zu dem sie gegensätzliche Meinungen haben – das Thema kann aus dem Bereich des Sports, der Politik oder eines anderen Bereichs stammen. Dann tauschen Sie die Rollen – jeder muss die Überzeugung des Gegenübers begründen, also die Meinung zum Thema, die *nicht* die eigene ist.

Eine Alternative besteht darin, dass jeder seine Meinung kundtut, um anschließend die jeweils andere Meinung mit eigenen Worten wiederzugeben.

Bei der Übung „Ich bin jetzt du" (nach Vera F. Birkenbihl) fassen beide Führungskräfte ihren Lebensweg stichwortartig – wie in einem tabellarischen Lebenslauf – zusammen. Dann versetzt sich jeder in die Lage des anderen und interpretiert den anderen Lebensweg in einer Art Erzählung, das heißt Sie beide versuchen, jeweils Zusammenhänge zwischen den einzelnen Lebensstationen des Gegenübers herzustellen.

Dabei wird es zu Fehlinterpretationen kommen – der jeweils andere darf unterbrechen und Dinge richtig stellen. Nach und nach erlernen der Kollege und Sie, sich immer mehr in die Lage des anderen zu versetzen.

Die Körpersprache: unser zweite Ausdrucksform

Wie sich jemand bewegt, sagt viel über seine Persönlichkeit aus. Darüber hinaus werden über die Körperhaltung Signale und emotionale Einstellung und Motivation abgegeben.

Körpersprache kann nicht lügen. Vielleicht sagt der Mund JA obwohl sich der Mitarbeiter zurückzieht, sich verschließt und innerlich NEIN sagt. Umgekehrt kann ein gesprochenes NEIN durch zugeneigte Körperhaltung und durch einen Blick sagen, dass das Gefühl schon JA gesagt hat. Die Zeichen der Körpersprache zu erkennen, sie richtig auszulegen und selbst anzuwenden, erleichtert jede Art der Kommunikation. Wer die Signale versteht, kann seinen Mitarbeiter positiv entgegenkommen, durchschaut die Verstellungsgesten und versteht und lernt die Gefühle seines Mitarbeiters zu respektieren und zu begreifen.

Eine gute Führungskraft sieht wie sich sein Mitarbeiter bewegt, gebärdet und somit in seiner zweiten Sprache mit ihm redet. Er sieht diese Sprache nicht als Provokation an, sondern nimmt sie auf, analysiert sie und stellt gekonnt Fragen zu den Beobachtungen.

Die Körpersprache gibt Aufschluss darüber, wie Gefühlsimpulse über das Verhalten kommuniziert werden und in jedem Dialog, in jeder Besprechung einbezogen werden sollten. Nachweisbar ist, dass Erfolg im Beruf oftmals nicht an der Qualifikation scheitert, sondern an der Körpersprache.

Die Körpersprache drückt Verlangen sowie Abwehr aus, Verständnis positiv sowie negativ.

Nicht alle Körpersignale sind kommunikativ angelegt. Viele Bewegungen drücken lediglich den Zustand aus. Aber auch hier hat die Führungskraft ein Augenmerk auf den Mitarbeiter zu haben. Ein negativ körperlicher Zustand kann sehr starken Einfluss auf die tägliche Arbeit nehmen. Der Führungskraft ist es erlaubt, bzw. muss sie die Haltung analysieren und mit dem Mitarbeiter reden, um ihm zu signalisieren, dass er zu seinem sonstigen Verhalten eine Veränderung festgestellt hat. Aus diesen Erkenntnissen können kurzfristige Änderungen z.B. in der Zielvereinbarung getroffen werden.

Bei diesem Thema wird sehr oft die Stirn kraus gezogen:

Das heißt also, dass die Führungskraft auf die kleinste Veränderung des Mitarbeiters zu reagieren hat?

Auch hier müssen wir die Kirche im Dorf lassen. Aber was will der Mitarbeiter mit Verhaltensänderungen erreichen? Er möchte, dass die Führungskraft re-agiert, was eine Form des Agierens ist. Und warum sollte eine Führungskraft nicht hinterfragen, wenn er etwas „neu" aufgenommen hat. Der Mitarbeiter erwartet, dass etwas geändert wird und hat kein Verständnis dafür, wenn alles so bleibt wie es mal war.

Leider wird in vielen Firmen auf die zweite Sprache kein großes Augenmerk gelegt. In den Seminaren wird zwar danach gefragt, aber der passenden Zeitrahmen für eine gezielt gelehrte Körpersprache wird oftmals nicht zur Verfügung gestellt. Ich trage das Thema der Körpersprache bei all meinen Präsentationen vor. Erfreulich ist, dass fortschrittliche Firmen dieses Thema mit einem angemessenen Zeitrahmen in ihren Schulungen und Coachings mit aufnehmen.

Kompetenzen entwickeln und Talente fördern

Mitarbeitererfolg und Führung

„Welche Kompetenzen hat Herr Schmitt, welche Kompetenzlücken müssen geschlossen werden, damit er uns helfen kann, unsere Ziele zu erreichen?" Die Frage, was getan werden muss, um die Talente der Mitarbeiter zu fördern, wird nicht so deutlich gestellt. Neben die Kompetenzentwicklung muss endlich die Talententwicklung treten.

Kompetenzorientierte Personalentwicklung und Weiterbildung, kompetenzgerichtete Führung – es ist kaum möglich, sich dem neuen Schlagwort „Kompetenz" zu entziehen. Um nicht missverstanden zu werden: Es ist richtig, wenn Sie prüfen, welche Kompetenzen Ihr Mitarbeiter haben muss, die dem Unternehmen helfen, die operativen und strategischen Geschäftsziele zu erreichen. Um dann die Kompetenzlücke – die sogenannten Gaps – mit Weiterbildungs- und Fördermaßnahmen zu schließen.

Jeder Mitarbeiter muss sich – frei nach John F Kennedy – fragen (lassen): „Was kann ich für mein Unternehmen tun?"

Mitarbeiterführung heißt auch Talente fördern

Allerdings gibt es eine Gefahr dabei: Wir verlieren die andere Seite aus den Augen. Die Unternehmen stellen viel zu selten die Frage, was sie für den Mitarbeiter tun können. Im Konzept des „Forderns und Förderns" liegt das Primat zu eindeutig auf dem Fordern.

Unternehmenserfolg und Mitarbeitererfolg – das ist doch ein Erfolgstandem, das nur siegt, wenn beide ihren Beitrag leisten: Mitarbeiter und Unternehmen, wobei Letzteres in persona von den Führungskräften repräsentiert wird. Und diese müssen wieder die Verantwortung dafür übernehmen, die Talente der Mitarbeiter zu entdecken und schließlich zu entwickeln, mithin freizulegen.

Die Kompetenzorientierung mit all ihren Kompetenzmesstools hat den Fokus allzu einseitig in Richtung der Qualifikationen, Fertigkeiten und Fähigkeiten der Mitarbeiter verschoben: „Was kann der Mitarbeiter liefern? Welche Funktion erfüllt er bei der Erreichung der unternehmerischen Ziele?" Der personale Aspekt bei der Mitarbeiterführung geht dabei verloren, nämlich die Selbstverständlichkeit, dass die Hauptaufgabe der Führungsarbeit die Menschenführung ist und bleibt. Der Schwerpunkt liegt auf dem funktionalistischem Aspekt, auf der Fragestellung, welche Funktion das Rädchen Mitarbeiter im großen Getriebe Unternehmen erfüllen muss.

Wann haben Sie – als Führungskraft – sich das letzte Mal gefragt, „was Sie für Ihre Mitarbeiter tun können, um ihre Talente und Begabungen zu fördern"?

Rückzug in die Bequemlichkeitszone

Die eindimensionale Fokussierung auf die Kompetenzentwicklung mag der einen oder anderen Führungskraft sogar recht sein: Einige Topführungskräfte scheinen sich von der Pflicht zur Führungsarbeit zu verabschieden und begründen ihren Rückzug in die Bequemlichkeitszone damit, sie müssten sich um die Unternehmensstrategie kümmern oder das nächste Meeting vorbereiten, und überhaupt sei doch mit Hilfe der Delegation bestens geregelt, wer was wie bis wann zu erledigen habe.

Sicher: Der prozentuale Anteil der Mitarbeiterführung nimmt ab, je weiter wir uns auf der Hierarchieleiter hoch bewegen. Denn der Vorstand hat nun einmal *auch* die Aufgaben der unternehmensbezogenen und der strategischen Führung – die Betonung jedoch liegt auf dem „auch": Mitarbeiterführung bleibt originärer Bestandteil des Aufgabenspektrums der oberen Führungskraft. Nur das „Wie" ändert sich: Die Topführungskraft kann nicht jedes Zielvereinbarungsgespräch selbst führen, darf jedoch andererseits nicht den Kontakt zur Basis verlieren.

Nähe zur Basis wiederherstellen

Erinnern Sie sich noch an Kai-Uwe Ricke? Der ehemalige Vorstandsvorsitzende der Telekom hatte 2003 seine Führungskräfte dazu verdonnert, in regelmäßigen Abständen einen Tag am Point of Sales zu arbeiten, nämlich im Vertrieb, zum Beispiel in einem T-Punkt. Dort sollten die Führungskräfte Gelegenheit erhalten, ein bisher anscheinend unbekanntes Wesen, nämlich den Kunden, näher kennenzulernen.

Manager vor Ort im T-Punkt im direkten Kundengespräch – in Analogie dazu gilt: Topführungskräfte dürfen sich nicht ins Wolkenkuckucksheim zurückziehen, dort verlieren sie den Kontakt zur Mitarbeiter-Basis. Überlegen Sie, welche konkreten Möglichkeiten Sie nutzen können, um diese Nähe wiederherzustellen.

Das ist schwer, kostet Zeit, macht Mühe und passt nicht ins Ablaufschema eines normalen Arbeitstages der Topführungskraft. Dass es aber möglich ist, belegen zahlreiche Unternehmenslenker von großen Familienunternehmen, in denen sich „der Chef" oder „die Chefin" noch persönlich darum kümmert, wenn ein Mitarbeiter schwer erkrankt ist oder etwas Besonderes geleistet hat.

Voraussetzung ist ein Verantwortungsbewusstsein und ein Instinkt, der der Führungskraft intuitiv sagt, was in einer Situation richtig ist oder falsch. Wer sich jederzeit für das persönliche Schicksal seiner Mitarbeiter interessiert und deren Probleme zu seinem eigenen Anliegen macht, baut Vertrauen auf. Um dies leisten zu können, muss es jene Nähe zur Mitarbeiterschaft geben, ohne dass deswegen gleich jegliche Distanz aufgegeben werden müsste.

Als Vorbild wirken

Neben der ganz konkreten Dialogbereitschaft sollten sich die Führungskräfte zudem wieder ihrer Vorbildfunktion erinnern. Dazu Dr. Dr. Gerhard Roth (Manager Seminare Heft 119, Februar 2008, S. 39 - 43): „Das Wichtigste, was Vorgesetzte lernen müssen: Sie müssen in all dem, was sie von ihren Mitarbeitern fordern, Vorbild sein. Das ist so banal, dass ich mich fast schäme es auszusprechen."

In der Erziehung, in der Schule, im Berufsleben, im Sport – überall ist es augenscheinlich, wie wichtig authentische Vorbilder sind. Jüngster Beleg: Bei jungen Spitzensportlern, deren Eltern ebenfalls erfolgreiche Athleten waren, spielt das „Vererbungsgen" eine, wenn überhaupt, nur untergeordnete Rolle.

Viel wichtiger für den sportlichen Erfolg ist, dass die Eltern ein gedeihliches Umfeld aufbauen, in dem sich das Talent des Sprösslings optimal entfalten kann und sie selbst Vorbilder sind für Motivation, Stressresistenz und Leistungsorientierung. Wenn dies von den Eltern vorgelebt wird, färbt es ab auf die Motivations- und Leistungsbereitschaft des Nachwuchses.

Ob Mitarbeiter ihre Talente entwickeln und diese für das Unternehmen nutzbar machen, hängt vom Einsatz der Führungskräfte ab, und zwar in ganz besonderem Maße vom Engagement der Topführungskräfte. Das wussten wir zwar alle irgendwie auch schon vorher, und mancher mag jetzt ausrufen: „Aber das ist doch die Aufgabe des unmittelbaren Vorgesetzten!" Das stimmt, aber die Topführungskräfte können hier nicht aus der Vorbild-Pflicht entlassen werden.

Authentisches Verhalten

Die Zugehörigkeit zur „Obersten Heeresleitung" wirkt wie ein Superdünger für die Mitarbeiter. Es ist wie beim Placeboeffekt: Das vermeintlich heilende Medikament hilft umso mehr, je höher der behandelnde Arzt in der Hierarchie steht. Verschreibt der Chefarzt den Hustensaft, ist dies wirksamer, als wenn dies die Pflegerin übernimmt. Fordert der Vorstand besonderes Engagement und lebt er diese Haltung glaubhaft vor, hat dies eine höhere motivatorische Wirkung als die entsprechende Aufforderung des unmittelbaren Chefs.

Wie wirkt es wohl, wenn der Vorstand oder Unternehmenslenker in schlechten Zeiten fordert, den Gürtel enger zu schnallen – und auf den kleineren Dienstwagen umsteigt? Wie wirkt es, wenn in Zeiten der Veränderung „von oben" Flexibilität, Anpassungsbereitschaft und Mut zum Wandel gefordert wird – und der Vorstand einen Sprachkurs „Chinesisch" besucht?

Durch nichts wirken Sie mehr als durch Ihr eigenes Verhalten! Und wie Gerhard Roth schäme auch ich mich nicht zu betonen: „Das Wichtigste, was Vorgesetzte lernen müssen: Sie müssen in all dem, was sie von ihren Mitarbeitern fordern, Vorbild sein."

Fördern durch Vorbild

Sie helfen Ihren Mitarbeitern, ihre Potentiale, Begabungen und Talente zu entfalten, indem Sie Ihre Vorbildwirkung leben und den unmittelbar-direkten Kontakt suchen, so weit dies möglich ist. Von vornherein die Möglichkeit dazu auszuschließen, ist kontraproduktiv. Sie fragen sich ja auch bei der Kompetenzentwicklung permanent, welche Kompetenzen das Unternehmen und Ihre Mitarbeiter benötigen, damit sie Sie bei der Erreichung Ihrer Geschäftsziele unterstützen. Ergänzen Sie Ihr Kompetenzmanagement durch ein Talentmanagement. Dazu müssen Sie:

- einen Talentpotential-Check durchführen – damit Sie wissen, über welche brachliegenden Talente Ihre Mitarbeiter verfügen, und

- mit den entsprechenden verantwortlichen Stellen geeignete Talentfördermaßnahmen ins Leben rufen, für die Sie zum Beispiel die Schirmherrschaft oder die Mentorenschaft übernehmen.

Ihr Engagement sollte für jeden Mitarbeiter klar ersichtlich sein. Wenn Sie ein Talentmanagementsystem aufbauen, eine Talent Task Force einrichten oder einen Talentscout beschäftigen, ist für jedermann deutlich, wie ernst es Ihnen mit der Talentförderung und Talententwicklung ist.

Behandeln sie Ihren Mitarbeiter so, wie Sie es sich von einer Führungskraft wünschen, und Sie werden die gemeinsam gesteckten Ziele erreichen. Seien Sie nicht immer Kapitän sondern auch mal Matrose.

Doris Stempfle

HORST SiEHT KLARER

Horst brummt ganz schön der Kopf. So einiges vom dem was er gelesen hat, trifft genau ins Schwarze. Ihm ist jetzt klar: Ein anderer Führungsstil muss her. Etwas schuldbewusst wendet er sich an Petra: „Mir war das gar nicht so klar, was das bewirkt, wenn ich so barsch mit den anderen rede. Manchmal bin ich einfach überfordert und denke: Warum kapiert Martin es nicht, dass der rutschige Boden an Deck den Menschen Probleme bereitet. Es geht ja nicht nur um unser Vergnügen."

„Das kann ich gut verstehen. Und jetzt hast du auch jede Menge Anregungen, wie du mit Martin darüber sprechen kannst.", erwidert Petra mit sanfter Stimme. „Ja, das werde ich auch gleich tun. Überhaupt werde ich öfter mal die anderen Pinguine fragen, wie es ihnen ergeht, was sie für Wünsche und Vorschläge haben. Und das unter vier Augen, statt vor versammelter Mannschaft." „Und auf gleicher Augenhöhe!", ermahnt Petra ihn.

Es herrscht wieder Alltag auf See. Das heißt, den Pinguinen ist mittlerweile langweilig. Sie kennen alle Geschichten, die sie sich gegenseitig erzählen können, sie gehen in kleinen Gruppen schwimmen und Fische fangen. Der Müll wird immer mehr, es schwimmen ganze Fässer mit merkwürdigen Aufklebern an ihnen vorbei. Sie haben bisher noch keine anderen Lebewesen außerhalb des Wassers angetroffen. Klar, ab und zu kam ein Rudel Delfine, oder ein Wal, den sie nach Neuigkeiten fragten. Aber irgendwie gleicht doch ein Tag dem anderen.

Doch plötzlich, es mag der 46.te Tag sein, da sehen sie in weiter Ferne ein Schiff. Das ist eine Besonderheit und sie möchten Kontakt zum Schiff herstellen, denn vielleicht haben die Menschen dort eine Antwort auf ihre Fragen nach dem „Wohin" und „Wie".

Horst übernimmt jetzt auch hier die Führung der Gruppe. Er schreit, um die Aufmerksamkeit des Schiffes zu bekommen. Aber er schreit sich den Schnabel wund und wird dennoch nicht gehört. Denn wenn er laut ruft, klingt er wie ein Vogel und nicht mehr so kräftig und tief wie vor der Abfahrt. Petra unterstützt ihn, indem sie laut mitruft und dadurch fallen auch die anderen Pinguine in das laute Rufen mit ein. Es ist laut auf dem

Floß und das große Schiff verliert an Fahrt. Man könnte meinen, dass von dort die rufenden Pinguine gehört worden sind. Und wirklich, das große Schiff dreht bei und kommt auf die Pinguine zu. Horst ist nicht mehr bei Stimme, er schämt sich vor den anderen, gilt es doch gerade jetzt, einen guten Eindruck zu machen.

„Hilfe, das Logbuch!", denkt Horst. „Ganz sicher finde ich dort etwas zum richtigen Stimmeinsatz, denn den werde ich im Umgang mit den Menschen noch oft benötigen."

4.   Die Stimme im Berufsalltag

Auch im Zeitalter der Massenmedien und des Internets ist die menschliche Stimme das wesentliche Mittel der Kommunikation geblieben. Ob im direkten Kontakt, am Telefon oder in Funk und Fernsehen - immer erklingt gesprochene Sprache.

Wir hören lieber als wir lesen und sprechen lieber als wir schreiben.

Dabei achten über 40% der gebildeteren Menschen bei einer ersten Begegnung mehr auf den Klang der Stimme als auf Figur, Hände und Augen; nur Gesicht und Kleidung werden als noch wichtiger für einen ersten Eindruck eingestuft. Dies ergab eine Umfrage der Zeitschrift „GEO" (12/98)

„Nicht was wir sagen, sondern wie wir es sagen, ist für die zwischenmenschliche Beziehung von allergrößter Bedeutung!" (John Laver, Sprechwirkungsforscher)

Wie dominierend die Art wie Sie sprechen, der Klang Ihrer Stimme für den Kommunikationserfolg ist, wurde schon 1972 in einer Studie des Sozialpsychologen Albert Mehrabian experimentell nachgewiesen: Die Ausdrucksbereiche Wort, Tonfall und Gesichtsausdruck wurden in ihrer relativen Wirkung untersucht. Zur klaren Trennung wurde der Gesichtsausdruck über stumme Videos übertragen. Der Tonfall wurde mittels eines Bandfilters untersucht. So war der Inhalt der gesprochenen Worte unverständlich, der Klang und die Sprachmelodie blieben jedoch erhalten.

Das Ergebnis: In einer Gesprächssituation, in der sich beide Partner gegenüberstehen, fließt in die Beurteilung des Eindrucks, den der Sprechende auf sein Gegenüber macht, der verbale Inhalt des Gesagten zu nur sieben Prozent ein. 55 Prozent bestimmt der Gesichtsausdruck, und 38 Prozent der Tonfall! (Eine Hochrechnung auf nur akustische Kommunikation (Telefon!!) ist schnell gemacht.)

Der Stimmklang spielt also eine entscheidende Rolle als Basis der Kommunikation, als Voraussetzung, gehört zu werden und Anklang zu finden.

Problemfall Stimme?

Ihre Stimme ist und bleibt also das wichtigste Instrument, um Anweisungen zu geben, Produkte zu verkaufen, um Inhalte an Teilnehmer zu übermitteln und Ihr Publikum bei Vorträgen und Präsentationen zu begeistern.

Trotzdem denken Sie nur selten darüber nach, wie sie klingt, wie sie auf andere wirkt. Nur wenn Klagen kommen (zu leise, undeutlich, langweilig) oder Beschwerden sich einstellen (Kratzen, Heiserkeit), also das Nicht-Funktionieren Thema wird, richtet sich die Aufmerksamkeit auf die Stimmfunktion.

Professionell gedacht ist es besser, sich auf die beruflichen Anforderungen an die Stimme adäquat vorzubereiten und den Problemfall gar nicht erst auftreten zu lassen. Eine flexible und kontrolliert einsetzbare Stimme, die auch längeren Belastungen ausgesetzt werden kann, ist in den seltensten Fällen ein Geschenk der Natur - meist steckt, wie bei Schauspielern und Opernsängern, harte Arbeit dahinter.

Schließlich ist die Stimme nicht naturgegeben, wie es blaue oder grüne Augen sind. Das Sprechen, der Klang und auch die Ausdruckskraft sind von klein auf erlernt.

Je nach Vorbildern und Lebenserfahrung kann auch vieles mit gelernt worden sein, was sich heute als störend auswirkt. Allein das kulturell bedingte Verbot heftiger Gefühlsäußerungen wie Lachen, Weinen, Seufzen, verbunden mit jahrelangem Still-Sitzen in Schule und Universität, führt zu einer Unterentwicklung des Zwerchfells und der Haltemuskulatur und damit zu der stimmlichen Leistungs- und Ausdruckskraft.

Was liegt also näher, als die Stimme unter Anleitung eines erfahrenen Lehrers zu pflegen? Im alten Rom gehörte das im wahrsten Sinne des Wortes zum „guten Ton".

Was ist eigentlich ein Sprechberuf?

- ich bin doch kein Schauspieler?

Schauspieler, Rundfunkjournalisten und Nachrichtensprecher sind die einzigen Sprechberufler, die berufsvorbereitend eine meist mehrjährige Stimmausbildung absolvieren.

Stimmtraining ist aber für jeden sinnvoll, der seine Stimme im Beruf benötigt.

In einer Broschüre der Verwaltungsberufsgenossenschaft (Hamburg, 2004) stellt sich die Lage so dar: „Ungefähr ein Drittel der arbeitenden Bevölkerung ist in Sprechberufen tätig…Die Stimme ist von großer beruflicher, sozialer und damit existenzieller Bedeutung, die eher noch zunimmt, wenn man bedenkt, dass in der heutigen Gesellschaft immer weniger produziert und immer mehr kommuniziert wird…Menschen aus Sprechberufen haben häufiger Stimmprobleme als Zugehörige anderer Berufsgruppen… Umso überraschender ist, dass dem Thema Stimme und Stimmhygiene in diesen Berufen, in denen die Stimme das wichtigste Medium ist, so wenig Bedeutung beigemessen wird.“

Es erscheint daher eher seltsam, dass der Ausbildungsplan nicht einmal für Lehrer oder Erwachsenenbildner eine Stimmausbildung vorsieht. Die ausgebildeten Sprecher machen nur 0,3% aller Sprechberufe aus.

Was dann andersherum bedeutet, dass 99,7% der Verkäufer, Vertreter, Lehrer, Pastoren, Anwälte, Kindergärtner, Sozialpädagogen, Trainer, Führungskräfte, Politiker usw. ohne ausreichende Vorbereitung in den Berufsalltag gehen.

Was können Sie durch Stimmtraining gewinnen?

* Selbstbewusster und kompetenter auftreten durch gezielten Einsatz einer voluminösen, raumgreifenden Stimme

* Klarer Stimmeinsatz (Abbau eines knarrenden oder verhauchten Stimmklangs)

* Größere Modulationsfähigkeit (das beste Mittel gegen Langeweile beim Publikum)

* Individuell beste (mittlere) Sprechstimmlage kennenlernen

- Immer genug Luft durch Erlernen einer zweckmäßigen Atemführung (Zwerchfell-Flanken-Atmung)

- Nutzen der eigenen Körper-Resonanzräume, so dass man Sie noch im letzen Winkel des Raumes versteht

- Deutlichere, plastische Aussprache

- Gesundhalten der Stimme im Alltag (Grundwissen Stimmhygiene)

- Abbau von Stress und größeres körperliches Wohlbefinden

Lassen Sie uns zunächst ein paar Irrtümer ausräumen:

Irrtümer beim Vortragen, Diskutieren und Überzeugen und ihre Lösungen

Irrtum Nr. 1

„Der Inhalt ist das Wichtigste - wer interessiert sich schon für meine Stimme?"

Nicht, dass der Inhalt unwichtig wäre, aber er muss aufbereitet sein, um kommuniziert werden zu können. Dabei macht der Stimmklang 40% aus!

Lösung:

Lernen Sie Ihre eigene, authentische Stimme kennen (sie wird schön sein!) und bleiben Sie bei sich!

Irrtum Nr. 2

„Je schneller ich spreche, desto mehr Informationen kann ich rüberbringen."

Das glauben Sie hoffentlich nicht wirklich, aber viele Vortragende wirken durch Ihre Sprechgeschwindigkeit, als wollten Sie den Nürnberger Trichter zur Wissensvermittlung verwenden. So viele Informationen in zu kurzer Zeit kann Ihr Publikum nicht aufnehmen.

Lösung:

Bleiben Sie wohlgespannt und achten Sie auf eine gesteuerte Ausatmung! Dann kommen Sie auf neue, prägnantere Formulierungsideen.

Irrtum Nr. 3

„Am Klang meiner Stimme kann ich sowieso nichts ändern - das ist angeboren."

Als Säuglinge hatten wir alle laute, durchsetzungsfähige Stimmen und eine enorme Vielfalt an Ausdrucksmöglichkeiten. Der Klang der Stimme wird von einer kulturellen Überformung mitbestimmt. Jede Stimme kann (wieder) schön und ausdrucksfähig werden.

Lösung:

Begreifen Sie die Stimme als Produkt Ihres Körpers, Ihrer Atemführung! Nehmen Sie sich Ihren Raum, dann kann die Stimme klingen!

Irrtum Nr. 4

„Wenn ich nur mehr Luft zur Verfügung hätte, könnte ich länger sprechen."

Nur Kranke haben ein zu geringes Atemvolumen. Gesunde können lernen, ihre Atmung der gewünschten Stimmleistung anzupassen.

Lösung:

Nehmen Sie sich Mini-Pausen durch geschicktes Abspannen während des Sprechvorgangs! Unterscheiden Sie Spannungsbögen (Phrasen) von Atemzügen.

Irrtum Nr. 5

"Um mehr Luft zu haben, muss ich lernen tief einzuatmen "

Maßgeblich ist die geschickte Führung der Ausatmung.

Lösung:

Lassen Sie die Luft nicht einfach entweichen, steuern Sie Ihre Ausatmung so, dass sie die Stimmfunktion unterstützt!

Irrtum Nr. 6

„Durch leises Sprechen kann ich mich schonen."

Zu leises Sprechen ist ebenso eine Fehlbelastung wie permanent zu lautes Sprechen.

Lösung:

Finden Sie eine Mittellage der Stimme, in der in gesunder Strömlautstärke gesprochen werden kann.

Irrtum Nr. 7

„Frauen haben von Natur aus leise Stimmen - da kann man (frau) nichts machen."

Wahr ist, dass sich Frauen schon als Mädchen eine zurückhaltende Stimmführung angewöhnen lassen.

Lösung:

Finden Sie Ihren natürlichen Hell-/Dunkelklang, der sowohl im Schädel als auch in der Brust vibriert. Dadurch entsteht ein fülliger Stimmklang, der aber weiblich bleibt.

Das Konzept der körperzentrierten Stimmbildung

Lautstarker Stimmeinsatz ist eine natürliche Körperfunktion (jeder Säugling ist ein lebender Beweis), also etwas, was sich lernen oder richtiger wieder erlernen lässt.

Viel mehr Körperteile als die Kehle sind an der Stimmproduktion beteiligt:

das Zwerchfell und die sonstige Atmungsmuskulatur; die Artikulationsorgane Zunge, Lippen, Zähne; die Resonanzräume Rachen, Nase und Brustkorb; die Haltemuskulatur des Atmungsgerüsts, die Wirbelsäule, der Beckenboden... letztlich, durch die Verbindung über Spannungsketten, sogar die Füße

Eine optimale Stimmfunktion ist dann erreicht, wenn alle diese Teile im Zustand der Wohlspannung miteinander kooperieren. Die Stimme klingt dann „durch den Körper hindurch".

Das Wort „Person" (lat. „personare" - hindurch klingen) erinnert an die Bedeutung der Stimme für die höchst individuelle Präsenz.

Mehr als nur Tipps...

Sprechen können Sie ja, oder? Da brauchen Sie wohl nur ein paar Tipps, damit es auch professionell funktioniert.

Kann das sein?

Was würden Sie jemandem raten, der keinerlei Dauerlauferfahrung hat und Marathon laufen will? Genau: systematisch zu trainieren.

Ein paar Tipps habe ich aber doch für Sie:

Nicht Rauchen

Die Schadstoffe des Tabakrauchs greifen Ihre Schleimhäute an, die dann für Stunden die empfindlichen Sprechwerkzeuge nicht mehr schützen können.

Mein Tipp:

Hören Sie auf zu rauchen! (Ich weiß, das ist schwer, aber es gibt Hilfen.)

Druck vermeiden.

Bei Hintergrundlärm nicht „auf die Tube drücken", sondern bei sich bleiben und die Resonanz suchen. Lernen Sie, resonanzreich zu sprechen, ohne die Lautstärke zu forcieren!

Mein Tipp:

Atemübungen, die den Vordersitz befördern: Brummlippchen machen oder durch einen Strohhalm oder einen Kamm blasen. Dabei kommt der Ton automatisch nach vorne. Dort sollten Sie dann immer artikulieren. Ihre Stimme wird dadurch lauter, ohne dass Sie sich im Hals anstrengen müssen. Anstrengen werden sich dann Ihre Bauchmuskeln.

Viel trinken

Trockene Luft, besonders die Heizungsluft im Winter, trocknet die Schleimhäute aus, die dann anfälliger für Erkältungserkrankungen werden.

Mein Tipp:

Um dem vorzubeugen, sollten Sie viel Wasser trinken.

Auch Kaffee und Tee sind in vernünftiger Dosierung erlaubt - neueste Forschungsergebnisse haben unsere Lieblings-Anregungsgetränke rehabilitiert: Wer sie gewöhnt ist, wird nicht von ihnen ausgetrocknet.

Alkohol hingegen scheidet ganz aus.

Auch hilfreich: zwischendurch Obst und Gemüse knabbern.

An den Körper denken

Die Stimmbänder schwingen zwar im Kehlkopf, aber der ganze Körper dient der Stimme als Resonanzraum.

Zusammengesackte Haltung - besonders heikel beim sitzenden Sprechen - klemmt den Kehlkopf ein und behindert die Atmung.

Mein Tipp:

Sitzhöcker in den Sitz schieben, Kronenpunkt zur Decke, den Mund staunend öffnen. Die sich einstellende innere Weite halten und ein „Hememememem" sprechen, dabei an etwas Leckeres zu essen denken.

Da, wo jetzt Ihre Stimme schwingt, ist die richtige Stelle für den „Sitz". Dabei finden Sie auch Ihre individuelle, natürliche „Beststimmlage".

Die vier Grundpfeiler des professionellen Stimmgebrauchs

Haltung - Atmung - Resonanz - Artikulation

Als erstes Haltung

Wie sieht eine physiologisch richtige und damit für die Stimme günstige Haltung aus?

Land auf Land ab wird, ob Yoga, Feldenkrais, Eutonie, Pilates, sogar in der konventionellen Orthopädie, eine Haltung als ideal angesehen, in der ein Lot durch den Körper gefällt werden kann, die Wirbelsäule lang, aber leicht geschwungen ist, der Brustkorb zwanglos geöffnet ist, die Knie locker sind, ebenso die Schultern...usw. Betrachtet man die Beispiele, besonders die schematischen Darstellungen, so ist dann der Brustkorb auf der Vorderseite des Körpers ein wenig „weiter vorn" als die Hüfte.

Aber bei wem ist das heutzutage schon so (Yoga-Meister, Tänzer und vorbildlich koordinierte Sportler ausgenommen) ?

Die Mehrheit hat sich durch zu viel zusammengesacktes Sitzen am Schreibtisch und vor dem Fernseher, eine zu lasche Haltung angewöhnt. Herausquellendes Bäuchlein, übermäßig angespanntes Gesäß, vorgeschobene Hüfte, Rundrücken, Hohlkreuz, eingesunkener Brustkorb, vorgeschobener Hals sind eher die Regel als die Ausnahme.

Wie die Körperform den Stimmklang beeinflusst

Wenn der Brustkorb zusammengesunken ist, steht er als Resonanzraum nicht zur Verfügung. Die Einatmung ist mit Anstrengung verbunden und kann die Kehltätigkeit nicht ausreichend unterstützen. Luftmangel tritt auf.

Wird der Hals vorgeschoben, drückt sich die Kehle zusammen. Ein verengter Stimmklang ist die Folge.

Balanciert der Schädel nicht auf der Halswirbelsäule, lassen sich die Resonanzräume im Kopf nicht nutzen, die Stimme trägt nicht.

Ist die Hüfte vorgeschoben oder zum Hohlkreuz gekippt, kann der Beckenboden nicht als Atembasis dienen. Der Stimme mangelt es an Überzeugungskraft und Volumen.

Freier Stimmklang in jeder (Lebens-) Lage

Die gute Nachricht: Wenn es Ihnen glückt (und das wird es mit einiger Übung), Ihren Stimmgebrauch an das Zwerchfell anzukoppeln, werden Sie auch in anderen Körperhaltungen als dem ganz korrekten Stehen, Sitzen und Liegen, auf die Arbeit der inneren Haltemuskulatur vertrauen können. Sie werden anders - vitaler, aufgespannter und entspannter gleichzeitig - Ihre Alltagsbewegungen machen und Ihre Stimme erklingen lassen können. Unter Stress können Sie sich auf die Merkmale guter Körperorganisation besinnen und das stimmbehindernde Stresshaltungsmuster auflösen.

Machen Sie sich groß!

Und zwar so groß, wie es der Bauplan der Natur für Ihren Körper vorgesehen hat. Das heißt nicht, dass Sie sich aufplustern oder gar aufblähen sollen, nein, das wäre keine Hilfe - sondern halten Sie sich aufrecht und sorgen Sie für ein wenig Ellbogenfreiheit. Das bedeutet keineswegs, dass Sie anderen den Platz wegnehmen. Die elterliche Aufforderung, sich "nicht so breit zu machen", kann im Berufsleben einen erheblichen Nachteil haben. Bescheidenheit ist eine Zier, aber kein Instrument der Durchsetzung.

Bei den Füßen fängt es an

Die Art wie Sie stehen, bestimmt Ihre Präsenz und Klangfähigkeit. Stehen Sie so auf beiden Füßen, dass Sie sowohl mit der Ferse als auch mit dem Ballen des großen Zehs guten Kontakt zum Untergrund haben. Die Zehen breiten Sie locker am Boden aus. (Das geht am Anfang am besten barfuß, mit einiger Übung aber auch in bequemen Schuhen - sehr hochhackige Schuhe sind leider nicht empfehlenswert.)

Zum Reaktivieren der Haltemuskulatur bringen Sie Fußgelenk, Kniegelenk und Hüftgelenk in eine Linie. Die Bügelfalte der Hose ist ein guter Anhaltspunkt. Sind die Bügelfalten bei beiden Beinen parallel ausgerichtet, stimmt die Achse.

Füße hüftgelenksbreit, Becken aufrichten, Kronenpunkt (ganz oben auf dem Kopf, wo Sie als heimliche Prinzessin oder heimlicher Prinz ein imaginäres Krönchen tragen) zur Decke schieben, Nabel nach oben und innen, zu einem Punkt zwischen den Schulterblättern ziehen, Schultern nach hinten unten entspannen.

Schon sehen Sie im Spiegel eine Person mit erheblich mehr Selbstbewusstsein und Autorität.

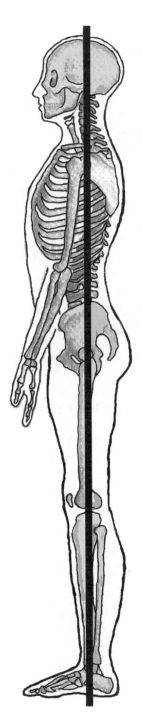

Dieses Aufrichten ist schon eine ernsthafte Stimm- und Körperübung. Bestimmt finden Sie in Ihrem Alltag Gelegenheiten, diese Aufrichtung mal eben zwischendurch zu machen.

Sie müssen im Sitzen sprechen?

Auch im Sitzen können Sie sich perfekt aufrichten - vorausgesetzt, der Stuhl ist hoch (oder niedrig) genug. Die Knie sollten im rechten Winkel (oder ein wenig größer, aber keinesfalls enger) gebeugt werden können. Und los geht's: Füße in Bodenkontakt, imaginäre oder reale Bügelfalten parallel ausrichten, Sitzhöcker in den Sitz schieben (Sie kennen Ihre Sitzhöcker nicht? Moment: Greifen Sie mutig mit der rechten Hand unter Ihre rechte Sitzfläche und setzen Sie sich auf die Hand. Was Sie jetzt spüren, ist Ihr rechter Sitzhöcker. Links haben Sie auch einen.) und nun den Kronenpunkt zur Decke schieben. Schultern nach außen unten entspannen.

Zu steif? Bewegen Sie ganz leicht den Kopf, so als wären Sie ein Wackeldackel. Jetzt versuchen Sie, sich in die Länge hineinzuentspannen. Je mehr Ihre Tiefenmuskulatur die Arbeit übernimmt, desto bequemer wird die Aufrichtung werden. Das braucht allerdings wieder Übung.

Öffnen Sie Ihren Brustkorb

Besonders Frauen neigen dazu, Ihren Brustkorb klein zu halten („schwach") und/oder Ihren Busen durch hochgezogene Schultern und ein eingezogenes Brustbein zu verstecken. Wenn das lediglich nicht so schön aussehen würde, wäre es ja nicht ganz so schlimm, aber der verkrümmte Brustkorb taugt weder für eine gesunde Atmung noch als Resonanzkörper (von den Folgen wie Nackenverspannungen und Rückenschmerzen ganz zu schweigen).

Statt nun „Brust raus" zu probieren - was zu einer Hohlkreuzposition führen würde - , probieren Sie mal den gesamten Oberkörper aus dem Becken herauszuheben. Lassen Sie Ihre Brustwirbelsäule länger werden, verlängern Sie den Nacken durch die Vorstellung „mit Rehöhrchen zu lauschen" und hängen Sie dann die Schultern wie ein Joch über den Brustkorb, das Becken als Zentrum.

Wohlspannung vs. Entspannung

Ihren berechtigten Wunsch nach Entspannung in allen Ehren: Verwechseln Sie bitte Entspannung nicht mit Laschwerden. Wenn Sie sich vollkommen entspannen, sinken Sie wie ein Ohnmächtiger zu Boden.

Aber: Sprechen ist eine Aktivität, kein passives „Sich-gehen-lassen"!

Es gilt, sinnvolle Koordinationen, zweckmäßige Anspannungen zu finden.

Verspannungen und Verkrampfungen sind Mühen an der falschen Stelle. Wenn Sie herausfinden, welche Muskulaturen und Koordinationen Sie benutzen können, um Ihre Kehle zu entlasten, werden Sie die Fehlspannungen leicht auflösen können.

Dadurch entsteht eine elastische „Wohlgespanntheit", auch Eutonus genannt.

Deshalb verwende ich lieber den Begriff „Wohlspannung" als den der „Entspannung".

Jetzt sind Sie bereit für...

Atmung

Atem, der Motor der Stimme

Alles was zu hören ist, ist in Schwingung versetzte Luft - nämlich Schallwellen. Das ist bei der Stimme nicht anders.

Die Stimmlippen, unsere Klangerzeuger, werden mit Ausatmungsluft angeblasen.

Und so erzeugen die Stimmlippen eine Schallwelle:

Zitat: „Unsere Stimmlippen arbeiten dabei mit Druck und Unterdruck. Zunächst verschließen wir

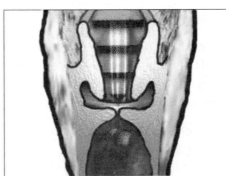

Abb: So strömt die Luft durch die Kehle

die Stimmlippen über der Luftröhre: Unsere Lunge muss Druck aufbauen, damit Luft durch die Stimmlippen strömen kann. Schließlich entsteht an der Lücke zwischen den Stimmlippen ein Unterdruck. Durch diesen Sog verschließen sich die elastischen Stimmlippen gleich wieder. Wenn die Lunge dann wieder genug Druck aufgebaut hat, geht dieser Prozess von vorne los. Die Stimmlippen zerhacken also den Luftstrom in kleine Scheiben Luft mit mehr und weniger Druck, mit anderen Worten: Es entsteht eine Schallwelle." (Quarks & Co, 2003)

Erst ausatmen, dann einatmen

Versuchen Sie gar nicht erst, tief einzuatmen. Höchstwahrscheinlich pumpen Sie sich dabei mit Luft voll, die Ihren Brustkorb aufbläst und zu einem Stau führt. Oder, falls Sie gelernt haben, „in den Bauch zu atmen", würden Sie dabei in unvorteilhafter Weise die Eingeweide nach vorne unten drücken.

Beginnen Sie damit, das Ausatmen so zu steuern, dass es Ihre Stimme unterstützt. Ersetzen Sie passives Luft entweichen lassen durch aktive, gerichtete Ausatmung. Dann wird sich Ihr Körper (dem Sie bei guter Behandlung voll vertrauen können) in dem Moment, wo Sie aufhören, einen Atemstrom zu senden, augenblicklich die Luftmenge zurückholen, die Sie ausgeatmet haben - nicht mehr, nicht weniger.

Die Einatmung wird dadurch - weil dann reflektorisch - zu einem Moment erholsamer Passivität.

(Anm.: Diese Art der aktiven Ausatmung wird unter der Bezeichnung Zwerchfell-Flankenatmung auch zum Erbringen von sängerischen Höchstleistungen genutzt.)

Durch Ihre gute Haltung ist Ihr Bauchbereich so elastisch wie bei einem Quietsche-Entchen geworden. Drücken Sie eine Delle in das Entchen (=Ausatmung), dann quietscht es - danach springt die Wand des Entchens wieder in die vorherige Position zurück (=Einatmung).

Versuchen Sie also, z.B. mit einem „Sch", durch Zusammenziehen von Bauch und Taille Luft herauszubringen und dann Bauch und Taille wieder lockerzulassen. Und siehe da: Die Luft kommt wieder herein!

Schon haben Sie das Prinzip der Atemführung umgesetzt: Anbindung der Stimmfunktion an eine aktiv betriebene Ausatmung (macht übrigens jedes Kleinkind so).

Und das Beste ist: Sie bekommen auf diese Art genau die Menge Atemluft wieder, die Sie verströmt haben.

Zu wenig Luft zum Sprechen?

Sie haben literweise Reserven - wenn es nicht reicht und im Kehlbereich Druck und Enge entstehen, ist Ihre Ausatmung noch nicht gut genug für die Unterstützung der Stimme organisiert. Der Körper spürt, dass kein ausreichender Nachschub an Luft kommt und schließt das Ventil Kehle.

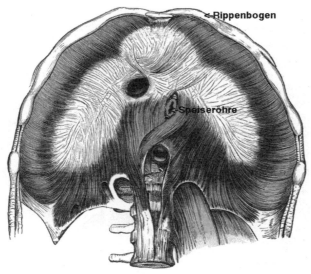

Abb.: Zwerchfell von unten

Kennen Sie das Zwerchfell?

Der Name "Fell" ist irreführend. Weder hat es Haare noch ist es von bindegewebiger Konsistenz wie Bauch- und Rippenfell, noch lederartig wie die Felle von Trommeln. Sondern es ist ein Muskel.

Das Zwerchfell ist der Hauptatemmuskel des Körpers. Es setzt radial am unteren Rand der Rippen an und geht somit in Magenhöhe quer durch den Körper. Es trennt den Brustraum vom Bauchraum.

Ganz gewöhnlich: Atmung als Luftversorgung

Bei der Einatmung spannt sich das Zwerchfell an, es ist also aktiv. Dabei vergrößert es seinen Durchmesser und senkt seine Kuppe ab. Dadurch werden die Eingeweide nach unten geschoben.

Bei der Ausatmung ist es passiv, es gibt nach und geht allmählich in seine kuppelförmig gewölbte Ausgangsposition zurück.

Dies ist der alltägliche Vorgang der Luftversorgung, so funktioniert Ihre Atmung, wenn Sie schlafen, Sport treiben, auf dem Sofa liegen.

Ihre Selbstwahrnehmung ist den physiologischen Vorgängen entsprechend:

Einatmung - Spannung - aktiv

Ausatmung - Entspannung - passiv

Scheinbar ungewöhnlich: gelenkte Ausatmung als Stimmmotor

Wenn Sie versuchen, mit der passiven, der zusammensinkenden Ausatmung zu sprechen, wird Ihnen Ihr „Instrument" während des Sprechens zusammensinken. Luftmangelgefühl und Knarren gegen das Satzende hin werden die unangenehme Folge sein.

Bei der gelenkten Ausatmung sorgt die Kontraktion der Bauchmuskeln dafür, dass als Ersatz für die aktiv verströmte Luft die Eingeweide unter das Zwerchfell geschoben werden, so dass wesentlich länger der Raum unter der Kehle (oberer Brustraum) mit Luft gefüllt bleiben kann (Luftpumpenprinzip). Das ist nur anstrengend, wenn man es nicht gewöhnt ist. Kleinstkinder beherrschen diese Ausatmungsform in Perfektion. Wenn Sie zielgerichtet ausatmen, ist Ihre Wahrnehmung praktisch umgekehrt wie bei der „Belüftung".

Ausatmung - Spannung - aktiv

Einatmung - Erholung - reflektorisch

Das Bauchatmungs-Missverständnis

Immer wieder wird Bauchatmung propagiert, was auch gut und richtig ist. Zum Einatmen die Schultern oder den Brustkorb hochzuziehen, ist für den Stimmeinsatz nicht hilfreich. (Wenn Sie durch sportliche Betätigung außer Atem kommen, wird Ihr Körper so etwas tun - in der Situation ist es natürlich richtig.)

Allerdings darf „Bauchatmung" nicht bedeuten, den Bauch schwangerschafts- oder bierbauchähnlich aufzublähen und dann wieder mit der Ausatmung schrumpfen zu lassen. So lässt sich die Stimme nicht steuern.

Sondern: Nehmen Sie Ihre (gute) Haltung im Bauchbereich als Nullpunkt. (Versuchen Sie bitte nicht, jetzt durch Einatmen ein Plus zu erzeugen) Beginnen Sie mit einem Ausatmen aus dem Unterbauch und der Taille heraus, erzeugen Sie also eine Volumenabnahme im Bauchbereich durch Muskelkontraktion. Dann entspannen Sie die zur Ausatmung kontrahierten Muskeln. Nun schnellt die Bauchdecke zurück auf null, Sie haben die Einatmung zugelassen!

Dies ist die physiologisch richtige Bauchatmung. Wenn Ihr Zwerchfell noch aktiver geworden ist, wird sich der Bauch bei der Einatmung ein klein wenig mehr wölben als „Null", das ist dann gut so. Aber aufblähen wird er sich nicht.

Durch die Atmung wird Haltung zur Bewegung.

Der Begriff „Haltung" hat leider etwas Starres an sich. Wichtig ist zu begreifen, dass der Körper allein schon durch das schlagende Herz und den Luftversorgungsatem in permanenter Bewegung ist. Je mehr Körperteile, von den Füßen bis zum Kopf, an dieser Bewegung beteiligt sind, desto lebendiger fühlen Sie sich - und desto präsenter, anwesender wirken Sie auf Ihre Umwelt.

Anspannen und Abspannen

Je mehr Sie anspannen, desto mehr können Sie abspannen. Dieses Prinzip liegt z.B. auch der progressiven Muskelentspannung zu Grunde.

Je bewusster Sie Ihre Stimme während der Tonproduktion mit Anspannung (an der richtigen Stelle, versteht sich) unterstützen, desto besser können Sie sich in den Pausen durch Abspannen entspannen und erholen. Die Einatmung ist keine Mühsal mehr, sondern willkommene Erholung während des Sprechens, in Pausen, die auch Mini-Pausen sein können. Abgespannt werden kann: am Satzende, nach Satzzeichen (Punkt, Komma, Fragezeichen, etc.) aber auch nach Wörtern mit hartem Schlusskonsonanten und vor Wörtern, die mit einem Vokal anfangen. Also viel öfter, als Sie bisher dachten.

Der nächste Schritt: Finden Sie die

Resonanz

Eine gespannte Gitarrensaite ohne Gitarrenkorpus würde beim Anschlagen nur ein leises Sirren von sich geben. Genauso ist es mit den Stimmbändern. Sie brauchen den Resonanzkörper, um hörbare Töne zu erzeugen.

Wie Ihr Körper dafür vorbereitet wird, wissen Sie aus den vorherigen Kapiteln. Doch halt! Ein Faktor fehlt noch. Nämlich:

Die Weite im Kopf

Im Kopf gibt es Räume (nein, nicht im Bereich des Hirns), die aktiv für die Resonanz genutzt werden können: Mundraum und Nasen-Rachenraum.

Wenn im Kopf das Gefühl der Gähnweite entsteht, haben Sie die kleinen Muskeln aktiviert, die das Gaumensegel heben, die Rachenwand (die allein hat schon drei Muskelschichten) straffen und die Kehle weit stellen.

An diesen Wänden können nun die Schallwellen anschlagen und die Schädelknochen zum Schwingen bringen. Dadurch wird der Ton verstärkt. Er wird Oberton und damit resonanzreicher.

Kopfstimme

Dieses Phänomen zeigt sich in der Situation der emotionalen Zuwendung. Erwachsene, die sich Kleinkindern (Hunden, Pflanzen) zuwenden, erzeugen dabei oft relativ hohe Töne: „Ja, was bist du denn für ein niedliches... tuliltulituli", oder so ähnlich.

Das können Sie bei sich und anderen mögen oder nicht, es gehört zum Ausdrucksspektrum der menschlichen Stimme dazu und zeigt deutlich die Möglichkeit der Resonanz im Kopfraum. Ein Vibrieren der Schädelknochen ist spürbar.

Bruststimme

Weihnachtsmanndarsteller zeigen es deutlich: Ho, ho, ho!

Die Stimmlage ist tief, die Vibrationen sind am Brustbein tastbar.

Hier ist das ganz andere Ende der Ausdrucksskala.

Die persönliche Ideallage der Stimme (Indifferenzlage)

Die Wahrheit oder in unserem Fall das Ideal des Stimmklangs liegt in der Mitte zwischen den Extremen.

Die Stimme resoniert sowohl im Schädel als auch im Brustkorb, die Sprechtonlage ist weder eng und hoch noch heruntergedrückt tief, die Stimme ist gleichzeitig durchsetzungsfähig und warm. Also angenehm zu produzieren und angenehm zu hören.

Diese Mittellage ist Ihr stimmtechnisches „Zuhause", von dem aus Sie in alle Richtungen, je nach Anforderung, variieren können.

Diese Lage nennt man Indifferenzlage.

Und so finden Sie die Indifferenzlage:

Alles wie oben beschrieben: Erstmal schön aufrichten, dann eine leichte Gähnstellung, ein staunendes Öffnen des Mundes einstellen.

Jetzt stellen Sie sich bitte etwas richtig Köstliches zu essen vor.

Und jetzt sprechen Sie: Hmm, hmm, lecker!

Und da wären wir. Das summselnde „Hmm" zeigt Ihre Ideallage. Je besser Sie sich vor dem Töneproduzieren „geöffnet", also wohlgespannt ausgedehnt haben, desto voller wird das „Hmm" klingen.

Versuchen Sie jetzt an der Stelle, wo das „Hmm" so schön vibriert hat, auch mit der selben Ausgedehntheit ein paar Worte zu sprechen. Wenn Sie dabei mit dem Ausatmungsstrom unterstützend tätig werden, haben Sie das Ideal gefunden.

Für „harte Fälle": Auffinden der Indifferenzlage über die Kaustimme

Hier ein Experiment für das stille Kämmerlein. Was Sie nie durften, bitte ich Sie jetzt zu tun: Sprechen Sie mit vollem Mund!

Bitte erst aufrichten. Jetzt nehmen Sie sich etwas zu essen, das saftig-knackig ist, also den Zähnen etwas Widerstand bietet, aber nicht krümelt, z.B. Möhren oder Äpfel. Es sollte unbedingt etwas sein, was Sie gerne essen.

Zerkauen Sie das Häppchen genussvoll, ohne zu schlucken und machen sie dabei „hmm, hmm, jam, jam".

Spüren Sie den Vibrationen nach. Das genau wäre die „Maskenresonanz" oder der „Vordersitz". Wieder zwei Begriffe für Forderungen an die Qualität der Stimmführung.

Damit sind wir beim Kapitel „Artikulation" angelangt.

Artikulation

Menschen, die keine Sprachfehler haben (z.B. Lispeln, das wäre ja auch Arbeitsgebiet der Logopäden), sondern als Otto und Gerda Normalsprecher nur zu schnell, zu undeutlich oder mit „verschluckten" Silben sprechen, benötigen meist kein spezielles Artikulationstraining. Diese Erfahrung habe ich in meiner langjährigen stimmtrainerischen Praxis gemacht.

Werden nämlich die Prinzipien von Haltung, Atemanbindung und Resonanz umgesetzt, so ergibt sich automatisch ein langsameres und damit deutlicheres Sprechtempo.

Auch kommen wir hier in den Bereich des schriftlich nicht mehr zu vermittelnden Wissens, also ohne persönliche Anleitung.

Sprechen hat eben auch mit Hören zu tun.

Trotzdem noch ein paar Anmerkungen zur Artikulation.

Der Gegensatz stimmhaft/stimmlos

Worin besteht eigentlich der Unterschied zwischen stimmhaft und stimmlos? Diese Unterscheidung bezieht sich ausschließlich auf die Konsonanten (Mitlaute). Vokale (Selbstlaute) sind immer stimmhaft. Manche beschreiben den Gegensatz stimmhaft/stimmlos auch als weich/hart. Also b, d, g (weich, stimmhaft) im Kontrast zu p, t, k (hart, stimmlos). Nun sind diese Konsonanten aber alle als Geräusche zu hören - mit Sicherheit nicht lautlos. Die Silbe „stimm-" bezieht sich nämlich auf das Schwingen der Stimmbänder. Bei p,t,k schwingen die Stimmbänder nicht.

p, t, k und die Auslautverhärtung

Die drei Laute p, t, k heißen auch „stimmlose Verschlusslaute".

Dafür wird von der sprechenden Person im Mund ein Verschluss gebildet, der durch Atemdruck gebildet wird (anspannen) und dann mit einer kleinen Explosion gelöst wird (abspannen). Ein nachklingendes „H" dient der Deutlichkeit (*Dikhthiersphrache*).

Die Bildung des Verschlusses erfolgt an den Lippen (p), an der Innenseite der oberen Schneidezähne (t) oder am Übergang Gaumen/Gaumensegel (g). Im Deutschen gilt folgende Ausspracheregel: Befindet sich ein stimmhafter Explosivlaut (b, d, g) am Wortende, so wird der Laut stimmlos ausgesprochen (p,t,k). Dies bezeichnet man als „Auslautverhärtung". Nach einem solchen Wortende - und es gibt viele - kann abgespannt werden.

Also: Nach jedem Wortende mit gesprochenem (nicht nur geschriebenem) „P,T,K" ist Gelegenheit zu einer Minipause.

Je deutlicher Sie diese Laute sprechen, desto besser sind Sie zu verstehen und desto besser können Sie sich in den Minipausen erfrischen.

Deutlichkeit durch Dauer

Manche Laute lassen sich einfach nicht durch mehr Nachdruck steigern. Wenn Sie z.B. beim „M" die Lippen ganz stark aufeinanderpressen, wird es nicht deutlicher, Sie empfinden aber - zu Recht - mehr Anstrengung. Besser ist es, die Schwingungszeit des „M" zu verlängern. Das sorgt für mehr Resonanz und damit für bessere Tragfähigkeit im Raum.

Das gilt auch für das „W".

Famous Last Words

Liebe Leser, Sie sind nun am Ende meiner Ausführungen über Notwendigkeiten und Freuden des Stimmtrainings angekommen.

Zu guter Letzt möchte ich noch darauf hinweisen, dass Ihr nachhaltiger, lösungsorientierter, professioneller Fortschritt im Sprechen auf zwei Säulen beruht:

Zum Einen ist häufiges Üben notwendig. Das kann Ihnen niemand abnehmen. Wenn Sie kleine Übungseinheiten in Ihren Alltag integrieren, wird das besser gelingen, als wenn Sie versuchen, zweimal die Woche 60min zu trainieren.

Schließlich geht es ja darum, ungünstige Gewohnheiten aufzugeben und durch bessere zu ersetzen. Es geht sozusagen um die Umprogrammierung Ihrer inneren Festplatte.

Das Zweite was Sie tun können, ist mit einem meiner Kollegen und Kolleginnen oder eben mit mir (würde mich freuen) zu arbeiten.

Sprechen (und Singen) lernt man leider nicht (nur) aus Büchern.

Viel Freude beim Vortragen und Präsentieren wünscht Ihnen Ihre

Claudia Gorzalka, M.A.

P.S. Hier kommt noch ein Trainingsprogramm...

Kleines Stimmtraining für alle Tage (nicht immer, aber immer öfter)

Regelmäßiges oder gar tägliches Üben...Wie oft haben Sie sich das schon vorgenommen? Erfolgversprechender als gute Vorsätze ist die Idee, das Üben in den Alltag zu integrieren: am Schreibtisch, wenn der Computer hochfährt, beim Gang in die Kantine, im Stau, in der Warteschlange... Sie werden einwenden, dass Stimmübungen in der Öffentlichkeit Befremden auslösen werden. Nun, da muss ich Ihnen recht geben. Aber: Vieles was der Stimme, dem Körper, Ihrem Wohlbefinden nutzt, ist ohne Stimmeinsatz - sozusagen „heimlich" - trainierbar.

Wenn Sie z.B. während eines langweiligen Vortrags Ihre Aufrichtung im Sitzen üben, werden Sie gerade dadurch präsent und aufmerksam wirken.

Das Wichtigste ist, immer wieder, immer öfter die Grundhaltung einzunehmen, denn nur wenn der Rahmen stabil aufgespannt ist, kann der Atem die Stimme unterstützen.

Aufrichten

Im Sitzen:

So auf der Stuhlfläche (oder Stuhlkante) sitzen, dass die Ober- und Unterschenkel in Fuß-, Knie- und Hüftgelenk rechte Winkel bilden.

Hüftgelenk, Knie und Füße auf eine Linie bringen („Bügelfalten parallel").

Auf den Sitzhöckern balancieren, weder davor noch dahinter.

Das Becken aufrichten.

Fersen in den Boden stupsen, Sitzhöcker in den Sitz schieben, den Aufrichte-Impuls an der Wirbelsäule hochziehen zum Kronenpunkt.

Kronenpunkt zur Decke dehnen.

Schultern nach hinten - außen - unten setzen.

Im Stehen:

Hüftbreit stehen, das Becken aufrichten. („Barhocker suchen", Steißbein als drittes Bein imaginieren)

Die Füße in den Boden schieben.

Mit den Sitzhöckern Richtung Boden ziehen, mit dem Kronenpunkt Richtung Decke. Die Wirbelsäule in die Länge dehnen, die Schultern nach hinten - außen - unten setzen.

Das Einnehmen dieser Positionen ist an sich schon eine Übung - aber ohne diese Haltung sollte auch nichts anderes mit der Stimme geübt werden.

Kopfräume und Mund öffnen.

Dazu die Höflichkeitsgähnstellung (Zunge aber vorn mit Zungenspitzenkontakt zu den unteren Schneidezähnen) nutzen.

Diese Aufrichtung lässt sich auch mit dem „Münchhausengriff" finden:

Mit einer Hand oder beiden Händen an die Hinterhauptshöcker greifen und von dort aus den Kopf nach oben schieben. Wirbelsäule sich lang dehnen lassen, den Hintern als Gegengewicht einsetzen.

Für die Atemanbindung (immer in der Aufrichtung):

SCH...

Bauchdeckenimpulse (einwärts, wie ein Quietsche-Entchen) auf den Laut „Sch".

Der Impuls geht dabei von der Zwischenrippenmuskulatur (Taille) aus, der Unterbauch arbeitet während der Lautgebung einwärts. Damit Eisenbahn spielen: sch..sch..sch... In den Minipausen Einatmung zulassen! Also die Bauchmuskeln, die Sie ja während der Ausatmung angespannt, zusammengezogen, eingezogen haben, wieder lockerlassen.

BRRR

Lippenflatterübung, auch als „Pferdeprusten" bekannt. Spielen Sie mit Dauer, Tonhöhe und Intensität.

Wenn Sie das Brummlippchen nicht zustande bringen: Es funktioniert auch mit Zungen-R.

Für die Zwerchfellanbindung:

WW..

Unterlippe weich an die oberen Schneidezähne anlegen, mehrere lange „W" nacheinander artikulieren. Dabei durch Auflegen der Hand am unteren Ende des Brustbeins die Ausdehnung des Zwerchfells kontrollieren (Oberbauch tritt ein wenig heraus, aber Unterbauch arbeitet einwärts!).

Für die Resonanz:

HEMMEMMEMM

Mit der Lautfolge „hemmemmemm" die Resonanz im Nasen-Rachenraum für all das aktivieren: Der Atemwurf mit Abspannen.

WIPP, WEPP, WAPP, WOPP, WUPP

Die Silben „wipp, wepp, wapp, wopp, wupp" weit in den Raum rufen. Dabei Zwerchfellanbindung wie bei der Übung WW.. kontrollieren, Resonanzanbindung im weiten Nasen-Rachenraum suchen.

Der Unterbauch arbeitet einwärts und wird nach jedem „pp" wieder losgelassen. Dieser Vorgang heißt „Abspannen" und ist ein reflektorisches Einatmen.

Und jetzt nehmen Sie sich einen Text, den Sie schön finden und lesen ihn laut, deutlich, abwechslungsreich einem imaginären Publikum vor.

Leise üben hilft nämlich nicht.

Viel Spaß!

Claudia Gorzalka

WEITER AUF KURS

Horst kann sich hier jetzt in diesem Moment nicht mehr um Stimm- oder Atemübungen kümmern – dafür braucht er mehr Ruhe, vielleicht am nächsten Morgen, wenn die anderen noch schlafen. Er hält sich stattdessen sehr nahe neben Petra auf. Sie ist ja schließlich seine Stellvertreterin. Aber nicht nur Petra und Horst sind gespannt und schauen in Richtung Schiff. Alle anderen Pinguine sind gespannt, einige haben Angst, andere sind neugierig; denn bis auf Petra hatte noch keiner von ihnen jemals Kontakt zu Menschen.

Und was diese erzählte, war bis auf die Maoris eher negativ. Nun ist es soweit, das Schiff ist greifbar nahe und die Menschen dort oben an Bord lassen Seile zum Hochklettern herunter. Einer der ganz jungen Pinguine versucht, sich mit seinen Flügeln hochzuziehen, es gelingt nicht. Andere versuchen es auch. Horst stellt sich vor seine Leute und sagt mit schräger Stimme: „Pinguine, lasst uns einsehen, dass wir das nicht können. Wir sind nicht für solche Kunststücke geschaffen! Bitte wartet, bis uns die Menschen helfen. Das wird uns später sicher noch öfter passieren."

Na, und kurz darauf sind alle Pinguine oben auf diesem Schiff, welches zu einer Umweltorganisation gehört. Die Menschen sind freundlich und sehr interessiert. In Gesprächen wird schnell deutlich, dass sie ähnliche Ziele verfolgen: ein sauberes Meer, ein Fischbestand, der nicht gefährdet ist, die Nutzung erneuerbarer Energien. Was auch deutlich wird, dass die Pinguine gar nicht so recht wissen, wie es jetzt weiter gehen kann. Dies wird ihnen erst richtig bewusst, als sie mit den Leuten sprechen. Natürlich wollen sie weg von ihrem Südpol, den sie als immer bedrohter wahrnehmen, aber wie es werden soll, wo sie hin wollen und wo sie tatsächliche Überlebenschancen haben, das haben sie noch nicht in ein klares Format oder Konzept gebracht. Sie haben Sorge wegen ihres zukünftigen Nachwuchses, aber sie wissen nicht, wovon sie sich leiten lassen sollen, was sie anstreben.

„Horst verzettelt sich schon wieder", denkt Petra und geht mit ihm schweigend Richtung Bug. Sie blicken auf das Meer hinaus, als wenn dort die Antworten vom Meeresgrund auftauchen würden. „Horst, nimm dir mal eine halbe Stunde Zeit, hier im Logbuch steht ein spannender Text über Leitbilder und Ziele von Unternehmen!"

„Von Unternehmen? Wir sind doch nur eine Gruppe Pinguine, die sich auf die Suche machen, und keine Firma oder so. Was ist das überhaupt?", erwidert Horst. „Das stimmt, Horst, wir sind keine Firma, aber wir sind eine Art Unternehmen, weil wir einen Auftrag haben, eine Aufgabe, die wir lösen müssen oder wollen, je nachdem wie wir es sehen."

Und Horst liest...

5. Das Management-Tool für kleine und mittelständische Unternehmen: Die Balanced Scorecard

Das Meer, auf dem wir herumschippern, wird immer gefährlicher. Die See wird stürmischer und das tägliche Leben an Bord wird immer vielschichtiger und komplizierter.

Wie kommt man als Kapitän heute noch zurecht, ohne den Überblick zu verlieren?

Heute braucht man Instrumente, um den Gefahren des Meeres (der Wirtschaft) zu trotzen und erfolgreich seinen Zielhafen zu erreichen. Dieser Artikel zeigt Ihnen: Es gibt ein Allround-Tool, das jeder nutzen kann.

Die Ausgangssituation:

Die Welt in der wir leben nimmt ständig an Dynamik und Komplexität zu. Im täglichen Leben eines Unternehmens gibt es die unterschiedlichsten Projekte und Aufgaben zu bewältigen.

Um das große Schiff – Unternehmen - verantwortungsvoll und langfristig zu lenken, ist die kontinuierliche Flut an großen und kleinen Problemen zu lösen. Unzählige Einzelheiten sind zu beachten, zu organisieren, zu synchronisieren und auf die entsprechenden Ziele auszurichten.

Die Aufgaben und Herausforderungen eines Kapitäns und seiner Mannschaft sind so vielfältig und komplex, dass es der ständigen Absprache bedarf und die unterschiedlichen Aktionen aufeinander abstimmt werden müssen.

Zusätzlich sind viele Unteraufgaben zu delegieren oder man benötigt für die eigenen Aufgaben bestimmte Informationen oder Zuarbeiten von anderen Personen, u.v.m. Kurz gesagt, sind die Beziehungen und Abhängigkeiten in unserem wirtschaftlichen Agieren heutzutage schier unüberschaubar geworden. Ohne eine genaue Struktur und die gezielte Planung Ihrer Aktionen ist der Erfolg und das wirtschaftliche Überleben täglich stark gefährdet.

Diese Situation finden wir nicht nur bei „großen Kreuzfahrtschiffen", sondern bereits bei kleineren Booten...

...und nicht zuletzt sollte jeder „Einhandsegler", sprich selbstständige Einzelunternehmer, mindestens den Zielhafen, die Zwischenetappen und die möglichen Wege dorthin geplant und durchdacht
haben. Was immerhin den Ansatz einer Struktur darstellt. Aus
unserer mehrjährigen Erfahrung im Beratungsbereich, in Unternehmen verschiedenster Größen und Branchen, wissen wir, dass die
größten Schwierigkeiten eines Unternehmens in der Hauptsache
auf 2 Grundproblemen beruhen.

1. Es gibt keine klare Zielsetzung für einen längeren Zeit-raum.

Stichwort: „Wir sehen eigentlich tagtäglich zu, unseren Umsatz und da-
mit unser Überleben zu sichern...und wer weiß schon was in 2 Jahren am
Markt los ist". *(Anmerkung: Das wiederum führt zu einem viel größeren
Problem. Nämlich zum Spielball der Umwelt, d.h. des Marktes, der Konkur-
renz, der Lieferanten, der Politik, der Geldgeber usw. zu werden. Immer in
Reaktion auf die aktuellen Gegebenheiten...)*

2. Es gibt eine Zielsetzung, diese wird aber nicht durchgängig im Unternehmen gelebt.

Stichwort: „Was die da oben sich ausgedacht haben, hat nichts mit meinem Job hier unten zu tun."

Kurzum: Die große Herausforderung besteht gerade für das Führungsteam
(„den Kapitän und seine Offiziere") heute darin, auf der einen Seite,
die strategische Ausrichtung zu planen und auf der anderen Seite diese Aspekte in den operativen Arbeitsalltag zu übertragen. Damit sollte möglichst jedem Akteur seine Rolle und seine Aufgabe klar sein.
D.h. der kleine Maschinist muss in seinem Maschinenraum ebenso wissen, wohin die Reise geht und warum er gerade jetzt an diesem Hebel
ziehen muss, wie die Unternehmensführung selbst. Denn nur dann arbeiten Ihre Mitarbeiter motiviert und aktiv an den gemeinsamen Aufgaben.

In vielen aktuellen Untersuchungen wird zum wiederholten Male deutlich,
dass der Erfolgsfaktor bei erfolgreichen TOP-Unternehmen der aktive,
mitdenkende und motivierte Mitarbeiter ist.

Der Mensch ist tatsächlich das wichtigste Kapital im Unternehmen.

Doch wie häufig gibt es Mitarbeiter, die den Eindruck vermitteln, sie wissen nicht wirklich worauf es ankommt und was genau zu tun ist? Oder es gibt Personen, die scheinbar nur „Dienst nach Vorschrift" machen! Vielleicht auch in Ihrem Unternehmen?

Dabei ist der Grund nicht immer bei dem Betroffenen selbst zu suchen. Häufig führen ungenügende Prozesse, die unterschiedlichen Perspektiven oder die verantwortliche Führungskraft zu diesen ungewollten Ergebnissen. So kommt es häufig vor, dass verschiedene Aktionen von Mitarbeitern und ganzen Abteilungen sich sogar gegenseitig aufheben können oder zusätzlich negative Auswirkungen aufeinander haben.

Beispiel: Die Technik wiegelt Verbesserungsvorschläge aus Kostengründen ab und der Vertrieb veranstaltet „Kundenstammtische", um die aktuellen Kundenanforderungen zu ermitteln.

Die gesamte Situation wird sogar noch komplexer, wenn Sie sich vergegenwärtigen, dass es unterschiedliche Interessengruppen gibt, die Ihr Unternehmen beeinflussen.

Wer weiß es besser als der Kapitän, mit welchen unterschiedlichen Wünschen und Zielen diverse Gruppierungen und Personen fast täglich zu ihm kommen:

- Die Kapitalgeber wollen eine angemessene Rendite ihres Kapitals,
- das Management strebt nach optimalen internen Prozessen,
- Ihre Mitarbeiter möchten angenehme Arbeitsbedingungen, Spaß am Job und adäquate Entwicklungsmöglichkeiten,
- Ihre Kunden wollen individuelle Problemlösungen, Produkte und Dienstleistungen.

Zusätzlich hat jede einzelne Abteilung Ihres Unternehmens andere Ziele:

- Ihre Entwicklungsabteilung möchte das technisch Machbare entwickeln und
- der Vertrieb möchte möglichst kostengünstig verkaufen, usw., usw.

Ein solches Schiff situationsgerecht zu führen und auf Erfolgskurs zu halten, ist sicherlich für jede Führungskraft die Herausforderung in seiner täglichen Arbeit.

Doch gibt es Hilfe?

Gibt es ein Instrument, das diese vielschichtigen Probleme und Sichtweisen, Ansatzpunkte und Zielsetzungen miteinander verbindet? Das einfach zu handhaben, zu durchschauen ist und für alle Beteiligten motivierend eingesetzt werden kann?

Die Antwort ist ganz eindeutig: <u>**JA**</u>.

Die Entstehung:

Es handelt sich um die sogenannte Balanced Scorecard (BSC).

Die BSC wurde erstmals 1992 im Harvard Business Review erwähnt und ist aus einem Forschungsprojekt, an dem 12 große US Firmen beteiligt waren, entstanden. Sie war ursprünglich für große Konzerne entwickelt worden. Der Ansatz damals enthielt bereits die Erkenntnis, dass Unternehmen hauptsächlich über Finanzkennzahlen geführt wurden, was die eben beschriebenen anderen Interessengruppen völlig außer Acht ließ. Man suchte nach einem, eher ausbalancierten System, das zusätzlich die Lücke zwischen Strategie und operativem Alltagsgeschäft sinnvoll schließt. Die Diskussionen über das Für und Wider dieses Konzepts gibt es bis heute. Dabei sind die Meinungen über Erfolg und Misserfolg bei der Einführung eines solchen Systems äußerst unterschiedlich.

So unterschiedlich und zahlreich, wie es BSC-Projekte gibt.

Denn es gibt nicht <u>die</u> BSC, sondern immer nur die auf das Unternehmen abgestimmte Version. Aus unserer Erfahrung mit diesen Projekten sind dabei die Vorteile der BSC, gerade für kleine und mittelständische Unternehmen, so gravierend, dass wir diese Projekte gerne forcieren und explizit unterstützen. Unserer Erfahrung nach ist der erfolgreiche Einsatz in der Praxis von einer wichtigen Hauptregel abhängig:

Sie lautet: „Achte auf Übersichtlichkeit und Handhabbarkeit!"

Ein Hauptgrund liegt darin, die Motivation jedes einzelnen Mitarbeiters kontinuierlich aufrecht erhalten zu wollen, denn das Arbeiten mit der Balanced Scorecard ist eine Lebensaufgabe. Sie sollte für das gesamte Unternehmensleben fortgeführt werden.

Denn es gilt

1. das System aufzubauen,

2. es regelmäßig zu aktualisieren (Kennzahlenerhebung) und

3. gegebenenfalls anzupassen.

Denn im Laufe der Zeit gibt es Veränderungen innerhalb und außerhalb des Unternehmens, denen man Rechnung tragen sollte. Es ist damit nicht nur ein Kennzahlensystem, wie häufig und fälschlicher weise beschrieben, sondern gleichzeitig eines der umfassendsten **Management-Tools**. Aus unserer Sicht ist es sogar **das Prozess- und Kommunikations-Tool**, um die Transparenz im Unternehmen auf allen Ebenen herzustellen und aufrechtzuerhalten und letztendlich langfristigen Erfolg zu generieren.

Einen weiteren Hauptvorteil möchten wir bereits an dieser Stelle hervorheben:

Die BSC bietet die Möglichkeit, durch entsprechende Auswahl der Kennzahlen, eine **echte Vorausschau** vorzunehmen.

Denn bedenken Sie:

Alle finanztechnischen Kennzahlen, sei es aus Bilanzen und anderen betriebswirtschaftlichen Auswertungen, stellen immer nur Zahlen aus der Vergangenheit dar. D.h. der Kapitän fährt sein Schiff, indem er ständig rückwärts schaut und darauf spekuliert, den vor ihm liegenden Weg des Erfolgs zu finden.

Mithilfe von sogenannten **Frühindikatoren** ist es bei der BSC möglich, frühzeitig auf gewisse Trends und Gefahren aufmerksam zu werden, bevor das berühmte „Kind in den Brunnen gefallen ist".

Denn der Kapitän schaut heutzutage beispielsweise auf das Radar, um zukünftigen Problemen ausweichen zu können. Nur so ist das gefahrlose Navigieren bei sich ständig ändernden Umweltbedingungen möglich. Daher spricht man der BSC auch eine sogenannte **Cockpitfunktion** zu. Wie Sie später sehen werden, haben Sie die Möglichkeit, z.B. über ein Ampelsystem, sehr schnell zu erkennen, an welcher Stelle etwas „aus dem Ruder läuft" und Sie entsprechend reagieren müssen. D.h. Sie haben die

Möglichkeit mit einem Blick auf Ihr Cockpit genau zu wissen:

Wo stehen Sie gerade und funktioniert alles nach Plan oder besteht Handlungsbedarf. Dieses System ist weiterhin sehr flexibel. D.h. die Vorgehensweise und die Kerngedanken lassen sich nicht nur auf ein Unternehmen und wirtschaftliche Zusammenhänge anwenden, sie machen sogar für Einzelpersonen im geschäftlichen, ja sogar im privaten Umfeld Sinn.

Wir haben ausgehend vom beschriebenen System ein Lebensplanungs-Konzept entwickelt, das über die „normalen" Zeitplansysteme weit hinaus geht.

(siehe dazu später im Artikel unter „Nützlich und Brauchbar")

Vorteile auf einen Blick:

- Cockpitfunktion
- Schaut nach vorn und zurück
- Verbindet Strategie mit Alltagsgeschäft
- Schafft Transparenz und Einsicht in das Handeln
- Stellt die Verbindung zwischen allen Aktionen und Projekten und ihrer Interdependenzen her
- Ist auch in der Lebensplanung einsetzbar
- ...

So lassen Sie uns nun das System der Umsetzung einer Balanced Scorecard durchgehen. Doch bevor wir starten, möchte ich Ihnen eine der Grundstrukturen vorstellen, die wir auch in vielen anderen Bereichen tagtäglich einsetzen. Ich persönlich verspreche Ihnen, wenn Sie allein mit dieser einfachen Formel arbeiten, erhöht sich Ihre Produktivität und die Ihrer Projekte und Mitarbeiter auf einen Schlag um ein Vielfaches.

Die Grundstruktur lässt sich in dieser Formel darstellen:

Die Formel heißt: **ZAK.**

ZAK steht für **Z**iele – **A**ktionen – **K**ennzahlen und beschreibt sehr klar, mit welcher Denkstruktur Sie am schnellsten zu den gewünschten Ergebnissen kommen. Bei all Ihren Aktivitäten sollten Sie immer wissen:

1. Was ist das **Ziel** meiner Aktion?

Was will ich erreichen?

Ist Ihnen dies klar, dann lautet die nächste Frage:

2. Auf welchem Wege erreiche ich dieses Ziel?

Was ist machbar? Was ist ökonomisch?

Sie klären damit, mit welcher **Aktion** Sie Ihre Ziele erreichen wollen.

3. **K** steht für **Kennzahlen*** und bedeutet eine möglichst gute Quantifizierung und Messung der Ergebnisse. Nach Möglichkeit mit Frühindikatoren, wie bereits oben beschrieben. So wissen Sie immer: „Sind wir noch auf Kurs und erreichen wir unser Ziel in der gewünschten Zeit?" Kommt man zu dem Schluss, der Kurs ist falsch oder das Schiff fährt zu langsam, so kann man sofort die nötigen Korrekturen vornehmen.

Somit stellen Sie nicht erst am Jahresende fest, dass Ihre Zahlen nicht erreicht wurden, sondern haben auf dem Weg dorthin noch Aktionsmöglichkeiten und Optimierungschancen.

Getreu dem Motto: „If you can´t measure it, you can´t manage it."

oder wie wir sagen:

„Miss es oder vergiss es!"

---

* **Einige Kennzahlen als Tipps oder Anregung im Anhang**

Das Gesamtsystem:

Die Balanced Scorecard im Überblick

Mission
(Leitbild)
Warum gibt es uns?
Warum existieren wir?

Vision
(Fixstern)
Wo wollen wir hin?

Strategie
(Handlungsrahmen)
Wie gehen wir vor?

Balanced Scorecard
Fokussierung und Implementierung
strategische Maßnahmen

individuelle Ziele
(Abteilungen, Einzelpersonen)
Was muss ich/ wir tun?

| Zufriedene Shareholder | Begeisterte Kunden | Effektive Prozesse | Motivierte Mitarbeiter |

In Anlehnung an Kaplan/Norton

Abb.: Das System im Überblick:

Das System der BSC hat einen klaren hierarchischen Aufbau. In der Abbildung erkennen Sie die groben Zusammenhänge. Doch bereits hier wird deutlich:

1. Es darf keine Ebene fehlen.

2. Die Reihenfolge sollte eingehalten werden.

3. Das System muss sowohl abwärts, als auch aufwärts durchlaufen werden, sonst...

...sonst ist der Misserfolg vorprogrammiert.

Bei der Analyse zahlreicher BSC-Projekte waren bereits dies die entscheidenden Gründe für das letztendliche Scheitern.

So lassen Sie uns nun Schritt für Schritt fortschreiten:

SCHRITT 1: Die Zielfindung

Genau wie Sie bei einer Schiffsreise den Zielhafen vorher festlegen, so sollte jedes Unternehmen auf ein Ziel hinarbeiten. Diese Zielfindung stellt die Basis für alles Weitere dar. Dabei ist die Zielfindung, also das Erarbeiten einer Mission/Vision, nicht das abgehobene Träumen von großen Konzernlenkern. NEIN.

Diese Zielfindung und –beschreibung ist auch für den Kleinbetrieb heutzutage notwendig. Denn jeder Handwerksbetrieb bzw. Einzelunternehmer braucht heute eine Richtung, aus der sich im einfachsten Fall seine Positionierung und seine Marktbearbeitung ergeben wird. Die Beschäftigung mit diesen Fragen hat bereits viele vertriebliche und marketingorientierte Vorteile, die wir hier noch gar nicht berücksichtigt haben. (Siehe die weiteren Artikel zum Thema Marketing im Buch!). Doch was meinen wir nun mit Zielfindung?

Die Mission/Vision:

Es geht um die Festlegung der eigenen Mission und der Vision des Unternehmens. Unter der **Mission** oder auch dem Leitbild versteht man das Selbstbild des Unternehmens. Hieraus sollte klar werden:

Warum es uns gibt?

Was sind unsere Stärken?

Was sollten unsere Stärken sein? Welche Stärken möchten wir entwickeln?

Diese Fragen zu beantworten, ist nicht nebenbei zu bewerkstelligen. Sie sind auch nicht gerade alltäglich. Gerade deshalb lohnt es sich, sich dieser Fragen zu stellen und geeignete Antworten zu entwickeln. Denn sie sind das Fundament des gesamten Unternehmens, seiner Akteure und seiner zukünftigen Ausrichtung.

Unter der **Vision** versteht man das Leitziel. Es geht hier darum, ein Bild von der unternehmerischen Zukunft zu malen. Da erfahrungsgemäß diese beiden Aspekte zu Anfang etwas schwer zu fassen sind, genügt für Sie im ersten Schritt vielleicht die Vereinbarung eines Ziels für die nächsten

5-10 Jahre. Diese Vision stellt sozusagen den Fixstern dar, an dem Sie sich ausrichten können.

Die Unternehmensvision sollte kurz und prägnant die Zielsetzung unter Berücksichtigung aller Aspekte des unternehmerischen Tuns zusammenfassen. Sie sollte nicht zu detailliert ausformuliert sein, um zu gewährleisten, dass jede Abteilung oder Interessengruppe in seinem Bereich sich damit identifizieren kann. Sie muss motivieren und die Werte und die grundsätzliche Vorgehensweise darstellen.

Wenn Sie Beispiele suchen, dann reicht häufig die Suche nach Unternehmen im Internet, denn das Leitbild und die Mission sind regelmäßig auf den Firmenvorstellungen zu finden.

Beim Recherchieren und Studieren solcher Visionen/Missionen bekommen Sie sehr schnell ein Gefühl dafür, dass ein Unternehmen mehr ist, als die Summe seiner Mitarbeiter, seiner Produkte und Dienstleistungen oder das Werk seines Unternehmensführers.

Das Unternehmen wird zu einem lebenden Objekt, das Verantwortungen hat, das das Bestreben zum Wachstum hat, das seine Rolle im Gesamtsystem Wirtschaft, vielleicht sogar in der Welt hat.

Ist diese Vision klar, lassen sich für die unterschiedlichen Unternehmensebenen und Bereiche später dann genaue Quantifizierungen vornehmen.

SCHRITT 2: Der Handlungsrahmen

Nachdem die Zielsetzung klar ist, ist es an der Zeit, über die grundsätzlichen Wege dorthin nachzudenken.

Hier entwickeln wir den strategischen Handlungsrahmen, um unsere Ziele zu erreichen.

Worauf richten wir unsere Strategien aus?

Mit welchen Strategien können wir diese Ziele realisieren?

Das sind die grundlegenden Fragen aus diesem Bereich.

Um diese Vielfalt an Möglichkeiten zu klassifizieren und auch die späteren Aktionen zu kanalisieren, benötigen wir eine gewisse Struktur.

Die Begründer der BSC, Kaplan und Norton, schlagen dafür 4 unterschiedliche, sogenannte Perspektiven vor. Da solche Strukturen im Wesentlichen dazu dienen, unser Denken zu organisieren und es im Unternehmen zu kommunizieren, ist es dem Unternehmen selbst überlassen, die geeignete Struktur zu wählen. Wie vorher bereits erwähnt ist jede BSC individuell, so dass Sie an dieser Stelle Ihre eigenen Perspektiven erstellen können. Die Vorgaben von Kaplan und Norton erscheinen in vielen unserer Projekte allerdings als ausreichend und werden nur teilweise um weitere Perspektiven erweitert.

Die Perspektiven sind:

Die **Finanzperspektive**:

Wie sollen wir gegenüber den Shareholdern auftreten, um finanziellen Erfolg zu haben?

Die **Kundenperspektive**:

Wie sollen wir gegenüber unseren Kunden auftreten und unsere Vision realisieren?

Die **Perspektive der inneren Prozesse:**

Welche Prozesse dienen dem Ziel der Kundenbedürfnisse am besten und wie lassen sie sich optimieren?

Und **die Mitarbeiterperspektive,** sie wird auch häufig als die Perspektive des „Lernens und der Entwicklung" bezeichnet:

Wie können wir unsere Potenziale fördern und entwickeln, um unsere Vision zu erreichen?

Die Perspektiven:

Abb.: Fragen und Zusammenhänge aus Sicht der Perspektiven

Eine weitere mögliche Strukturierung könnte sich auf unterschiedliche Sichtweisen auf ein Unternehmen beziehen.

Ein Beispiel:

Eher menschenorientiert

Eher prozessorientiert

Eher interne Sicht

Eher externe Sicht

154

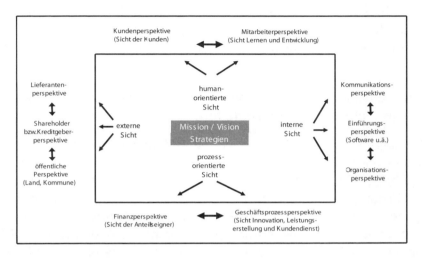

Quelle: in Anlehnung an Friedag / Schmidt

Abb.: Mögliche Perspektiven der BSC

Aus der Kombination der gewählten Perspektiven und den dazu gehörigen strategischen Wegen zu den Zielen entwickeln wir nun den Handlungsrahmen, in dem sich das Unternehmen zukünftig bewegen sollte.

SCHRITT 3: Aktionen und Kennzahlen

Nachdem also der äußere Rahmen abgesteckt wurde, geht es jetzt darum, geeignete Aktionen zu finden, um die geplanten Ziele zu erreichen. Dies geht am besten im Rahmen von Brainstorming-Sitzungen mit einem relevanten Personenkreis. Bereits an dieser Stelle möchte ich darauf hinweisen, wie wichtig die Einbeziehung der Mitarbeiter in diesen Prozess ist. „Betroffene zu Beteiligten machen" ist das Stichwort. Wenn diese Mitarbeiter an der Suche und der Auswahl der geeigneten Aktionen teilhaben, ist die spätere Realisierung aufgrund der gesteigerten Motivation wesentlich leichter.

Als Ergebnis einer solchen Sitzung sollten Sie nun über eine Vielzahl von möglichen Aktionen verfügen, die es im nächsten Schritt zu selektieren gilt. Nun geht es darum, dass optimale „Aktionspaket" zu finden. Denn es stellt sich häufig heraus, dass bestimmte Aktionen für verschiedene Ziele bzw. Strategien mehrfach geeignet sind, andere Aktionen wiederum ausschließlich nur <u>einem</u> Ziel dienen.

Anmerkung: Wählen Sie all diejenigen Aktionen aus, die die meisten Ziele zu realisieren helfen.

Unter Einsatz der Aktiv-/Passivmatrix ist es sehr schnell möglich, die sog. „Saldenkönige" zu finden und diese als geeignet zu klassifizieren. Zur Messung von Fortschritt und Richtung der einzelnen Aktionen ist nun die Auswahl der geeigneten Kennzahlen nötig. Dabei ist darauf zu achten, auf der einen Seite die Auswahl von Früh- und Spätindikatoren zu fördern und auf der anderen Seite, die Anzahl der zu erhebenden Kennzahlen auf ein Optimum zu führen. Denn bedenken Sie: Diese Kennzahlen müssen regelmäßig erhoben und zusammengeführt werden, um eine adäquate Beurteilung der aktuellen Situation zu sichern. Im Anschluss daran werden diese Aktionen in sinnvolle Projekte eingebunden und anschließend budgetiert.

SCHRITT 4: Verzahnung der Projekte und die Umsetzung

Sind die Aktionen und gebündelte Projekte geklärt, ist der Verantwortliche des jeweiligen Projekts zu bestimmen. Nochmals wird an dieser Stelle deutlich, dass es sich bei der BSC um ein lebendiges System handeln soll. Denn der gesteckte Handlungsrahmen, die Aktionen, die Kennzahlen sind und bleiben **TOTE MATERIE**, wenn die eingebundenen Mitarbeiter in der Projektleitung und in der operativen Ausführung dieses Skelett nicht mit Leben, mit Kreativität und mit Engagement füllen.

Im Anhang finden Sie einige Beispiele von Kennzahlen, die sowohl als Früh- oder Spätindikatoren ausgelegt sein können. Machen Sie sich einen Eindruck davon und nutzen Sie die Beispiele als Anregung, die für Sie passenden Kennzahlen zu finden.

Im Folgenden möchten wir Ihnen einige Beispiele darstellen, die den Zusammenhang zwischen Perspektive, Strategie, Aktion und Kennzahl verdeutlichen:

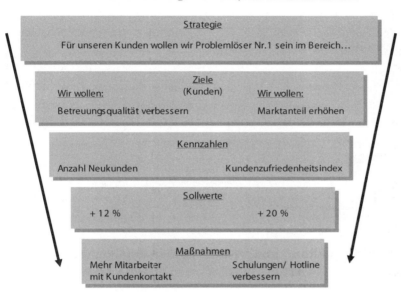

Abb.: Beispiel von der Strategie zum operativen Geschäft

Im folgenden Schaubild zeigen wir nochmals den Gesamtzusammenhang aller Perspektiven und der dazu gehörigen Aktionen an einem fiktiven Beispiel.

In diesem Schaubild wird ganz deutlich, welche Auswirkungen und Zusammenhänge es zwischen den einzelnen Aktionen und den Perspektiven gibt und das auf einen Blick:

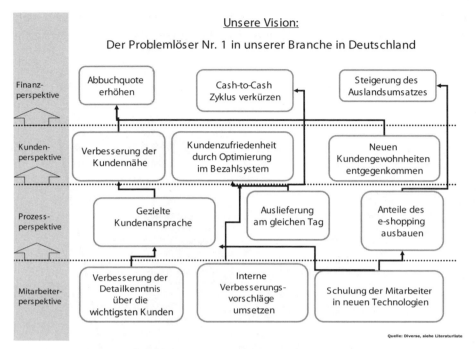

Quelle: Diverse, siehe Literaturliste

Abb.: Abhängigkeiten und Wirkungszusammenhänge an einem Beispiel

Wie bereits erwähnt dient die BSC auch dem Zwecke der Unternehmens-kommunikation. Mithilfe solcher einfachen Schaubilder kann man sehr schnell jedem Mitarbeiter klarmachen, wieso und weshalb bestimmte Aktionen und Strategien geplant und durchgeführt werden. Darüber hinaus wird hier auch klar, welchen Einfluss die eigene Aktivität auf ganz andere Bereiche, Zielsetzungen und Abteilungen hat.

Beispiel:

Jetzt wird deutlich, warum ich eine Weiterbildung im Bereich Telefontraining besuchen soll und was das mit dem Thema „verbesserte Finanzlage" zu tun hat. Mithilfe der BSC kann man jedem Maschinisten ganz eindeutig klarmachen, was er bewirkt, wenn er „seine Hebel" bedient. Dies ist einer der Hauptvorteile aus unserer Sicht:

Mit einem solchen Gesamtplan des Unternehmens wird klar, welches „Rädchen" an welcher Stelle, welche Wirkung und Auswir-

158

kung hat. Das steigert Motivation und auch das Verlangen, aktiv an der Gestaltung der unternehmerischen Zukunft mitzuwirken. Damit wird der nächste Schritt, nämlich die Umsetzung, erheblich erleichtert. Jetzt heißt es, die Aktionen durchzuführen und die Kennzahlen zu erheben. Nun wird auch die Bedeutung des dritten Teils im Namen „Balanced Scorecard" deutlich. Er kommt daher, dass man auf einer Karte die einzelnen Aktionen erhebt und so sofort sieht, worauf es ankommt.

Die Balanced Scorecard

FINANZPERSPEKTIVE				
	Strat. Ziele	Kennzahl	Soll/Ist-Werte	Maß-nahmen
„Welche finanziellen Ziele wollen wir erreichen?"				

KUNDENPERSPEKTIVE				
	Strat. Ziele	Kennzahl	Soll/Ist-Werte	Maß-nahmen
„Wie sollten uns die Kunden sehen?"				

Vision

PROZESSPERSPEKTIVE				
	Strat. Ziele	Kennzahl	Soll/Ist-Werte	Maß-nahmen
„Welche Prozessen müssen wir optimieren?"				

MITARBEITERPERSPEKTIVE				
	Strat. Ziele	Kennzahl	Soll/Ist-Werte	Maß-nahmen
„Welche Entwicklungs-ziele müssen wir erreichen?"				

in Anlehnung an: Friedag/Schmidt

Abb.: Die Balanced Scorecard

Ein weiterer Aspekt:

„Das Cockpit":

Als Letztes möchten wir Ihnen noch erläutern, warum man der BSC auch die sogenannte Cockpitfunktion zuspricht: Die Erhebung der Kennzahlen, die einen kontinuierlichen Prozess darstellt, kann mittels Software und Ampelsystem sehr schön visualisiert und gesteuert bzw. beobachtet werden. Definieren Sie für jede Kennzahl einen Toleranzwert und damit den Wert bei dem die „Ampel" auf gelb und später auf rot springt. Eine solche Software können Sie kaufen oder mithilfe von Excel-Anwendungen ist ein solches System auch schnell selbst erstellt.

Sprechen Sie mit Ihrem Berater darüber. Dieser sollte in der Lage sein, Sie darin zu unterstützen und ein solches System zu installieren

Mitarbeiterperspektive mit Ampel

	Plan	Ist	
Befähigung	250	130	
Kompetenzerreichungsgrad			

	Plan	Ist	
MA-Zufriedenheit	120	145	
Fluktuationsrate der 25% wichtigsten Mitarbeiter			

	Plan	Ist	
Qualität	170	195	
Krankenstand			

	Plan	Ist	
Produktivität	160	155	
Wertschöpfung pro Personalkosten			

Quelle: Friedag / Schmidt

Abb.: Das Ampelsystem

Nützlich und brauchbar:

Die Komplexität des Wirtschaftslebens und die damit verbundenen Herausforderungen für jedes Unternehmen und jeden Einzelnen macht es erforderlich, mit angemessenen Werkzeugen hantieren zu können. Konnte man früher mit wenigen Messinstrumenten arbeiten, so ist heute selbst auf „kleinen Schiffen" ein komplexes System im Cockpit installiert. In der Wirtschaft glauben leider, gerade im kleinen bis mittelständischen Bereich, immer noch sehr viele Führungskräfte, mit den Mitteln aus der Vergangenheit die aktuellen Probleme lösen zu können. Das ist mit <u>ein</u> Grund für die erschreckend hohe Anzahl an gescheiterten Projekten und Insolvenzen in unserem Wirtschaftsraum. Dabei wissen wir alle, welche gute Unterstützung uns moderne Hilfsmittel bieten können, wenn wir sie zu beherrschen wissen.

Die Weiterentwicklung:

Aufgrund der vielen Vorteile und der Flexibilität des Systems haben wir bei der Eusera Unternehmensberatung die Balanced Scorecard vom Kerngedanken auch in ein neues Lebensplanungs-Konzept übernommen. Dabei setzen wir dieselben Ebenen, wie oben beschrieben, in den Prozess zur Planung mit ein. Auch bei der Einzelbetrachtung stellt sich als Erstes die Frage:

Warum bin ich auf der Welt? Wer bin ich? Welche Identität habe ich? Was sind meine Ziele? Was will ich im Leben erreichen?... Aus den geschilderten Perspektiven werden die unterschiedlichen Lebensbereiche betrachtet: **Beruf, Familie, Gesundheit, Hobbys, ...** Daraus leiten wir die verschiedenen Zielsetzungen ab und entscheiden uns für entsprechende Strategien, mit denen wir diese Ziele erreichen wollen. Dann legen wir die Kennzahlen fest, mit denen wir den Fortschritt und die Richtung auf dem Wege messen können und...

...und schreiten zur Tat. Mit dem eigens entwickelten Zeitmanagement- und Dokumentationssystem kann jeder Mensch in all seinen Lebensbereichen zielorientiert und kontinuierlich an der Erreichung seiner Wünsche und Träume aktiv arbeiten. Auf dem Wege können immer wieder Anpassungen oder Optimierungen vorgenommen werden, sodass nie die Gefahr besteht, sich zu verzetteln. Mit diesem System haben wir im Einzelcoaching sehr gute Erfahrungen gesammelt.

Ein weiterer positiver Effekt ergibt sich dadurch, dass das System der „Business- BSC" und das private „Life-Design-System" sich nahtlos miteinander verbinden lassen. So kann man mit Recht von einem durchgängigen System von der Mission der Konzernspitze bis zur Zielerreichung und Lebensplanung jedes einzelnen Mitarbeiters sprechen.

Das Ziel der Darstellung innerhalb dieses Buchs ist es, einen Eindruck von dem Modell der Balanced Scorecard und seinen Möglichkeiten zu skizzieren. Dieser Beitrag soll ein erstes Annähern an das Gesamtkonzept darstellen. Doch die hohe Flexibilität und der solide Kerngedanke dieses Systems, sind so Erfolg versprechend, dass es für jede Führungskraft eine echte Bereicherung darstellen wird. Denn nicht die Hindernisse sollten unser Handeln bestimmen, sondern die Möglichkeiten.

In eigener Sache:

Sehr verehrter Leser,

vielleicht haben Sie nach diesem Ausflug in die Welt dieses Management-Tools auch den Eindruck, es wäre sehr komplex, kompliziert und für Sie nicht einsetzbar. Dann geht es Ihnen so wie vielen unserer Klienten, die zum ersten Mal Kontakt mit diesem Instrument hatten. Natürlich ist es letztlich Ihre Entscheidung. Bitte lassen Sie mich klarstellen:

„Nicht weil etwas schwierig ist, tun wir es nicht, sondern weil wir es nicht tun, ist es schwierig."

Sicherlich kann im Rahmen dieser Ausführungen nicht alles erläutert werden, doch eine kurze persönliche Präsentation oder das gezielte Erfragen einzelner Punkte bei den entsprechenden Beratern, erleichtert Ihnen den Einstieg. Wenn Sie das System so begeistert, wie es uns immer wieder begeistert, könnte dieser Managementansatz Ihr Leben bereichern, Ihr Unternehmen fördern und Ihren Erfolg erheblich steigern. Wir laden Sie ein, auf Ihrem Schiff wieder das Ruder zu übernehmen und sicher und aktiv erfolgreich Ihren Zielhafen zu erreichen.

Viel Erfolg wünscht Ihnen

Hans-Gerd Mazur und das Team der Eusera GmbH

Beispiele für Kennzahlen:

MITARBEITERPERSPEKTIVE:

Mitarbeitermotivation

Teilnahmequote am Betriebssport

Teilnehmer an firmeninternen Schulungen

Teilnehmer an Kundenworkshops

Überstundenquote bei Arbeitsstunden

Verbesserungsvorschläge

Anteil Mitarbeiter, die sich an Gestaltungen (z.B. Büros) beteiligen

Anteil der an Betriebsfesten teilnehmenden Mitarbeiter

Teilnahmebereitschaft am innerbetrieblichen Erfahrungsaustausch

Rückgang der durch eigene Mitarbeiter verursachten Reklamationen

Anzahl der prämierten Verbesserungsvorschläge je Mitarbeiter

Anzahl der umgesetzten Verbesserungsvorschläge je Mitarbeiter

Einhaltung vereinbarter Termine

Zielerreichungsquote

Führungskraftpräsenzquote

Teilnahmequote an gemeinsamen Betriebsausflügen

Anteil regelmäßiger Teambesprechungen

Mitarbeitergespräche

Mitarbeiterevents

Teilnahmequote am Mitarbeitertag der offenen Tür

FINANZPERSPEKTIVE:

Aufwandsrentabilität (Ertrag/Aufwand) nach Niederlassung und Kundengruppen

Kosten je Mitarbeiter

Erlöse aus Patenten

ROI nach Kostenträgergruppen

Gewichtete Zwischenfinanzierungstage

DB je Berater aus Projekten

Anteil Betriebskosten am Umsatz

Einkaufspotenzial

Einrichtung Profitcenter

KUNDENPERSPEKTIVE:

Neukundengewinnung

Neukundenterminquote je Mitarbeiter (bezogen auf Nichtkunden)

Umsatzanteil Neukunden

Neukundenquote je Seminar

Kundentreue

Anteil sehr zufriedener Kunden

Beschwerdemanagement

Haltbarkeit eines Kunden

Weiterempfehlungsquote

Kundenzufriedenheit

Kundenzufriedenheit

PROZESSPERSPEKTIVE:

Fehlerfreiheit in der Null-Serie

Variationen im Produktumfeld

Anteil der Kundenbesuche außerhalb des Zielgebiets

Einsätze von Mitarbeitern am POS

Lieferfähigkeit

Ø Lagerbestand

Ø Leergutbestand

Ø Verweildauer der Kunden auf dem Hof

Zeitliche Verteilung der Abholungen über den Tag

Anzahl Reklamationsgründe

Anteil der erfolgreich abgeschlossenen Projekte

Verhältnis der aufgedeckten Einsparpotenziale zu Gesamtkosten

Anteil der manuellen Nachbearbeitungszeit

Anteil der „Langsamdreher" am Gesamtlagerbestand

Anteil der Preissenkungsverhandlungen

Anteil der erfolgreichen Verhandlungen

Bemusterungsquote

Nachfassquote

Reaktionsgeschwindigkeit

Realisierte Veränderungen nach Einführung eines Reklamations-
management

Selektiv aus My Balanced Scorecard, Friedag/Schmidt, Haufe Verlag

ÄRMEL HOCHKRÄMPELN

Es ist kaum zu fassen, nachdem Horst und natürlich auch Petra dieses Kapitel gelesen haben, veranstalten sie ein gemeinsames Abendessen mit der neuen Sippe von Pinguinen und den Leuten vom Schiff. Die sind sehr nett, kennen sich mit Fischen und anderen Meeresbewohnern gut aus. Sie setzen sich ein für die Ziele, die sie für die Menschen überlebenswichtig finden. Die Pinguine kommen ins Stutzen und Nachdenken, wie authentisch und ehrlich die Leute von dieser Umweltorganisation sind, wenn es darum geht, die eigenen Ziele zu erarbeiten, aber auch darauf zu achten, dass sie eingehalten werden. Sie haben für die Hauptvorgänge Kennzahlen, anhand derer sie ihre Projekte überprüfen. Bei diesem gemeinsamen Abendessen kommt dementsprechend auch genau hierzu die Unterstützung für Horst und die Pinguine.

Mithilfe dieser Menschen erarbeiten sich die Pinguine ein Konzept, mit dem sie einen Lebensraum finden können, der zukunftsfähig ist. Denn die Zeiten, in denen sie glaubten außerhalb des Südpols ein zweites Paradies zu finden, sind vorbei. Das erfahren die Pinguine aber auch erst an diesem Abend, an dem quasi klar wird, dass es solche Plätze, wie sie sich wünschen, nicht mehr auf der Erde gibt. „Klar", denkt Petra, „nun müssen wir Pinguine uns umstellen. Da sind wir ja nicht die erste Tierrasse, die das schafft."

„Um eine Lösung zu finden, braucht ihr ein klares Ziel. Es reicht nicht nur, weg zu wollen, ihr müsst auch wissen, wohin!"

„Da hat er Recht", denkt Horst, und auch die anderen Pinguine nicken. „So richtig haben wir noch keinen Plan."

Am Ende des Abends aber gibt es ein neues Motto und fast schon einen neuen Plan. Sie wollen sich in einem Zoo in Europa niederlassen. Das ist dann quasi eine Win-Win-Situation. Die Menschen vom Zoo haben dadurch einen Vorteil, dass die Pinguine bei ihnen leben, und die Pinguine haben durch den Zoo einen geschützten Lebensraum.

„Ach Horst, das ist dann wohl etwas ganz anderes, als das, was wir zwei uns für unsere Kinder vorgestellt haben. So eingesperrt im Zoo, da können die - und vor allem wir – kaum tauchen, da gibt es doch dann keine glitzernden Heringsschwärme mehr. Und auch keine stundenlangen Jagdausflüge auf denen man keinen anderen Pinguin trifft."

Sie guckt ihn nachdenklich an. „Nee, das stimmt", sagt Horst, „aber wir haben Ruhe und wir haben Besuch. Sicher werden wir viel mit den Menschenkindern zu tun haben. Und das sind ja auch Kinder, die spielen bestimmt ebenso so gerne wie unsere Kinder."

Da Horst die letzten Tage gute Erfahrungen mit seinem „neuen" Logbuch gemacht hat, nutzt er es jetzt auch. Die Frage ist nämlich: Wie kann das Ganze konkret werden?

6. Key Account Management für KMU

Wie Sie mit Key Account Management Umsatz und Gewinn steigern

Sonja D'Angelo, Business- und Managementcoachin für kundenindividuelle Problemlösungen und messbaren Vertriebserfolg, zeigt in ihrem Beitrag, wie Sie ein Umsatz steigerndes Management für Ihre Schlüsselkunden aufbauen.

Wenn wir uns heute in den verschiedenen Unternehmen umschauen und die Bezeichnungen der einzelnen Abteilungen genauer unter die Lupe nehmen, sind wir oft verwundert, was hinter dem Namen steckt. Und das gilt auch für die eine oder andere Berufsbezeichnung.

Sie wollen Beispiele? Früher war es der Hausmeister – heute heißt es Facility Manager. Die Putzfrau wird nun Reinigungskraft genannt und der Verkäufer betitelt sich gerne als Key Account Manager.

Ist das alter Wein in neuen Schläuchen? Haben sich nur die Bezeichnungen geändert – oder auch die Aufgaben, die von diesen Menschen betreut werden?

Lassen Sie uns gemeinsam hinter die Kulissen schauen, um festzustellen, ob hinter der Bezeichnung „Key Account Management" eine Rennjacht steckt oder doch nur das alte Ruderboot von vor 50 Jahren zum Vorschein kommt.

Und falls wir die Rennjacht finden: Wo liegt der Nutzen für Sie als KMU, also für Sie als Kleines oder Mittleres Unternehmen? Wie können Sie das Key Account Management in Ihrem Unternehmen einsetzen? Was müssen Sie tun, damit Sie so mehr Umsatz generieren?

Key Account Management: Der Erfolg des Schlüsselkunden

Der in den 70er Jahren entstandene Begriff „Key Account Management" stellt einen Teilbereich des Kundenmarketings dar. Der so genannte Key Account – der Schlüsselkunde – wird von speziellen Managern betreut.

Im Unterschied zum klassischen Vertrieb baut man im Key Account Management mit dem Schlüsselkunden eine langfristige Beziehung auf.

Es geht nicht um kurzfristige Verkaufsabschlüsse, es geht nicht um die Konzentration auf die eigenen Produkte. Vorrangiges Ziel ist der Erfolg des Schlüsselkunden.

Und darum richten Sie Ihre Vertriebsstruktur und Ihre Vertriebsprozesse auf diese wenigen Schlüsselkunden aus. Für diese Kunden arbeiten Sie komplexe Lösungen aus, und zwar nicht nur für die Einkaufsabteilung des Kunden. Nein – Sie halten den Kontakt zu den unterschiedlichsten Abteilungen des Kundenunternehmens, weil die Lösungen, die Sie bieten, Ihr Kundenunternehmen insgesamt weiterentwickeln sollen.

Den Schlüsselkunden Nutzen bieten

Bevor Sie mit der Analyse der Schlüsselkunden beginnen, sollten Sie sich einige grundlegende Fragen stellen:

- Was möchten Sie als KMU mit dem Key Account Management erreichen?

- Welchen Nutzen sollen Ihre Schlüsselkunden von Ihrem Key Account Management haben?

- Was ist der Nutzen der Einführung von Key Account Management für das eigene Unternehmen?

- Wie sehen das Budget und der Zeitplan für die Einführung des Key Account Managements aus?

- Soll das Key Account Management nur für bestimmte Produktbereiche oder produktübergreifend eingeführt werden?

- Soll das Key Account Management regional, national oder international ausgerichtet sein?

- Gibt es bei Ihren Kunden die Bereitschaft, weitere Produktkategorien von Ihnen zu beziehen (Cross-Selling)?

Tauschen Sie sich bei der Beantwortung dieser Fragen mit den Verkaufsverantwortlichen in Ihrem Unternehmen aus. Der Grund: Diese kennen das eigene Unternehmen, die Mitarbeiter, den Markt und den Kunden bestens. Vielleicht führen Sie auch ein Brainstorming dazu durch.

Sobald Sie sich Klarheit über die Ziele, den Nutzen und die Ausrichtung Ihres Key Account Managements verschafft haben, können Sie gemeinsam mit der Unternehmensführung einen Zielplan für die Umsetzung entwickeln.

Doch halt! Zuvor müssen Sie noch einige Zwischenetappen zurücklegen.

Die Schlüsselkunden identifizieren

Kommen wir nun zur wahrscheinlich schwierigsten, aber auch wichtigsten Aufgabe, die wir beim Key Account Management zu lösen haben: die Identifikation der Schlüsselkunden.

Kunden mit dem größten Entwicklungspotenzial aus der Kundendatenbank herauszufiltern, ist gar nicht so einfach. Bedenken Sie auch: Wenn Sie Ihren Key Accounts mehr Zeit und Ressourcen widmen wollen, müssen Sie an anderer Stelle und bei anderen Kunden Ressourcen einsparen oder umverteilen.

Der Blick in die (Umsatz-) Vergangenheit: das Pareto-Prinzip

Bei der Auswahl und Klassifizierung der Schlüsselkunden hilft uns eine Regel weiter, die von Vilfredo Pareto aufgestellt wurde. Diese sagt aus, dass in den meisten Unternehmen mit 20 Prozent der Kunden 80 Prozent des Umsatzes bzw. der Deckungsbeiträge erwirtschaftet werden. Diese Regel dient natürlich nur als Veranschaulichung und weicht in der Praxis sicher in die eine oder andere Richtung ab. Und so stellt sich die Frage: Ist uns, abgeleitet von der Pareto-Regel, wirklich bewusst, dass wir mit einer Handvoll Kunden 60 Prozent unseres Umsatzes generieren?

Und andererseits: Sind wir uns auch über das Risiko bewusst, das mit solch einer Umsatz-Abhängigkeit einhergeht? Diese Kunden sind leider nicht für immer und ewig an uns gebunden, und es gibt genügend Mitbewerber am Markt, die genau diese umsatzträchtigen Kunden ebenfalls im Visier haben. Was müssen wir tun, damit diese Kunden auch in Zukunft bei uns kaufen?

Es stellt sich zudem die Frage, ob diese Kunden auch in Zukunft unsere umsatzstärksten Kunden bleiben. Vielleicht entwickelt sich ja ein kleiner Kunde in Zukunft zu einem Key Account.

Der Blick in die (Umsatz-) Zukunft: die Portfolio-Methode

Um einen Schlüsselkunden zu bestimmen, brauchen wir weit mehr als nur die Vorjahres-Umsatz- und Deckungsbeitragszahlen der einzelnen Kunden. In einem ersten Schritt können wir damit zwar eindeutig unsere Hauptumsatzkunden identifizieren. Aber der Blick sollte bei der Auswahl von Schlüsselkunden nicht nur auf die Vergangenheit gerichtet sein. Wichtig für unsere Planung ist vielmehr der Blick in die Zukunft.

Beim Blick in die Zukunft müssen die Verkaufsverantwortlichen mögliche Zielumsätze schätzen. Diese Hochrechnungen beruhen oft auf den Zahlen, die in der Vergangenheit erhoben wurden. Leider wird in diesen Rechnungen der Faktor Mensch, also die Beziehung zum Kunden, zu selten berücksichtigt.

In großen Unternehmen wird die Kundenkategorisierung häufig mit einer Portfolio-Methode durchgeführt, die der Produktportfolio-Methodik gleicht. Man orientiert sich dabei an der Attraktivität des Kunden und an der Positionierung des eigenen Unternehmens beim Kunden.

Bestimmte Kriterien werden für die zwei Dimensionen definiert. Diese Kriterien werden in Bezug auf deren Wichtigkeit für die Kategorisierung bewertet. Um eine Bewertung zu erhalten, muss bezüglich der einzelnen Kriterien analysiert werden, wie hoch ihr Erfüllungsgrad auf einer Skala von 0-10 ist. Dann wird dieser Erfüllungsgrad in Relation zu der gesamten Bedeutung für die Kategorisierung eingestuft.

Beispiel für Kundenkategorisierung

Attraktivität des Kunden

Kriterien	Erfüllung	Gewicht	Bewertung
Wachstumspotenzial der Kundenmärkte	8	20%	1.60
DB-Entwicklungspotenzial	9	35%	3.15
Wachstumspotenzial des Kunden	8	10%	0.80
Umsatzpotenzial	9	35%	3.15
		Ergebnis	8.70

KMU-Position beim Kunden

Kriterien	Erfüllung	Gewicht	Bewertung
DB Vorjahre	9	30%	2.70
Beziehung zu Kaufentscheidern	8	25%	2.00
Alleinstellungsmerkmal beim Kunden	7	15%	1.05
Umsatzanteil beim Kunden	9	30%	2.70
		Ergebnis	8.45

Bei diesem Beispiel würden Sie diesen Kunden in der folgenden Portfolio-Tabelle im Bereich Key Account positionieren:

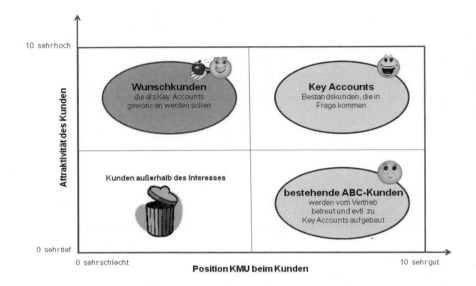

Diese Methode ist sehr anspruchsvoll und bedeutet sehr viel Aufwand. Außerdem müssen Sie dazu Ihre Kunden sehr gut kennen und brauchen genaue Daten für die Kriterien, etwa zu den erzielten Geschäftsergebnissen des Kunden und den Wachstumschancen auf den belieferten Kundenmärkten.

Es gibt noch einige andere theoretische Ansätze, um die Schlüsselkunden zu identifizieren. Sie sind aber sehr aufwändig und somit auch kostenintensiv. Für ein KMU kommt daher wohl am ehesten eine pragmatische Lösung in Frage.

Die pragmatische Vorgehensweise

Zunächst definieren Sie Kundengruppen, etwa Großhändler, große Einzelkunden oder Einkaufsketten. Dann legen Sie fest, für welche dieser Kundengruppen Sie das Key Account Management einführen wollen.

Dann ordnen Sie Ihre Kunden den einzelnen Kundengruppen direkt zu. Dieser erste Filter hilft Ihnen überdies, einige Kunden auszuschließen.

Nun legen Sie bestimmte Kriterien fest, die ein Kunde erfüllen muss, um in die Kategorie „Schlüsselkunde" eingestuft zu werden. Wichtig dabei ist nicht nur, dass ein Kunde alle Kriterien so gut wie möglich erfüllt, sondern dass er in den Kriterien auch Entwicklungspotenzial aufweist. Mögliche Kriterien sind:

- Umsatz der letzten drei Geschäftsjahre (in Jahresumsatz pro Jahr)
- Deckungsbeitrag der letzten drei Geschäftsjahre (in Deckungsbeitrag pro Jahr)
- Zielumsatz für das nächste Geschäftsjahr
- Zieldeckungsbeitrag für das nächste Geschäftsjahr
- Schlüsselreferenzen und/oder Imageträger
- Listung als Topkunde bei Mitbewerbern
- Kunde ist national oder international aufgestellt
- Multiplikatorkunde, etwa Einkaufsverband
- Attraktivität der vom Kunden belieferten Märkte (etwa auf einem Wachstumsmarkt)
- Wachstumschancen des Kunden in seinem Markt
- Beziehungsqualität zu kaufentscheidenden Personen beim Kunden

Das Key Account Management im Unternehmen einführen

Die Ziele für das Key Account Management sind definiert, die Schlüsselkunden identifiziert. Jetzt geht es an die Organisation im Unternehmen, also an die Positionierung der neuen Einheit.

Institutionelles oder funktionelles Key Account Management

Klären Sie ab, ob das Unternehmen ein institutionelles oder ein funktionelles Key Account Management einführen möchte:

- Bei dem funktionellen Key Account Management übertragen Sie die entsprechenden Aufgaben einem Mitarbeiter in einer bestehenden Funktion, etwa dem Vertriebsleiter.
- Beim institutionellen Key Account Management hingegen ist ein Key Account Manager für die Aufgaben zuständig.

Beide Lösungen haben ihre Vor- und Nachteile. Darum müssen bei der Entscheidung, welche Organisationsform gewählt wird, wiederum verschiedene Kriterien Berücksichtigung finden:

- das Unternehmen betreffend

    o der Schlüsselkunde wünscht die „Chef-Betreuung"
    o vorhandenes Budget
    o verschiedene Produktkategorien sind durch verschiedene Produktabteilungen vertreten

- den Schlüsselkunden betreffend

    o Anzahl der Schlüsselkunden
    o nationale oder internationale Schlüsselkunden
    o Cross-Selling beim Kunden erwünscht oder nicht

Diese Kriterien spielen auch bei der Frage eine Rolle, wie viele Key Account Manager Sie einsetzen wollen. Entscheidet sich Ihr Unternehmen für das funktionelle Modell mit einem Key Account Manager in Personalunion, ist unbedingt auf die Hierarchie zu achten: Der Kunde sollte von einem Key Account Manager betreut werden, der sich mit ihm „auf Augenhöhe" befindet. Bereits durch die Position des Key Account Managers signalisieren Sie dem Kunden, welchen Stellenwert er nun für Ihre Unternehmen und Sie hat.

Mit dieser Maßnahme entwickeln Sie auf Seiten des Kunden das Gefühl: „Du bist unser wichtigster Kunde!"

Nun liegt es am Key Account Manager, die Beziehung zum Kunden auf- und auszubauen. Er ist in erster Linie die Kontakt- und Ansprechperson für den Key Account und sorgt dafür, dass optimale Lösungen für den Kunden entwickelt werden können.

Der Key Account Manager und sein Team

Ganz wichtig dabei ist die Unterstützung durch das KMU-Team bzw. die Einbeziehung des KMU-Teams durch den Key Account Manager. Der Kunde muss wissen, dass der Key Account Manager der verlängerte Arm eines Teams ist, das ihn zum Erfolg führen will.

Bei der Auswahl des Key Account Teams ist darauf zu achten, dass diejenigen Mitarbeiter, die bisher direkten Kundenkontakt hatten und den Kunden kennen, ins Team eingebunden werden.

Falls sich bei der Zusammenarbeit mit dem Key Account herausstellt, dass Wissen aus anderen Abteilungen benötigt wird, kann dazu ein entsprechendes Projekt aufgesetzt werden. Die Personen aus den anderen Abteilungen können sich dann entsprechend der Projektlänge beteiligen und einbringen.

Der Key Account Manager und seine Kompetenzen

Eine weitere Herausforderung besteht in der Bestimmung oder Verpflichtung des Key Account Managers. Ob wir nun vom institutionellen oder vom funktionellen Key Account Management sprechen: Der Key Account Manager muss über ganz bestimmte Kompetenzen verfügen.

Die Fachkompetenz ist eine grundsätzliche Voraussetzung. Zudem sollte er über Basiskompetenzen verfügen – dazu gehören etwa Reisebereitschaft, der professionelle Umgang mit den gängigsten Betriebssystemen, Kommunikationsfähigkeit und Verhandlungsgeschick.

Noch wichtiger sind allerdings seine Sozialkompetenzen, um die eigenen Mitarbeiter zu motivieren und zu begeistern und um zum Schlüsselkunden und dessen Mitarbeitern eine Beziehung aufzubauen.

Des Weiteren muss der Key Account Manager Konzepte erarbeiten und sich selbst motivieren können.

Sie sehen: Es ist keine leichte Aufgabe, diese Person zu finden und mit einem entsprechend attraktiven Angebot und Vertag an das KMU zu binden.

Als Vertriebsinnendienstleiterin für Deutschland in einem Medizintechnikunternehmen habe ich selbst Erfahrungen als Key Account Manager gesammelt.

Hierbei handelte es sich um ein funktionelles Key Account Management, bei dem ich zwei Key Accounts betreute, mit denen das Unternehmen ca. 30 Prozent des Umsatzes in Deutschland generierte.

Mein Hauptaufgabenbereich lag allerdings in der Leitung des Innendienstes.

Es war für mich eine Gradwanderung, die Führung und Betreuung meiner Mitarbeiter nicht zu vernachlässigen, mich über die Produkte immer auf dem neuesten Stand zu halten, um entsprechende Marketingentscheidungen mittragen zu können und den Key Account optimal zu betreuen.

Es war sehr zeitintensiv und erforderte oft ein großes Organisationstalent, allen Anforderungen gerecht zu werden und eine hohe Qualität an Arbeitsleistung zu erbringen.

Mir machten die unterschiedlichen Aufgaben viel Spaß, und ich kam auch mit der zeitlichen Herausforderung zurecht, da ich ein gut organisiertes und motiviertes Team um mich hatte.

Die Produktmanager unterstützen mich pro-aktiv bei Lösungsfindungen für den Key Account, und meine Mitarbeiter im Verkaufsteam übernahmen die Abwicklung von ausgehandelten Aufträgen.

Durch die optimale Abstimmung zwischen dem Angebotsteam und mir konnten wir einige größere Projekte des Key Accounts für uns gewinnen.

Die Zusammenarbeit zwischen dem Key Account Team und dem Schlüsselkunden funktionierte immer besser. Und so konnten wir unsere Position als ein Hauptlieferant des Key Account weiter ausbauen.

Im Fokus: der Nutzen für beide Beteiligte

Viele Einflussfaktoren, denen das KMU ausgesetzt ist, kommen nicht aus dem Unternehmen selbst, sondern aus dem Umfeld. Das KMU ist abhängig von gewissen Rahmenbedingungen. Durch die Globalisierung der Märkte gibt es mehr Wettbewerber auf dem eigenen Markt. Und oft hat man selbst gar nicht die Möglichkeit, global zu verkaufen.

Ständig sieht sich das KMU gezwungen, seine Position, seine Märkte, seine Kunden und seine angebotenen Produkte auf die Aktualität und die optimale Qualität hin zu überprüfen und anzupassen. Dies bindet Ressourcen für Aktionen, die notwendig sind, aber nicht direkt zum Umsatz beitragen.

Das Fachwissen in den einzelnen KMU ist enorm, wird aber oft nicht optimal genutzt. Um den optimalen Erfolg für das KMU zu erzielen und somit den größtmöglichen Nutzen zu generieren, müssen wir nicht nur die passenden Schlüsselkunden finden, sondern auch in unserer eigenen Organisation effizienter und teamorientierter arbeiten.

Das heißt: Eine wichtige Aufgabe des Key Account Managements ist es, den langfristigen Unternehmenserfolg zu sichern. Dazu entwickelt es Ziele, die nicht nur zu einem Nutzen für das eigene Unternehmen führen, sondern auch den Kundennutzen enorm steigern und in den Vordergrund rücken.

Den Nutzen für den Schlüsselkunden hervorheben

Hierin liegt eine große Herausforderung für den Key Account Manager: Er muss dem Key Account augenfällig zeigen, ja beweisen, welchen Nutzen dieser durch diese Geschäftsbeziehung davonträgt.

Dabei ist nicht nur der wirtschaftliche Mehrwert – wie zum Beispiel Einkaufsvorteile – als Kundennutzen hervorzuheben. Wenn der Schlüsselkunde über Ihr Unternehmen und das Key Account Management das Wissen über seinen Markt vergrößern und neue Kontakte aufbauen kann, sind dies ebenso nutzenrelevante Vorteile.

Die Aufgabe des Key Account Managers und seines Teams besteht also darin, die Probleme des Key Accounts aufzunehmen und nach Lösungsansätzen zu suchen. Dabei kann es durchaus sein, dass das Key Account Management dem Kunden von sich aus Veränderungsprozesse vorschlägt und etwa strategische und operative Tipps gibt.

Mit der Zufriedenheit des Key Accounts steigt auch der Mehrwert für das KMU. Wenn das Key Account Management funktioniert und die Rechnung aufgeht, dass der Kunde in Zukunft nicht nur mehr, sondern auch andere Produkte vom KMU bezieht, ist der wirtschaftliche Nutzen gegeben.

Doch auch die Entwicklung der Beziehung zum Key Account kann Nutzen bringen, etwa wenn der Schlüsselkunde ein Imageträger ist und Ihr Unternehmen auf dem Markt ein besseres Ansehen bekommt, weil es ihn beliefert.

Von ganz besonderem Nutzen ist das Empfehlungsmarketing des Key Accounts. Was gibt es Besseres, als wenn zufriedene Kunden das KMU an andere weiterempfehlen? Und vielleicht treten dann irgendwann Unternehmen in einen Wettstreit, um von Ihrem Unternehmen als Schlüsselkunden betreut zu werden.

Erfolg oder Misserfolg: die Risiken im Key Account Management

Der Erfolg oder auch Misserfolg bei der Einführung eines Key Account Managements hängt sehr stark von der Planung und von der Umsetzung ab. Eine Planung kann noch so gut sein: Wenn es an der konkreten Umsetzung fehlt, wird die Einführung scheitern.

Das Key Account Management im Unternehmen stellt eine Funktion oder auch eine Abteilung dar, die stets überprüft werden muss. Alles was bei der Einführung berücksichtigt wurde, also alle Kriterien, über die Sie bisher Informationen erhalten haben, sollten immer wieder kritisch hinterfragt werden, um aktuell, aktiv und attraktiv für den Key Account zu bleiben.

Die Risiken im Key Account Management sind für das KMU und den Key Account gleich groß, da der eine nur mit dem anderen erfolgreich sein wird. Beide sind davon abhängig, dass eine Win-Win-Situation hergestellt werden kann. Voraussetzung für den Erfolg ist eine professionelle Zusammenarbeit.

Beide Seiten investieren Zeit, Ressourcen und finanzielle Mittel und erwarten dafür einen Mehrwert bzw. einen Nutzen, den sie alleine nicht erreichen könnten.

Die einzelnen Risikofaktoren beachten

Einige Risikofaktoren liegen im Beziehungsmanagement begründet. Die Entwicklung der Zusammenarbeit zwischen Key Account Manager und Key Account benötigt ein intensives Engagement und viel Zeit. Der Nutzen für beide Beteiligte ist oft erst nach einiger Zeit sichtbar. Fleiß und Geduld gehören dazu, damit der Entwicklungsprozess gelingt.

Der Key Account Manager muss darauf achten, dem Schlüsselkunden keine Versprechungen zu machen, die er nicht einhalten kann. Dies ist vor allem am Anfang einer Zusammenarbeit sehr schwer, da sich der Nutzen in seiner vollen Tragweite erst später entwickeln kann, die Überzeugungsarbeit beim Key Account jedoch schon vorher geleistet werden muss.

Ein weiteres Risiko liegt darin, dass die Stellung des Key Accounts für das KMU immer wichtiger wird. Ziel des Key Account Managers ist, den Gesamtumsatz mit dem Schlüsselkunden zu steigern. Durch diese Umsatzsteigerung steigt aber auch die Abhängigkeit von ihm.

Wichtig ist, dass es zwischen dem Key Account und Ihrem Unternehmen klare Verhaltensregeln gibt. Diese sollten zu Beginn der Zusammenarbeit am besten schriftlich fixiert werden. Hierzu gehören vor allem

- Konditionsvereinbarungen,

- Lieferterminplanung und Lieferleistungen,

- Pflichten und Gegenleistungen des Key Accounts,

- Sicherung von Know-how-Rechten und

- Entwicklungsinvestitionen sowie Abnahmegarantien.

Die aufgeführten Risikoaspekte betreffen vor allem die erfolgreiche Zusammenarbeit mit dem Schlüsselkunden. Aber natürlich müssen Sie auch die Risiken im Auge behalten, die im Zusammenhang mit Markteinbrüchen oder Fehlplanungen eintreten. Der Key Account Manager muss daher stets die Entwicklung der Märkte seiner Schlüsselkunden beobachten und sich über die internen Entwicklungen beim Kunden informieren.

Eine gewisse Flexibilität erhält das KMU und somit das Key Account Management auch dadurch, dass man bei der Auswahl der Key Accounts auf unterschiedliche Branchen setzt. Denn dann hält sich die Abhängigkeit von einzelnen Marktentwicklungen in Grenzen.

Die Abhängigkeit vom Key Account Manager minimieren

Mit einem Key Account Management bauen wir im Unternehmen eine Abteilung auf, die für den Gesamterfolg des Unternehmens mitverantwortlich ist. Das Unternehmen gerät so aber auch in eine gewisse Abhängigkeit von den Mitarbeitern, die die Schlüsselkunden betreuen, insbesondere von den Key Account Managern.

Selbstverständlich ist ein Unternehmensziel, den besten, erfolgreichsten, flexibelsten und motiviertesten Key Account Manager, den es auf dem Markt gibt, zu verpflichten und zu entwickeln. Wenn dieser dann aber einmal das Unternehmen verlässt, droht die Gefahr, dass er wertvolles und unersetzbares Wissen mitnimmt.

Grundsätzlich werden viele Dinge natürlich vertraglich vereinbart und geregelt. Trotzdem sollten Sie dem Key Account Manager ein Team zur Seite stellen und versuchen, das Wissen und die Kontakte auch im Team zu platzieren. Selbst wenn der Key Account Manager das Unternehmen verlässt, können Sie dem Kunden die gleichen Leistungen bieten wie bisher, weil das Fach- und Beziehungswissen trotz des Weggangs der wichtigsten Person in der Firma verbleibt.

Key Account Management: Einführungs-Checkliste

✓ Die durch Key Account Management erreichbaren Ziele definieren
✓ Budgetplanung und Zeitplanung
✓ Nutzen für das KMU
✓ Nutzen für den Key Account
✓ Auswahl der Produktgruppen oder Produkte
✓ Analyse Cross-Selling-Potenzial im KMU
✓ Zielmarkt-Ausrichtung (regional, national oder international)
✓ Identifizierung der Key Accounts (Schlüsselkunden)
✓ Positionierung des Key Account Managements im KMU
✓ Die richtige Key Account Manager auswählen
✓ Das Key Account Team bestimmen
✓ Risiken im Key Account Management definieren und ausschließen
✓ Controlling des Key Account Managements

Hinzu kommt: Die Verkaufsorganisation muss auch optimal für alle Nicht-Key-Accounts funktionieren. Denn wir müssen immer davon ausgehen, dass in jedem noch so kleinen Kunden der Key Account von morgen steckt!

Überprüfen Sie darum alle Prozesse in Ihrer Verkaufsorganisation regelmäßig, um einerseits potenzielle neue Key Accounts zu erkennen, aber auch, um Ihren anderen Kunden einen optimalen Service zu bieten. Ziel muss es sein, die ca. 40 Prozent Umsatz, die Sie mit diesen Kunden bisher gemacht haben, beizubehalten bzw. zu steigern. Es darf auf keinen Fall passieren, dass Sie den durch das neue Key Account Management generierten Mehrumsatz als Lückenfüller für verlorenen Umsatz im Verkauf nutzen müssen.

Grundsätzlich sollten Sie immer die Kosten des Key Account Managements im Auge behalten. Natürlich stellt die Einführung eines Key Account Managements eine Investition dar, und auch die Entwicklung von Key Account-Beziehungen ist kostspielig. Aber man sollte den ROI nicht außer Acht lassen.

Zu einer optimalen Planung und Umsetzung gehört darum auch eine konstante und transparente Kostenkontrolle im Unternehmen.

Fazit

Die erfolgreiche Einführung eines Key Account Managements und der erfolgreiche Umgang mit Schlüsselkunden sind sehr vom Key Account Manager sowie von der Planung und Umsetzung abhängig.

Doch wenn wir es genauer betrachten, ist der Unterschied zwischen einem Spitzen-Verkäufer und einem Key Account Manager nicht all zu groß. Beide vertreten das KMU gegenüber Kunden und beide sind am Erfolg der Firma interessiert. Einen wesentlichen Unterschied gibt es jedoch: Der Key Account Manager hat einfach mehr Zeit, um die Probleme des Kunden zu lösen.

Der Spitzen-Verkäufer kann sich häufig nicht so intensiv um den einen oder anderen Kunden kümmern, wie es dem Key Account Manager möglich ist. So kann dieser eine wahrhaft vertrauensvolle Beziehung aufbauen und die Verbindung über Jahre hinweg halten und ausbauen. Er ist Bindeglied zwischen dem KMU und dem Kunden und verantwortlich für das Funktionieren dieser Partnerschaft.

Es liegt ein langer Weg zwischen der Entscheidung, ein Key Account Management einzuführen und dem Aufbau der aktiven Kundenbeziehungen. Außerdem ist dieser Prozess zeit- und kostenintensiv und muss permanent kontrolliert und in Gang gehalten werden. Es braucht viel Geduld und auch die richtigen Personen, es sind aber auch die richtigen Entscheidungen zum richtigen Zeitpunkt notwendig.

Das bedeutet: Alles in allem ist Key Account Management eine sehr gute Sache, wenn man es sich leisten kann.

Aber ob Sie nun Key Account Management einführen oder weiterhin mit Ihrer bisherigen Vertriebs- und Verkaufsmannschaft Ihre Kunden betreuen: Es gibt in Ihrem Hafen nur ein Motto:

Der Kunde ist und bleibt König!

Sonja D'Angelo

RAN AN DEN SPECK

Horst legt das Logbuch aus der Flosse. „Ich hätte nie gedacht, was es alles zu bedenken gibt." Und dabei lässt er sich die drei Wörter noch einmal so richtig im Schnabel zergehen: „Key Account Management".

Bisher hatte sich Horst darüber noch keine Gedanken gemacht, doch nun ist ihm klar: „Wir müssen uns gut überlegen, mit welchem Zoo wir Kontakt aufnehmen." Er blickt zu Petra.

Petra hatte ihn während seiner Lektüre genüsslich beobachtet. Denn wenn Horst so richtig abtaucht - ob ins Meer oder in die Texte des Logbuchs - dann hat er diese wunderbare Eigenschaft, ganz leicht mit dem Kopf zu wackeln. Während des Lesens hatte Horst alle wichtigen Inhalte laut mitgesprochen, um sie sich besser einzuprägen. Petra ist also bestens informiert.

„Horst, lass uns doch mal all unsere Wünsche, die wir an einen Zoo haben, auf Karten schreiben. So haben wir sie vor uns liegen und können in Ruhe überlegen, was unser Wunsch-Zoo eigentlich bieten muss." Und um diesen merkwürdigen Begriff für sich selbst noch anschaulicher zu machen, nimmt sie den Schlüssel aus der Kajüten-Tür und legt ihn in die Mitte des Tisches.

Mit einem zufriedenen Lächeln stupst Horst liebevoll mit dem Schnabel an Petras Bauchnabel. „Genau das machen wir! Und wir notieren auch, was wir dem Zoo alles zu bieten haben. Schließlich geht es ja darum, eine Win-Win-Situation für beide Seiten herzustellen."

Innerhalb kürzester Zeit haben sie die wichtigsten Entscheidungskriterien herausgefunden: ausreichend Platz für alle; gute Brutbedingungen mit Rückzugsmöglichkeiten, denn schon bald kommt die Zeit des Eierlegens, und vor allem jede Menge hochwertigen Fisch, den sie sich selbst in einem großen Becken fangen dürfen.

Denn das ist es, was sie und auch die anderen Pinguine am meisten vermissen. Seitdem sie an Bord des Schiffes sind, ist das Fischfangen im Wasser nahezu unmöglich geworden. Statt selbst auf Jagd gehen zu können, angeln die Menschen vom Schiff sich den einen oder anderen Fisch direkt aus dem Meer. Es werden alle satt, doch ihre Sehnsucht des Jagens können sie nicht stillen. Fast jeden Abend hören Horst und Petra die anderen Pinguine von ihren früheren aufregenden Kabeljau-Jagderlebnissen reden.

Kurz darauf: Mit den Ideen zur Auswahl des richtigen Zoos stellen sich Horst und Petra stolz vor die Pinguinschar. Beeindruckt von so viel Weitblick und Kompetenz beginnen alle Pinguine vor Freude mit ihren Flossen zu klatschen.

Einer der Jüngsten tritt plötzlich hervor und fragt: „Aber wie sollen wir das herausfinden? Wir können doch nicht jeden Zoo anfahren, das würde noch ewig dauern. Und vor allem: wie nehmen wir Kontakt auf?"

„Das ist doch ganz einfach!", ruft es aus einer anderen Ecke und alle Augen wandern zum Schiffsmast, an dem Lisa angelehnt steht. Sie ist eine der neugierigsten und weltgewandtesten Pinguindamen der Gruppe. Seitdem sie auf dem Schiff angekommen waren, hatte sich Lisa für die Technik der Umweltschutzorganisation begeistert und bereits enge Kontakte geknüpft. „Wir nutzen einfach die Computer an Bord und surfen im Internet, um uns vorab zu informieren. Damit fang ich gleich an. Ach ja und dann rufen wir einfach die Zoodirektoren an."

„Internet, Computer, surfen, telefonieren?", raunt es durch die Menge. Und auch Petra und Horst blicken fragend in die Runde. Petra flüstert Horst ins Ohr: „Ganz sicher finden wir auch dazu etwas im Logbuch!" „Ja!", erwidert Horst erleichtert und rutscht auf dem nassen Deck mit einem Bauchklatscher Richtung Kajüte, um es zu holen. „Ich bin gleich zurück!" Innerhalb kürzester Zeit ist er mit dem Buch in der Hand zurück.

Petra hat bereits eine kleine Gruppe von drei Pinguinfrauen gefunden, die neugierig aufs Telefonieren sind. „Lasst uns gemütlich zusammenkuscheln und eine Lesestunde machen." Voller Freude und Spannung suchen sich die Frauen eine geeignete Ecke an Bord und beginnen zu lesen. Ein wunderschönes Bild, denkt Horst und ist froh, dass er heute mal früh schlafen gehen kann.

7. Wie wichtig ist das aktive Verkaufen am Telefon für Ihr Unternehmen?

Das Buch „Aktiv verkaufen am Telefon" von Lothar Stempfle und mir, Ricarda Zartmann, gibt Ihnen die Antwort darauf. Das Buch ist im Gabler Verlag erschienen und unter der ISBN: 978-3-8349-0555-0 zu bestellen. Folgende Buchausschnitte geben Ihnen ein Vorgeschmack auf die Antwort.

Von Mensch zu Mensch

„Den Menschen gewinnen – und dann am Telefon mehr verkaufen." Das ist die Einstellung, die Sie zum erfolgreichen Telefonverkäufer macht. Wir – die Autoren – sind der festen Überzeugung: Erst kommt der Mensch, dann das Verkaufen. Wer nur verkaufen will – ohne Ansehung der Person, ohne Beziehungsaufbau, ohne den Willen, den Anderen in seinem So-Sein zu akzeptieren, wird nur kurzfristig erfolgreich sein.

Telefonieren Sie mit Menschen – nicht nur mit Kunden

Bevor Sie in Ihren Telefonaten zum eigentlichen Thema vordringen, hat Ihr Gesprächspartner bereits entschieden, ob er grundsätzlich das Gespräch mit Ihnen fortführen oder beenden möchte. Auch am Telefon entscheiden die ersten Sekunden über den Fortgang des Gesprächs. Für die „positive" Gestaltung dieser so wichtigen ersten Sekunden und des ersten Eindrucks gibt es keine Techniken oder Instrumente. Es sei denn, Sie wollen die Vorgehensweise, ganz Sie selbst zu sein, als „Technik" bezeichnen.

Wir bevorzugen eine andere Terminologie – in unserer Einleitung klang es bereits an: Bitte gehen Sie als Mensch in das Telefonat – und damit so natürlich und sympathisch wie möglich. Stellen Sie sich vor, dass am anderen Ende der Leitung gleichfalls ein sympathischer Mensch sitzt und versuchen Sie, diese Person als Mensch für sich einzunehmen! Liebe geht durch den Magen – und der erfolgreiche Verkauf am Telefon über den Menschen. Haben Sie den Menschen für sich gewonnen, dann ist er auch geneigt, Ihnen zuzuhören und sich Zeit für Sie zu nehmen.

Sie fragen, ob das geht? Sehr wohl geht das! Stellen Sie sich vor, Sie würden mit Ihrer Angebeteten oder Ihrem Angebeteten telefonieren: Wie würden Sie mit ihm oder ihr sprechen? Was würden Sie dabei (nonverbal) in die Waagschale werfen?

Damit keine Missverständnisse aufkommen: Es geht nicht um die Gesprächsthemen und die Wortwahl – wir hoffen, Sie sprechen mit Ihrem Partner über andere Themen als mit Ihren Kunden. Es geht um den Zugang zum Gesprächspartner, es geht darum, nicht mit einem Kunden zu sprechen, sondern mit einem Menschen – oder mit dem Menschen im Kunden. Denn dass sich das Gespräch doch noch zu einem Kundengespräch entwickeln soll, steht außer Frage.

Der Kommunikationswissenschaftler Paul Watzlawick führt aus, dass wir Menschen immer auf zwei Ebenen gleichzeitig kommunizieren. Dabei definiert die Beziehungsebene die Qualität der Kommunikation, auch auf der Inhaltsebene. Dies bedeutet: Ihr Gesprächspartner versteht das, was Sie inhaltlich – zu Ihren Produkten und Ihren Dienstleistungen – sagen, erst dann so, wie sie es meinen, wenn er Sie mag oder wertschätzt. Allerdings: Damit er Sie mögen kann, müssen Sie als Erstes ihn wertschätzen.

Wir möchten dazu ein Bibelwort zitieren: „Liebe Deinen Nächsten wie Dich selbst". Für uns hat dieses Zitat zwei sehr wertvolle Aspekte. Der eine ist offensichtlich: dass man den anderen mögen soll. Der andere ist nicht so leicht zu entdecken: Das Bibelwort heißt für uns, dass „ich" den Anderen nur so stark lieben kann, wie „ich" mich selbst liebe. Selbstliebe und Fremdliebe oder Selbstakzeptanz und Akzeptanz des anderen Menschen bedingen sich gegenseitig.

Das heißt: Sie müssen sich selbst wertschätzen und sich Ihrer selbst bewusst sein – nicht überheblich, sondern in aller Bescheidenheit –, bevor Sie den Menschen, mit dem Sie telefonieren, mögen können.

Definieren Sie Ihre Ziele

Wir möchten Sie nun bitten, eine Abstraktionsebene höher zu klettern. Bisher ging es vor allem um die operative Vorbereitung – jetzt ist Ihre Strategiekompetenz gefragt: Dabei ist es wichtig, dass Sie Ihre Ziele kennen und sie klar formulieren können. Sie müssen wissen, wohin Ihr Schiff reisen soll.

Ihre Ziele sollen in jedem Fall herausfordernd sein. Unterfordern Sie sich bitte nicht. Denn Ziele haben eine begrenzende Komponente. Am besten ist dies in Richard Bachs Roman „Die Möwe Jonathan" ausgedrückt: „Glaube an Grenzen und sie gehören Dir". Wer sich unterfordert, wird nie zu der Spitze aufsteigen.

Hinzu kommt: Bitte gehen Sie konsequent mit sich und Ihren Zielen um. Noch einmal: Formulieren Sie Ihre Ziele schriftlich, denn 0,3 Prozent der Bevölkerung haben klare Ziele – allerdings nur im Kopf und nicht aufgeschrieben!

Nun ruft so mancher von Ihnen aus: „Das ist doch ein alter Hut, klar, wir müssen uns Ziele setzen!" Gestatten Sie die Frage: „Warum scheitert die Umsetzung dann so häufig?" Wir antworten: weil die richtigen Ziele häufig falsch formuliert sind.

Zieldefinition – Schritt 1: Visualisieren Sie Ihre Ziele

Oft wird behauptet, man müsse nur wollen, dann klappe es auch. Das ist grober Unfug! Denn wie viele Menschen gehen zum Beispiel in die Fahrprüfung und wollen unbedingt die Prüfung bestehen. Klappt es allein durch das Wollen? Die Durchfallquoten sprechen eine andere Sprache.

Und wie oft lagen Sie schon wach im Bett und wollten unbedingt schlafen? Hat es etwa geklappt? Nein, selbst nach Stunden nicht – obwohl Sie immer mehr schlafen wollten.

Was steckt da dahinter? Dazu müssen wir die Arbeitsweise unseres Hirns verstehen. Der Wille ist die sprachliche Form und ist deshalb der digital arbeitenden rechten Hirnseite zuzuordnen. Wenn allerdings Kraft und Energie freigesetzt werden sollen, dann müssen wir eine Vorstellung von dem Ergebnis bekommen. Hirnforschungen belegen zudem, dass dieselben Hirnregionen angesprochen werden, wenn wir einerseits in die Vergangenheit und andererseits in die Zukunft denken. Kann unser Gehirn bei der Bewertung von Gedanken nicht zwischen Vergangenheit und Zukunft unterscheiden?

Vorstellungen sind Bilder. Mit Bildern sind Gefühle und Emotionen verbunden. An diese Gefühle sind Motive, unsere Antriebe gekoppelt. Wenn Sie sich also über Ihre Zielsetzungen motivieren wollen, dann sollten Sie sich eine klare Vorstellung von dem Ziel bilden:

- Der erste Schritt besteht mithin darin, dass Sie Ihr Ziel oder Ihre Ziele eindeutig festlegen und sich den gewünschten Soll-Zustand, in dem Sie sich nach Erreichen eines Ziels befinden, in einem Bild vorstellen.

- Schmücken Sie Ihre geistigen Bilder, Ihre geistigen Filme mit zahlreichen visuellen Eindrücken aus, in denen es farbig und bunt zugeht, riechen Sie die Bilder, schmecken Sie sie, hören Sie das, was auf den Bildern vorgeht, „fassen" Sie Ihre geistigen Bilder an.

- Die Vorstellungen, die dabei entstehen, laden Sie mit positiven Gefühlen auf – so können Sie sich voll und ganz mit Ihrem Vorhaben identifizieren und Freude und Begeisterung im Zusammenhang mit Ihrem Ziel bewirken.

Schritt 2: Geben Sie Ihrem Ziel eine FORM

Prüfen Sie die Form Ihrer Gedanken. Kommen in Ihrer Formulierung Wenns und Abers oder Wörter wie „eigentlich" und „vielleicht" vor? Wimmelt es in der Formulierung an Konjunktiven: „hätte, würde, könnte"? Dann haben Sie sich wahrscheinlich bereits jetzt innerlich von dem Ziel verabschiedet:

- Formulieren Sie Ihre Ziele in der Verlaufs- und Gegenwartsform: „Ich überzeuge den Kunden!"

- Vermeiden Sie also bloße Absichtserklärungen!

Schritt 3: Verwenden Sie positive Zielformulierungen

Viele Menschen wissen, was sie nicht wollen – jedoch nicht, was sie wollen. Im Alltag findet sich dieses Muster immer wieder, etwa auf Schildern wie „Rasen nicht betreten" – und gleich daneben befindet sich der Trampelpfad, über den alle marschieren. Versuchen Sie es einmal selbst: Schließen Sie die Augen und denken Sie nicht an einen rosaroten Elefanten!

Und, haben Sie ihn auch gesehen? Natürlich, denn unser Hirn kann Bilder nicht negativ denken. Das „Nicht" wird ausgepiepst wie bei Filmen, in denen bestimmte Begriffe nicht gehört werden sollen. Der negative Satz kommt also ganz anders an, wie er gemeint ist, nämlich: „Rasen (piep) betreten!"

- Das Unterbewusste kann mit sprachlichen Verneinungen nichts anfangen, so dass Sie sie vermeiden sollten. Das Ziel: „Ich denke *nicht* daran, dass das Kundengespräch schief gehen könnte" führt dazu, dass Sie ab sofort nur noch an misslungene Telefonate denken.

- Verwenden Sie bei der Zielsetzung immer positive Formulierungen!

„Guten Tag, ich möchte Ihnen nutzen": Der kundenorientierte Gesprächseinstieg

Um es vorneweg zu sagen: Bitte seien Sie sich bewusst, dass es nicht die eine beste Gesprächseröffnung am Telefon gibt. Auch wir werden Ihnen nicht die Platinregel nennen können.

Wie beim Schachspiel ist die „Eröffnung", die Gesprächseröffnung entscheidend für den weiteren Verlauf des Spiels bzw. des Gesprächs mit dem Kunden. Hier werden die Weichen gestellt, oft innerhalb von Sekundenschnelle, vor allem bei der Kaltakquisition. Ein wichtiger Unterschied zum Schachspiel: Sie haben immer die weißen Figuren, wenn Sie den Kunden anrufen, und können die Gesprächseröffnung daher individuell vorbereiten. Allerdings kennen Sie den Gesprächspartner in der Regel nicht oder kaum. Darum wollen wir im Folgenden von der „Königsdisziplin" ausgehen: Sie rufen den Kunden erstmals an und wissen nur wenig über ihn.

Die Lösung und der Nutzen im Mittelpunkt

Wir vermuten, Sie informieren sich über den Gesprächspartner, indem Sie Kollegen befragen, die ihn vielleicht kennen, im Internet recherchieren oder sich den Geschäftsbericht des Kundenunternehmens besorgen.

Eine Möglichkeit, Ihr Wissen zu erhöhen, besteht darin, sich in die Welt des Kunden zu versetzen. Damit meine ich zunächst einmal nicht einen bestimmten Kunden, etwa den Geschäftsführer Müller. Dazu wissen Sie einfach zu wenig über Herrn Müller. Aber fragen Sie sich doch einmal ganz allgemein, warum Kunden kaufen. Unsere Antwort: Kunden kaufen keine Produkte oder Dienstleistungen, sondern Lösungen – Problemlösungen, von denen sie sich einen Nutzen versprechen. Und darum müssen Sie Nutzen bieten. Gleich zu Beginn, gleich bei der Gesprächseröffnung. Der Nutzen ist Ihre wichtigste Figur in diesem „Schachspiel".

Vom Verkäufer zum Nutzenbringer: die allgemeinen Kittel-Brenn-Faktoren

Die meisten Menschen sind daran interessiert, Kosten zu reduzieren und Zeit fürs Wesentliche zu gewinnen oder „mehr Geld in der Tasche" zu haben – gleich zu welchem Kundentyp sie gehören. Dies sind die „Kittel-Brenn-Faktoren", die von den meisten Geschäfts- und Unternehmenskunden als die bedrängendsten Engpässe erlebt werden.

Die allgemeinen Faktoren dürfen jedoch nicht dazu führen, dass Sie sich in Floskeln und Standardsprüchen ergehen, bei denen der Angerufene denkt: „Oh nein, nicht schon wieder dieser Spruch, dass da jemand meinen Gewinn innerhalb kurzer Zeit um 10 Prozent steigern kann – auf Nimmer Wiederhören!"

Vielmehr sollten Sie den Kittel-Brenn-Faktor so weit wie möglich individualisieren und dann Ihren Nutzen dazu in Beziehung setzen. Denken Sie darum intensiv über die Nutzenfelder nach, die Sie und Ihre Firma dem Kunden bieten:

- „Meine Firma ist gut, weil ... und bringt dem Kunden folgenden Nutzen: ..."

- „Die Produkte/Dienstleitungen sind gut, weil ... (das zeigt sich darin, dass ...) – und der Kunde hat davon ..."

- „Ich bin gut, weil .... Und dem Kunden bringt das ..."

Wandeln Sie sich vom Verkäufer zum Nutzenbringer. Damit Sie dies leisten können, müssen Sie einen Paradigmenwechsel leisten: Nicht Sie stehen im Mittelpunkt des Telefonats, sondern der Kunde.

Nehmen Sie den Sie-Standpunkt ein

Für den professionellen Einstieg in das Telefonat benötigen Sie den richtigen Standpunkt. Der egoistische „Ich-Standpunkt" ist definitiv falsch. Umso mehr verwundert es, wie häufig das Wort „Ich" im Telefonverkauf immer noch benutzt wird. Wie viele Telefonate beginnen mit Sätzen wie „*Ich* rufe an wegen ...", „*Ich* sollte mich bei Ihnen melden ..." oder „*Ich* wollte einmal nachhören ..."

Wenn Sie den Sie-Standpunkt zu Ihrem eigenen machen, verschaffen Sie sich Vertrauen vom ersten Moment an. Indem Sie sich auf die Wellenlänge des Kunden begeben, bauen Sie Sympathie auf. Sie werden vom Gesprächspartner als jemand angesehen, der seine Sprache spricht, der versteht, um was es *ihm* geht. Dies stellt die Basis für ein vertrauensvolles Telefonat dar, und je mehr Vertrauen der Gesprächspartner zu Ihnen aufbaut, desto größer ist die Wahrscheinlichkeit, dass er Ihnen Glauben schenkt. Glauben ist das Annehmen der Aussagen, ohne einen Beweis dafür zu verlangen.

Allerdings: Allein die Worte zu tauschen, genügt nicht. Vielmehr sollten Sie den Kundenstandpunkt verinnerlichen und die Kundensicht auf Ihre Produkte und Dienstleistungen einnehmen. Henry Ford hat dazu richtig bemerkt: „Wenn es überhaupt ein Geheimnis des Erfolgs gibt, so ist es dies: den Standpunkt des anderen verstehen und die Dinge mit seinen Augen sehen."

Analysieren Sie die berufliche Position des Gesprächspartners

Statt über Ihr Produkt oder Ihre Dienstleistung zu reden, sprechen Sie besser über die Bedürfnisse Ihres Gesprächspartners. Immerhin wissen Sie – wenn Sie sich ordentlich vorbereiten – welche Position er im Unternehmen einnimmt. Und diese Positionsbezeichnung bietet Ihnen weitere wertvolle Hinweise auf die Kittel-Brenn-Faktoren und spezifischen Probleme, mit denen er sich herumschlagen muss:

- Der Verkaufsleiter muss Umsatz und Gewinn steigern und seine Verkäufer motivieren. Er steht unter permanentem Rechtfertigungszwang und Erfolgsdruck.

- Der Geschäftsinhaber muss neben dem wirtschaftlichen Erfolg Arbeitsplätze sichern und das Ansehen seines Unternehmens steigern.

- Mitarbeiter werden leider oft als Kosten-, nicht als Erfolgsfaktor angesehen. Das ist das Dilemma der meisten Personalchefs.

- Der Projektleiter steht unter Termindruck und muss mehrere Aufgaben zugleich bearbeiten.

Sobald Sie diese Informationen über den Kunden vorliegen haben, ist es leichter, das Gespräch zu eröffnen – und zwar so, dass er sich angesprochen fühlt. Indem Sie den Kunden dort abholen, wo er sich befindet, schaffen Sie Vertrauen. Er denkt sofort, dass Sie sein Handwerk kennen und Ihr Handwerk verstehen – und Sie sprechen mit ihm auf der selben Ebene: „Ihnen als Projektleiter ist es ein großes Anliegen, die Übersicht über die vielen Aufgaben nicht zu verlieren." Der Gesprächspartner denkt: „Ja, genau!", und spricht es vielleicht sogar laut aus.

Eröffnen Sie das Gespräch assoziativ

Die assoziative Gesprächseröffnung stellt eine besondere Variante dar. Voraussetzung ist allerdings, dass Sie sich zuvor intensiv mit dem Unternehmen beschäftigen können und wissen, was dem Unternehmen besonders wichtig ist. Diese Aussagen verbinden Sie mit Leistungsmerkmalen Ihres Hauses und schaffen damit die Plattform, auf der Sie sich begegnen können. Dazu einige Beispiele:

- Ihre Firma ist eine Bausparkasse – Ihr Einstieg: „Wir sind anerkannter Spezialist im zielgerichteten und kontinuierlichen Aufbau von Vermögen zur optimalen Verwendung von Investitionen im Immobilienbereich, Sie zeigen diese Kompetenz in Ihrem Bereich. Lassen Sie uns im Gespräch überprüfen, wie Sie unsere Kompetenz zu Ihrem Vorteil nutzen können."

- Sie sind in der Versicherungsbranche tätig – Ihr Einstieg: „Ihr Unternehmen ist führend im Bereich ... Es steht für Qualität, Güte und Zuverlässigkeit. Wir sind die Nummer Eins in ... und zeichnen uns durch Berechenbarkeit und Solidität bei hoher Innovationskraft aus. Lassen Sie uns in einem gemeinsamen Gespräch beleuchten, wie wir unsere gemeinsamen Kompetenzen zu Ihrem Nutzen zusammenbringen können!"

Wählen Sie einen überraschenden Gesprächseinstieg

„Different Thinking" – suchen Sie nach dem Außergewöhnlichen. Dazu zählt die „Gerade-heraus"-Strategie: Nachdem Sie sich vorgestellt haben, sagen Sie klar heraus, was Sie wollen. Sie wollen einen Termin, Sie wollen einen Abschluss – reden Sie nicht drum herum: „Ich möchte gerne mit Ihnen ins Geschäft kommen" – der gerade Weg führt ins Ziel.

Überprüfen Sie Ihren Gesprächsleitfaden

Ein Gesprächsleitfaden darf nie zu starr sein, so dass er Sie unflexibel macht. Er soll Sicherheit bieten, wie ein Geländer. Wo Sie die Treppe hochgehen – an den Seiten oder etwa in der Mitte – ist immer abhängig von dem Kunden und der Situation. Der Gesprächsleitfaden muss gewährleisten, dass Sie flexibel bleiben können.

Grundsätzlich ist die Frage zu stellen, ob er nicht mehr schadet als nutzt. Verkäufer teilen den Verkaufsprozess üblicherweise in vier Phasen: Eröffnung, Bedarfsanalyse, Angebotspräsentation und Abschlussphase. Entsprechend bereiten Sie sich vor und strukturieren Ihre Telefonate. Beim Gesprächseinstieg wird empfohlen, ein wenig Small Talk zu machen und das Interesse zu wecken. Das Problem: Für Kunden besteht der Verkaufsprozess oft aus einer Reihe von Konflikten. Für Verkäufer ist es deshalb erfolgsentscheidend zu wissen, wie diese Konflikte entstehen und wie sie erfolgreich gelöst werden können.

Für den Kunden besteht der Verkaufsprozess aus einer Kette von Entscheidungen, und jede Entscheidung verlangt von ihm, das Für und Wider, die Vor- und Nachteile sowie den Zugewinn und die Risiken gegeneinander abzuwägen. Deshalb durchlebt er bis zum Abschluss mehrere Konflikte. Und diese Konflikte bedeuten für ihn eine gewisse Anspannung und werden von ihm als unangenehm empfunden.

Wir können drei Konfliktfelder abgrenzen:

- Im Bedarfskonflikt stehen für den Kunden die Fragen im Vordergrund: „Brauchen wir das überhaupt? Und von dieser Firma?"

- Im Angebots- oder Auswahlkonflikt stellt sich der Kunde diese Fragen: „Ist dies das richtige Angebot? Entspricht es dem von uns definierten Qualitätsgrad? Ist der neue Lieferant in der Lage, pünktlich zu liefern? Ist der Preis in Ordnung?"

- Im Abschluss- und Verantwortungskonflikt fragt er sich: „Muss ich mich jetzt entscheiden? Kann ich die Entscheidung verantworten?"

Wichtiger nun, als jenen Schritten des „normalen Verkaufsgesprächs" zu folgen, ist für Sie das Wissen, ob Ihr Kunde gerade einen Konflikt austrägt – und welchen.

Der Bedarfskonflikt Ihres Kunden

Die Ausgangslage: Bei der Gesprächseröffnung befindet sich Ihr Kunde häufig in einem Bedarfskonflikt. Statt Small Talk zu machen oder das Interesse des Kunden zu wecken, müssen Sie darauf eingehen und den Bedarfskonflikt bearbeiten. Ihr Kunde fragt sich, ob er ein Produkt prinzipiell erwerben will oder nicht. Und wenn ja: Warum dann überhaupt von Ihnen?

Grundsätzlich ist der Bedarfskonflikt des Kunden für Sie zunächst einmal positiv. Denn erst, wenn sich ein Kunde die Frage stellt, ob er ein Produkt oder eine Lösung überhaupt braucht, ist er bereit, sich damit zu befassen. Mitunter werden Sie auf Kunden treffen, die mit ihrem jetzigen Lieferanten unzufrieden sind oder ihre momentane Lösung als unzureichend empfinden. Ein Kunde, der sich in dieser Situation befindet, durchlebt bereits einen Bedarfskonflikt. Ihm sind die Defizite bewusst, jedoch hat er sich noch nicht eindeutig für den Erwerb einer neuen Lösung entschieden. Diesen Konflikt lösen Sie, indem Sie dem Kunden zeigen, dass er sehr wohl einen dringenden Bedarf hat – den Sie befriedigen können.

Oft müssen Sie einen Bedarfskonflikt überhaupt erst einmal auslösen. Dies erreichen Sie, indem Sie dem potenziellen Kunden einen besonderen Nutzen vor Augen führen, den die Konkurrenz, mit der der Kunde momentan zusammenarbeitet, nicht bietet. Erstes Ziel ist es, den Kunden so weit zu bringen, dass er seine bisherige Lösung, an der er sonst nichts auszusetzen hatte, als ungenügend empfindet. Das heißt: Der Kunde stellt diese Lösung in Frage und erlebt dadurch einen Bedarfskonflikt. Schaffen Sie es jetzt, den Kunden von den Vorteilen Ihrer Lösung zu überzeugen, lösen Sie diesen Konflikt.

Fragen stellen, aber die richtigen

Wir sind der Meinung, dass es ganz bestimmte Fragen und Fragen-Kombinationen sind, die Ihnen den Zugang zu den Herzen und den Kaufbedürfnissen des Kunden ermöglichen. Und darum möchten wir Sie nicht mit der x-ten Darstellung all der Fragetechniken langweilen, die es gibt, sondern Ihnen unsere „Fragen-Highlights" vorstellen.

Stellen Sie die Einwilligungs-Frage

Nach Ihrem Gesprächseinstieg sollten Sie sich unbedingt die Einwilligung des Gesprächspartners einholen. Stellen Sie die folgende Frage: „Herr ..., Sie und Ihr Unternehmen möchte ich gerne für eine Zusammenarbeit gewinnen. Sie werden uns wohl nur dann auswählen, wenn wir Ihnen Nutzen bringen. Um festzustellen, ob das grundsätzlich möglich ist und damit wir gleich zum Wesentlichen kommen können: Darf ich Ihnen zunächst ein paar Fragen stellen?"

Sprechen Sie dabei lieber von Konzepten oder Systemen, die Sie anbieten, anstatt von Produkten. Konzepte und Systeme versprechen einen hochwertigeren Nutzen.

Adoptieren Sie das „Stiefkind" geschlossene Frage

Verkäufer assoziieren das Verkaufen zumeist damit, den anderen überzeugen oder überreden zu müssen. Eine besondere Eignung dazu wird der offenen Frage unterstellt – Sie kennen den Grundsatz, dass es vor allem die offene Frage ist, mit der Sie einen Dialog eröffnen und das Gespräch führen können. Was ja auch stimmt, wenn es darum geht, Informationen vom Gesprächspartner zu bekommen.

Allerdings: Gibt es nicht auch andere Situationen, in denen die offenen Fragen sogar die falsche Gesprächsrichtung vorgeben? Dies ist zum Beispiel der Fall, wenn Sie als Fachmann oder Fachfrau einfach mehr wissen, als der Gesprächspartner wissen kann. Stellen Sie sich vor, dass Sie beim Arzt sitzen, und der fragt Sie: „Wie ist Ihre Diagnose?" Sie werden den Arzt sicherlich ungläubig anschauen und sich die gar nicht offene Frage stellen, ob Sie „im richtigen Film sind".

Das heißt: Immer, wenn Fachleute auf Laien treffen, sind geschlossene Fragen richtig und wichtig – so auch beim Arzt, wenn er fragt: „Wenn ich hier drücke, schmerzt es dann?"

Ebenso unsinnig ist es, wenn ein Kellner seine Gäste, die nach dem Hauptgang vor ihren leeren Tellern sitzen, fragt: „Was darf ich Ihnen noch bringen?" Fragt er hingegen: „Was darf ich Ihnen noch bringen – einen Kaffee oder einen Cappuccino?", ist die Wahrscheinlichkeit groß, dass er einen Zusatzverkauf abschließt.

Was heißt das für uns? Wenn wir Entscheidungen haben wollen, sind geschlossene Fragen sehr gut geeignet, wenn nicht gar das einzig sinnvolle Mittel. Natürlich – der Gesprächspartner kann darauf mit einem Nein antworten. Doch haben Sie vor dem NEIN keine Scheu. Es ist lediglich eine Abkürzung für: **N**och **E**ine **I**nformation **N**ötig!

Sie sehen: Die geschlossene Frage hat ihre Daseinsberechtigung, wenn Sie das Gespräch immer an eine Entscheidungsposition führen wollen. Nutzen Sie zukünftig die geschlossenen Fragen auch als Rückkopplungsfragen – die entsprechenden Formulierungen lauten:

- „...– ist das so in Ordnung für Sie?"

- „...– passt Ihnen das so?"

So bringen Sie Ihren Gesprächspartner dazu, Ihre Aussage noch einmal zu überdenken. Er gibt Ihnen eine konkrete Rückkopplung zu Ihrer Aussage. Stimmt er Ihnen zu, dann geht es weiter mit dem Verkaufsgespräch, sagt er Nein, müssen Sie den Punkt näher beleuchten. In jedem Fall kommt es zu einer Positionierung. Sie gewinnen damit eine sehr realistische Sicht über die Gedanken Ihres Gesprächspartners und können zielgerichteter vorgehen.

Gesprächsführung durch vertiefende Fragen

Natürlich: Jeder Fragetyp hat seine Vor- und Nachteile. Die offene Frage führt zuweilen zu einem ungewollten Redeschwall Ihres Gesprächspartners, die rhetorische Scheinfrage streift den Bereich der Manipulation, wenn Sie sie einsetzen, um Ihren Äußerungen den Anschein der Objektivität zu verleihen.

Wichtig sind die vertiefenden Fragen: Mit ihnen gehen Sie den Aussagen Ihres Partners auf den Grund. Sie sollten immer als offene Frage gestellt werden und beginnen meistens mit den folgenden Worten:

- „Wie meinen Sie das ...?
- „Was gibt Ihnen ...?"
- „Was bringt Ihnen ...?"
- „Was bedeutet Ihnen ...?"
- „Warum meinen Sie ...?"
- „Weshalb fragen Sie ...?"
- „Wieso denken Sie ...?"

Mit den vertiefenden Fragen signalisieren Sie dem Gesprächspartner Ihr Interesse und Ihre Aufmerksamkeit. Dies leistet auch die Fragetechnik des Hinterfragens: Durch das Hinterfragen zeigen Sie Ihr Interesse an der Situation und den Gefühlen Ihres Partners. Er freut sich, mit Ihnen über seine Probleme sprechen zu können.

Die kraftvolle Fragen-Kombination entscheidet

Wie kann es Ihnen gelingen, sich zum „Besserversteher" der Welt Ihres

Gesprächspartners zu entwickeln? Top-Verkäufer schaffen es mit Hilfe der richtigen Strategie, dass nicht sie – also der Verkäufer –, sondern *ihr Kunde* sich selbst die passenden Argumente zum Kauf liefert. Der Kunde verkauft sozusagen an sich selbst.

Diese Verkäufer setzen die Fragestrategie vor allem dann ein, wenn der Kunde Entscheidungen im High Investment-Bereich tätigen soll. Denn dann fragt er andere Beteiligte um Rat, holt weitere Informationen bei Experten ein, es werden Meetings und Diskussionsrunden angesetzt, um die weitreichenden Folgen und Auswirkungen der Entscheidung zu bedenken – dadurch zieht sich der Entscheidungsprozess in die Länge. Der Überzeugungsprozess des Verkäufers verläuft mithin viel komplexer und komplizierter als bei Entscheidungen, bei denen es um niedrigere Investitionssummen geht.

Die Fragestrategie ist geeignet, gerade bei komplexeren Entscheidungsprozessen zur Anwendung zu gelangen. Es handelt sich um eine wirkmächtige Kombination aus:

- Fragen zur momentanen Situation: Sie dienen dazu, die aktuelle Situation des Kunden in Erfahrung zu bringen und Daten, Fakten und Hintergrundinformationen zu sammeln.

- Fragen zu möglichen Problemen: Sie beleuchten Bereiche, in denen der Kunde Schwierigkeiten hat und/oder unzufrieden ist. Sie laden den Kunden ein, seinen Bedarf und seine Bedürfnisse konkret und mit eigenen Worten auszudrücken.

- Fragen zur Wirkung der Probleme: Sie unterstützen den Kunden dabei, die Auswirkungen und Konsequenzen zu analysieren, die das Problem verursacht. Ihr Ziel ist es, dem Kunden zu helfen, das Problem in einem Licht zu sehen, das eine Lösung dringend erforderlich macht.

- Fragen zum Nutzen aus Kundensicht: Sie helfen dem Kunden, ein Gefühl für den Wert und den Nutzen einer Problemlösung zu entwickeln. Sie lenken die Aufmerksamkeit des Kunden vom Problem zur Lösung und stellen sicher, dass Ihnen der Kunde den Nutzen mitteilt.

Ricarda Zartmann

GERÜCHTEKÜCHE AN BORD

Es ist bereits spät in der Nacht, doch von Müdigkeit ist bei den Frauen keine Spur. „Ich finde es absolut aufregend und würde am liebsten gleich loslegen."; „Ich bin die geborene Telefonistin."; „Wenn wir unseren Charme spielen lassen, dann können die Zoodirektoren nur begeistert von unserer Idee sein."

Und so geht es munter weiter. Da sie den Morgen kaum erwarten können, proben die Frauen schon mal vorab. Schnell haben sie ein Ersatztelefon gefunden: einer der Besen, den die Männer zum Deckschrubben nutzen.

„Schade, dass all die anderen schlafen", denkt der Steuermann vom Schiff, der vor lauter Lachen immer wieder das Steuer aus der Hand lässt. „So eine Show kommt man hier an Bord selten geboten."

Ein Sonnenstrahl weckt Horst am nächsten Morgen, neben ihm seine Frau, die noch tief und fest schläft. Sie hat ein glückliches und zufriedenes Lächeln im Gesicht und Horst ist sich sicher: „Die vier haben ganz bestimmt gute Ideen im Logbuch gefunden."

An Deck ist bereits jede Menge los, einige der Pinguine reinigen mit großer Akribie das Holz, andere bereiten das Frühstück vor. Doch von Lisa und den drei Telefonistinnen keine Spur. „Die finde ich bestimmt am Computer und am Telefon.", denkt er und macht sich auf den Weg. „Hallo Horst", tönt Lisa vor dem Computer sitzend und zwinkert ihm zu. Die anderen Frauen sehen sich ein wenig irritiert an. Was bedeutet das Zwinkern? Doch um das zu klären, ist jetzt der falsche Zeitpunkt.

„Wir wissen jetzt, welches der richtige Zoo für uns ist. Er liegt mitten in Europa, in Deutschland. Genauer gesagt in Norddeutschland!" „Super!", antwortet Horst und klopft Lisa anerkennend auf die Schulter. „Erzählt doch mal, was der zu bieten hat!" Das passiert, Lisa berichtet detailliert.

Auch Horst ist nun überzeugt, dass es der richtige Zoo ist. Maria, eine der Telefonistinnen, schlägt vor: „Lasst uns ein paar Probeanrufe bei anderen Zoos machen, so dass wir uns richtig in Fahrt bringen, um für den Anruf bei unserem Wunschzoo bestens gerüstet zu sein!" „Wunderbar, dann mach ich jetzt erst mal Pause." Lisa ist froh, nach der langen Arbeit am Computer Abstand zu gewinnen. Dieses Starren auf einen Bildschirm ist für ihre Augen eine sehr große Anstrengung. Sie merkt, dass ihr der weite Blick aufs Meer und der wunderschöne Anblick von tausenden Pinguinen auf weißem Eis unendlich fehlen. „Komm, wir zwei gehen frühstücken, dann können wir allen anderen vom Zoo erzählen!", schlägt Horst vor.

Jetzt ist der Moment gekommen, wo es aus Maria herausplatzt: „Da stimmt doch was nicht. Warum gehen Petra und Horst nicht mehr zusammen schlafen. Und habt ihr Horst`s Zwinkern gesehen?" „Ja! Die können uns doch nicht aufs Glatteis führen, mit Horst und Petra ist es aus!", stimmen die anderen zwei mit ein.

„Beim Frühstücken herrscht heute eine ganz merkwürdige Stimmung!", denkt Petra, die mittlerweile ausgeschlafen hat und noch voller Glücksgefühle über den gestrigen Abend ist. Sie sieht, wie einige der Pinguine leise miteinander tuscheln und wie viele den Blickkontakt zu ihr vermeiden. Sie schnappt einige Wortfetzen aus den unterschiedlichsten Gesprächen auf, die sie nicht recht zusammenbringen kann: „Norddeutschland, ob es dort auch kalt genug ist?"; „Der Horst macht einen Fehler, dort werden wir uns nie wohlfühlen können.", „Hast du gesehen, Petra und Horst sind heute nicht zusammen aufgestanden!"; „Gestern Abend haben hier einige so richtig Unordnung gemacht! Wie das Deck heute aussah!"

Irritiert blickt sie zu Horst, der angeregt und amüsiert in ein Gespräch mit dem Steuermann des gestrigen Abends vertieft ist. „Horst, hier stimmt was nicht!", steht auf einem kleinen Notizzettel, den Petra ihm zuschiebt und deutet mit einer leichten Kopfbewegung an, dass sie mit ihm unter vier Augen sein möchte.

In der Kajüte angekommen blickt Horst Petra fragend an: „Was ist denn los?" „Ich habe das Gefühl, die Gerüchteküche ist am Brodeln und wir sollten dringend etwas unternehmen!" Horst - der noch immer ahnungslos dreinblickt – weiß, dass Petra in solchen Situationen den richtigen Riecher hat. Petra erzählt ihm die Dinge, die sie beim Frühstück gehört und wahrgenommen hat.

„Ich bin einfach baff, Petra. Was ist denn hier bloß los? Und warum kriege ich so etwas nicht mit?" Petra merkt, wie es Horst schwer ums Herz wird und er an sich zu zweifeln beginnt. „Ich glaube, dass es ganz normal ist, dass die anderen Gerüchte verbreiten. Und dass sie sich Sorgen machen, ob die Entscheidung richtig ist, ist doch auch klar. Wir sind alle weit weg von zu Hause und wissen nicht, was die Zukunft bringt." „Ja, das stimmt!", nickt Horst anerkennend.

„Vielleicht hilft uns ja das Logbuch weiter!" Horst ist so in Gedanken, dass er gar nicht mitbekommen hat, wie Petra bereits die richtige Seite im Logbuch aufgeschlagen hat. „Hier, das ist der richtige Text für uns. Es geht um Tabus und wie man diese knacken kann."

8. Tabus knacken – Lösungen auftun

Ein Konzept zum wertschätzenden Umgang mit Tabus von Sandra Masemann und Barbara Messer

Praxisbericht – auf hoher See

„Was für ein Tag!", denke ich, als ich abends nach Hause komme. Noch auf der Rückfahrt von dem Altenheim, in dem ich arbeite, bin ich vollkommen angeregt von den ganzen Gesichtern und Eindrücken, der intensiven Stimmung im Raum. *„Der Abend war wirklich der Hammer!"*, erzähle ich wenig später meinem Mann zu Hause, der noch ein Glas Wein mit mir trinkt.

Seit Monaten kennt er die Geschichten und das ewige Leid, was ich fast täglich von der Arbeit mitbringe. Manchmal mag er schon gar nicht mehr zuhören, so viel erzähle ich.

Er fragt: *„Was war denn heute so Besonderes los bei euch? Du hast ja ganz rote Wangen und siehst so erleichtert aus?"*

„Du wirst es nicht glauben, aber wir hatten heute zwei Seeleute zu Besuch, oben im Speisesaal, wo sonst die Bewohner essen. Alle Kollegen waren auch da, sogar die vom Nachtdienst."

„Wie, echte Seeleute? Was haben die denn gemacht? Bei euch gibt es derzeit doch nur Stunk. War das jetzt anders?"

„Ach", erwidere ich, *„heute war wirklich alles anders. In den Tagen vorher munkelte man schon so einiges und im Dienstzimmer hing ein Foto, wo zwei Piraten drauf waren, ganz witzig eigentlich. Der Eine zog dem Anderen so am Ohr. Ich musste gleich lachen, als ich es gesehen habe. Hat mich auch neugierig gemacht."*

„Da bin ich ja echt gespannt, was du jetzt noch erzählst.", sagt mein Mann, schenkt mir noch ein Glas Wein ein und lehnt sich zurück. Jetzt will er wirklich zuhören.

„Du weißt ja, dass wir seit einigen Wochen Druck haben, wegen diesem negativen Qualitätsbericht. Alle haben nicht richtig gearbeitet, heißt es, zu viele Fehler. Es hätten sich ja sogar Angehörige bei der Heimleitung beschwert. Es wird schon von Entlassungen gesprochen. Also, echt schwer. Vor kurzem kamen zwei Beraterinnen, hier ganz aus der Nähe, die hatte

die Abteilungsleitung angefordert. Aber da wussten wir auch überhaupt nicht, worum es ging. Und die Stimmung wurde dadurch auch nicht besser. Doch halt, die zwei sind mitgegangen und haben einige von uns 2 Tage lang bei der Arbeit begleitet. Wir dachten, dass die noch einmal beweisen müssen, was wir hier alles machen."

„Ja, das hast du ja auch schon erzählt, mir scheint, dass es wirklich unangenehm ist."

Mein Mann droht jetzt doch langsam die Geduld zu verlieren: „Meine Liebe, jetzt komm doch bitte mal zum Punkt, was war das Besondere heute?"

„Also, wir kamen in den großen Speisesaal, dort lief schon Seemannsmusik. Es waren tatsächlich über 80 Kollegen da, so viele habe ich noch nie auf einem Haufen gesehen. Damit ging es mir gut, du weißt ja, wie selten wir uns durch die gegenseitigen Schichten überhaupt sehen.

Im Raum verteilt standen oder lagen alles Dinge, die mit Seefahrt zu tun haben: alte Petroleumlampen, ein Bund Zwiebeln, ein großes Schlauchboot, ein Rettungsring und so. Dann kamen die beiden Beraterinnen herein, zusammen mit unserer Heimleitung, ihrer Stellvertretung und dem QM-Beauftragten."

„Wie, die waren alle auch da? Dann muss es ja was echt Wichtiges gewesen sein."

„Ja, das war es auch. Unsere Leitung fing dann an: „Liebe Mitarbeiter, wir sind heute hier, um über den Qualitätsbericht zu sprechen..." Da rutschte mir schon das Herz in die Hose. Aber dann stellte sie die beiden Frauen vor: Sandra Masemann und Barbara Messer. Die erzählten einen kurzen Moment was über sich, ihren Beruf und so. Ja und dann, dann ging es los!"

Ich will meinen Mann noch ein bisschen neugieriger machen und gab ihm einen Kuss.

„Los komm, erzähle weiter, ich bin auch bald müde!"

„Die beiden zogen sich dann in Sekundenschnelle um und tauchten doch tatsächlich als die beiden Seeleute vom Foto wieder auf. Und dann berichteten sie aus Seemannsperspektive über unsere Qualität. Das ging runter wie Öl, hörte sich gut an. Der Clou war, dass sie auch jede Menge Gutes über uns erzählt haben. Und sie haben auch ohne Umschweife benannt, was nicht so gut bei uns läuft."

„Das ist ja ein Ding. Hat sich denn keiner darüber aufgeregt? Das stelle ich mir schwer vor, dass die eure Fehler und Schwächen kennen. Wie war das?"

„Nee, ich konnte denen das nicht übel nehmen, dazu hatten die selber ja auch jede Menge Macken und Menschliches. Ich habe mir einfach oft an die Nase gefasst. Gelacht haben wir jede Menge. Auch über das, was schief läuft. Und das hat einfach gut getan. Dazu zu stehen und dann wiederum mit allen gemeinsam zu wissen: Wenn wir wollen und wissen wie, können wir es besser machen. Später sollten wir dann selber etwas produzieren. Wir sollten uns als Wohnbereich vorstellen, mit unseren Ressourcen, Besonderheiten und unseren Zielen. Davon habe ich wohl die roten Wangen, denn ich habe es so sehr genossen, mit meinen Kollegen endlich etwas anderes als die Arbeit zusammen zu machen."

„Wow, das ist ja echt irre. Da wäre ich gerne dabei gewesen."

So könnte es noch lange weiter gehen, aber wir lassen die zwei jetzt bald ins Bett gehen, es ist Freitagabend, schon gleich Mitternacht.

Tabus knacken, um Veränderungen anzupacken!

Wir steigen an dieser Stelle jetzt noch weiter in das Thema Tabu ein.

Kommunikation verbindet. Tabus unterbinden Kommunikation. Dinge, die nicht ausgesprochen werden dürfen, lähmen Prozesse und verhindern Klarheit und Transparenz. Das bremst Mitarbeiter aus, verdrängt Ressourcen. Die Motivation eines Teams leidet. Und so bleiben mögliche Verbesserungsvorschläge unausgesprochen. Die Folge ist, dass kultivierte Tabus, für deren Pflege viel Zeit und Kraft aufgewandt wird, Unternehmen bares Geld kosten.

Tabus entstehen unter anderem, weil es einem oder mehreren Menschen nicht gelingt, etwas zu klären, anzusprechen oder zu entmachten. Durch die Aufrechterhaltung des Tabus wird etwas geschützt, etwas geheim gehalten, was (noch) keiner wissen soll, darf.

Beispiele für Tabus

Vielleicht denken die Mitarbeiter oder die Vorgesetzten, dass keiner damit umgehen könnte, wenn „das Ganze rauskommt", also wenn das Tabu „entlarvt" ist.

Beispiele:

- Die Abteilung XY arbeitet nicht effektiv und das wirkt sich negativ auf Arbeitsprozesse anderer Abteilungen aus.

- Die neue Stellvertretung zeigt ein Führungsverhalten, mit dem viele Mitarbeiter Probleme haben, aber keiner sagt was.

- Einzelne Mitarbeiter haben aufgrund mündlicher Zusagen und Nebenabreden bessere Arbeitsbedingungen, z.B. Urlaubswünsche, Arbeitszeiten, etc.

- Die Mitarbeiter wünschen sich Anerkennung für ihre Leistungen, Mitsprache, etc.

- Es gibt heimliche Führer, weil Verantwortliche nicht eingreifen.

Wenn die Aufdeckung von Tabus jedoch gut be- und geleitet wird, ist das ein sehr erleichternder Prozess.

Selbstverständlich gibt es immer relevante Gründe, dass es ein oder mehrere Tabus in Firmen, Gruppen und Organisationen gibt. Einfach gesagt: Gäbe es keinen Grund für das Tabu, wäre es nicht von Bedeutung.

Unserer Erfahrung nach lohnt es sich, die Aufmerksamkeit auf Tabus zu richten.

Ist ein Tabu nämlich kein Tabu mehr, werden Kreativitätsschübe freigesetzt. Alle Einwände und Argumente, die gestern zur Pflege des Tabus noch hartnäckig verteidigt wurden, sind plötzlich entkräftet und schaffen Freiräume für neue Sichtweisen und Handlungsstränge.

Wenn die Kraft hinter dem Tabu freigesetzt ist, dann:

- kann die offene Kultur über Werte und Glaubenssätze in Unternehmen neu definiert werden,

- werden Gesprächsrituale auf allen Ebenen kommunikativ beflügelt,

- wird der Mut auf Seiten des Managements gestärkt,

- werden die Themen, die in der Betriebsalltagskultur unter der Oberfläche wirken, legitimiert,

- entsteht Leichtigkeit und spielerischer Umgang mit Themen, die vermeintliche Tabus sind oder werden könnten und

- kann die Kreativität, die bisher ungewöhnliche Wege beschritten hat, erweckt werden.

Um Tabus zu knacken, wie wir es nennen, kann es sich absolut lohnen, die folgenden Grundannahmen als Basis zu betrachten.

Aller guten Dinge sind drei:

Wir sehen hier 3 Annahmen, die die Arbeit mit dem „Tabuknacken" so fruchtbar machen.

In Kürze heißt das:

- Die gute Absicht hinter dem Tabu.

- Die Annahme und Grundhaltung, dass es mindestens einige Lösungen gibt.

- Die Annahme, dass es vollkommen okay ist, Fehler zu machen.

Der Anschaulichkeit halber führen wir diese Annahmen aus:

Die gute Absicht hinter dem Tabu:

Hier leitet uns sehr stark eine der NLP-Grundannahmen: „Hinter jedem noch so problematischen Verhalten steckt eine positive Absicht. Jedes Verhalten ist in einem bestimmten Kontext eine Fähigkeit."

Oder noch konkreter gesagt: „Jedem schmerzhaften, schädigenden und sogar gedankenlosen Verhalten lag in der Situation, in der es sich ursprünglich entwickelte, eine positive Absicht zugrunde. Schlagen dient der Abwehr von Gefahr. Sich-Verstecken dient dazu, dass man sich sicher fühlt."

Im Kern sagt der Satz, dass jeder Mensch aus einer guten Absicht heraus handelt. Nur verstehen wir oftmals gegenseitig nicht, wo gerade beim Anderen die gute Absicht steckt. Viel zu sehr sind wir zudem mit der Suche (und Anklage) von Fehlern beschäftigt.

Ein Kind schreibt niemals mit Absicht die ersten Worte, die es schreiben lernt, falsch. Auch stapelt es Bauklötze nicht absichtlich so, dass diese gleich wieder runterfallen. Es ist meist mit großem Eifer dabei, bemüht sich und ist engagiert.

Auch im Berufs- und Erwachsenenleben gibt es dieses Verhalten. Wir möchten das an einem allseits bekannten Beispiel deutlich machen:

In einem Unternehmen wird hinter dem Rücken von Mitarbeitern genau über diese gesprochen.

Also der klassische Tratsch und Klatsch. Natürlich treffen wir nahezu überall auf dieses Phänomen. Bekannt ist auch, dass daraus viele Verletzungen, Missverständnisse entstehen und hieraus wiederum Konflikte resultieren können.

Schauen wir nach der guten Absicht des „Hinter-dem-Rücken-tuscheln", dann kommen verblüffende Erkenntnisse zum Vorschein, an denen lösungsorientiert weiter gearbeitet werden kann. Bemerkt ist hier, dass es sich um nicht bewusste Prozesse handelt. Meistens ist den Beteiligten oft nicht bewusst, welche positive Absicht sie so handeln lässt.

- Sorge, der Kollegin zu nahe zu treten, ihr mit den eigenen Gedanken und Fragen zu viel zu sein

- Sorge, sie zu verletzten
- Wunsch nach Solidarität
- Wunsch, dass sich die Führungskraft diesem Thema annimmt
- Tatsächliche Sorge um das Wohlergehen der Kollegin
- Sich schrittweise selber dem Thema nähern. Vor allem, wenn es einen selber betrifft. Oft ist es ja leichter an anderen etwas zu kritisieren, als es in sich selbst zu klären.
- Kompensation von Neid
- Etc.

„Über Dritte sprechen ist ein menschliches Bedürfnis, denn es entlastet die Seele und hilft, Emotionen loszuwerden. Wir können uns in kühnen Verallgemeinerungen ergehen, schimpfen oder uns lustig machen, ohne dass wir zur Rechenschaft gezogen werden. Das verschafft uns eine kurze Pause vom Ernst des Lebens, wir tanken auf. Wir sprechen aber nicht nur über Dritte, um uns abzureagieren, sondern auch, um zu überprüfen, ob wir mit dem, was wir erleben, denken und fühlen, alleine dastehen oder nicht." (Molzahn, Schlehuber, 2007)

Natürlich ist es intern im Unternehmen eine ganz besondere Herausforderung, solch eine „Tabu-Entmystifizierung" voran zu bringen.

Bezieht eine Leitungskraft die oben genannten Aspekte ein, öffnet sich ihr ein vollkommen neuer Horizont. Sie hat damit die Chance, eine bisher stark problematische Situation zu erleichtern und gar Verbesserungen herbeizuführen. Am o.g. Beispiel kann das z.B. dazu führen, in den wöchentlichen Besprechungsrunden gleich zu Anfang „Blitzlichtrunden" zur jeweiligen Befindlichkeit der Mitarbeiter einzuführen. Z. B. wie folgt: „Wenn Sie ein Teil eines Autos wären, welches Teil wären sie heute? Und warum genau dieses?" Oder auch die einfache Frage: „Wie geht es Ihnen persönlich? Wie geht es Ihnen mit der derzeitigen Aufgabe im Unternehmen? Wie geht es Ihnen im Team? All diese Fragen vermeiden Spekulationen hinter dem Rücken, sofern Sie ernstes Interesse bekunden.

Es gibt mehr als eine Lösung:

Die zweite Annahme bezieht sich darauf, dass es unserer Erfahrung und Kenntnis nach immer Lösungen gibt, egal wie „verfahren" eine Situation zu sein scheint.

Diese essentielle Grundhaltung erleichtert in vielen Fällen ebenfalls enorm. Wenn die Lösung gesehen, gespürt wird, dann wirkt sie wie ein großes Aufatmen.

Theoretischen Hintergrund finden wir bei *Steve des Shazer* und der Schule von *Milwaukee*. Hier tiefer einzusteigen sprengt den Ansatz dieses Buches, nutzen Sie dafür die weiterführende Literatur! Es gibt jedoch einen leicht nachzuvollziehenden Brückenschlag. Denn die besondere Bedeutung kommt der Hauptaussage zu: „Der lösungsfokussierte Ansatz ist dadurch gekennzeichnet, dass er völlig auf eine Problemanalyse verzichten kann... Es geht beim lösungsfokussierten Ansatz um eine grundsätzliche Veränderung, bei der die Welt des Problems sich schlagartig in die Welt der Lösung verwandelt. (Sparrer, 2006)

Was hier so einfach steht, ist in Wirklichkeit auch einfach.

Denn alleine die Vorstellung, dass das Problem aufgehört hat, dass es eine Lösung gibt, dass der Druck verschwunden ist, hat eine äußerst positive Wirkung. Somit haben die Tabus auch eine Chance, das preiszugeben, was dahinter steckt. Und dann entsteht etwas Neues, dem sich zugewandt werden kann.

Diese Lösung zu finden, kann gut in Coaching-Situationen entwickelt werden.

Meist ist dabei schon eine Frage:

* „Was wäre anders, wenn das Problem gelöst wäre?"

* „Was ist, wenn das Problem gelöst ist?"

* „Angenommen das Problem ist gelöst, was ist dann?"

Außerhalb des genannten Ansatzes über lösungsfokussierte Fragen steigen wir stark über den theatralen Ansatz ein. Mittels begleitender Theaterformen zeigen wir eine Auswahl geeigneter Lösungen und Lösungsvarianten auf, die emotional leicht nachzuvollziehen sind.

Somit wächst in den Mitarbeitern Vertrauen, dass es Wege aus Sackgassen gibt.

Das Spiel zweier Typen, die eigentlich gar nichts mit dem Unternehmen zu tun haben, aber alles aufzeigt, was im Unternehmen „herum schwelt" und viele Situationen von Konflikten und Anspannung bringt, ermuntert zu eigenem Handeln. Wenn wir als Zuschauer im Theater eine Situation gespielt sehen, die ein Stückchen unseres eigenen Lebens erzählt (z.B. Neid, Überforderung, Wünsche, Konflikte, Visionen, etc.), dann können wir daraus Anregungen für unseren Alltag holen, ohne uns selber aktiv einbringen zu müssen.

Wenn das Theater jedoch im eigenen Unternehmen stattfindet, quasi vor der Haustür, dann berührt es weit mehr.

Und wenn dann die Spielenden, die Zurufe und Anregungen der „Mitarbeiter-Zuschauer" einbinden und im Spiel berücksichtigen, dann ist die Akzeptanz auf Seiten der Mitarbeiter hoch.

Besteht in den Köpfen der Mitarbeiter der Gedanke, dass ein Tabu okay ist, dann ist es schon mal ein ganzes Stück weit „entmachtet".

Fehler sind nützlich:

Diese Annahme beinhaltet, dass es okay ist, Fehler zu machen.

Ein wenig heikel ist diese Sicht schon; sie ist ungewöhnlich, besonders weil sie unserer deutschen Tugend „perfekt" zu sein widerspricht.

Die meisten von uns sind von klein auf darauf gedrillt, dass sie tunlichst Fehler vermeiden sollen.

„In unserer Gesellschaft ist es meist nicht angezeigt und üblich, Fehler zu machen. Unter dem Motto: „Fehler machen nur Versager" traut sich keiner, einen Fehler zu machen. Auf der anderen Seite zeigen Fehler lediglich an, dass etwas fehlt. Fehler sind das - kleine - Risiko, das wir eingehen, um uns neue Möglichkeiten zu erschließen. Fehler sind - klasse, weil sie anzeigen, dass wir uns bewegen." (Messer, 2006)

Und: „Jeder Mensch macht Fehler... Aber macht nicht absichtlich Fehler (zumindest in der Regel), sondern hält das, was er macht, für richtig. Hielte er es für falsch und würde es demnach als Fehler erkennen, würde er es richtig machen... Aber kein Kind rechnet absichtlich falsch oder schreibt absichtlich ein Wort falsch, niemand schlägt beim Tennis absichtlich daneben oder lässt beim Jonglieren absichtlich den Ball fallen. So gesehen macht niemand einen Fehler." (Maier, 2000)

Wir singen in einem Chor. Unsere Chorleiterin bittet uns beim Erlernen von neuen Liedern darum, dass wir es bitte falsch statt gar nicht singen. Erst wenn wir uns selber (falsch) singen hören, können wir erkennen, wie es stattdessen hätte richtig sein können.

Wenn Kinder im Spiel einen „Fehler" machen, dann regt sie das an, weiter auszuprobieren, andere Wege auszusuchen. Statt Frust entsteht Neugier und Tatendrang. Bis dann die Eltern kommen...

Je älter wir werden, desto weniger trauen wir uns, Fehler zu machen und berauben uns damit vieler Lernmöglichkeiten. Ein wohlmeinender Umgang mit Fehlern ist in unserem Alltag leider nicht gewöhnlich, wir lernen bereits früh, dass Fehler schlecht sind. Die Mutter schimpft, wenn wir etwas kaputt machen, der Vater ist ärgerlich, wenn wir etwas nicht gleich richtig gemacht haben. Folge: Wir entwickeln Schuldgefühle. Und hören Sätze, wie: „Das schaffst du doch nicht!", „So wird aus Dir nie was!" Diese Sätze klingen in uns auch im Erwachsenenalter nach, bewusst oder unbewusst.

Dass wir damit dann als Erwachsene durch die große, weite Welt gehen , ist nur klar.

Und natürlich fallen wir schnell in die Schuldhaltung, wenn wir einen Fehler gemacht haben, oder wir weisen andere auf ihre Fehler hin.

Dass es anders gehen kann zeigen zwei Beispiele von Birkenbihl:

„Der 1-Million-Dollar-Fehler"

Der Stahl-Magnat Andrew Carnegie zitierte in den 30er Jahren einen neuen Manager zu sich, der (noch in der Probezeit) eine falsche Entscheidung getroffen hatte, welche die Firma eine Million Dollar kostete. Der Manager setzte sich verlegen auf die vorderste Stuhlkante und meinte: „Sie werden mich jetzt sicher feuern?" Darauf Andrew Carnegie: „Wie kommen Sie denn darauf? Wir haben gerade 1 Million Dollar in Ihre Ausbildung investiert! Wieso sollen wir Sie jetzt fortschicken?" (Birkenbihl, 2001)

„Der Fehler des Piloten"

Bob Hoover, ein berühmter Testpilot und Flugakrobat, befand sich nach einem Flugmeeting in San Diego auf dem Rückflug nach Los Angeles, wo er zu Hause war, als in einer Höhe von knapp 1000 Metern plötzlich beide Motoren aussetzten. Durch geschicktes Manövrieren glückte es ihm, die Maschine zu landen. Sie wurde zwar schwer beschädigt, aber es wurde niemand verletzt. Nach dieser Notlandung prüfte Hoover als erstes den Kraftstoff. Wie er richtig vermutet hatte, war die Propellermaschine aus dem Zweiten Weltkrieg statt mit Benzin für Kolbenmotoren mit Flugpetrol für Düsenflugzeuge aufgetankt worden.

Sobald er wieder auf dem Flugplatz war, verlangte er den Mechaniker zu sehen, der seine Maschine gewartet hatte. Der junge Mann war krank vor Verzweiflung über seinen Irrtum und Tränen liefen ihm über die Wangen, als Hoover auf ihn zukam. Er wusste, dass er den Verlust eines sehr teuren Flugzeugs und beinahe den Tod von drei Menschen verschuldet hatte.

Sie können sich Hoovers Ärger vorstellen. Und das Donnerwetter, mit dem ein so stolzer und hervorragender Pilot auf eine solche Fahrlässigkeit reagieren musste. Aber nichts dergleichen geschah. Hoover kanzelte den Mechaniker nicht ab; er tadelte ihn nicht einmal. Stattdessen legte er ihm den Arm um die Schultern und sagte: „Damit Sie sehen, dass ich weiß, dass Ihnen so etwas nie mehr passieren wird, möchte ich Sie bitten, morgen meine F-15 aufzutanken." (Birkenbihl, 2001)

Sie sehen selbst, ein anderer Blick auf „Fehler" bringt Neues, was keiner ahnte. Zudem verstärkt es den Aspekt der Menschlichkeit in der Arbeitswelt.

Wenn wir in Unternehmen gerufen werden, um Tabus zu knacken, dann fallen wir nicht gleich mit der Tür ins Haus. Wir nehmen uns Zeit und Muße, um zu reflektieren, Interviews auszuführen, zu beobachten, wahrzunehmen und hinzuspüren. Unser Focus richtet sich darauf,

- die Stimmungen, Haltungen und Emotionen,

- den Umgang mit Anerkennung und Wertschätzung,

- den Umgang mit „Fehlern",

- das Verhalten der Menschen im Miteinander und

- die Werte in öffentlichen und privaten Räumen des Unternehmens

wahrzunehmen und zu analysieren.

Unsere Sichtweise ist nah, ehrlich, empathisch und neutral. In einem anschließenden Gespräch können Sie unsere Eindrücke erfahren und wir legen Ihnen aus unserer Sicht sinnvolle und wirksame Interventionen vor.

Es gibt eine Vielzahl an Möglichkeiten, Tabus zu knacken oder die „heiligen Kühe" in Ihrem Unternehmen zu schlachten. Dies sind z.B.:

- **Die Aufdeckung von Ritualen.** Nehmen Sie als Beispiel die Geschichte mit der Katze am Ende diese Textes.

- **Der Einsatz von Metaphern.** Metaphern öffnen als Brückenschlag die Augen. Durch die geschaffene Analogie, wie z.B. „an einem Stuhl sägen", werden neue Aspekte deutlich. Zum Beispiel eröffnet die Metapher Seereise die Perspektive Veränderung, unbekanntes Land, Abenteuer, neue Herausforderung, gefährliche Wetterlagen und die Bedeutung einer guten Mannschaft an Bord.

- **Storytelling,** z.B.: „Ihr Unternehmen in fünf Jahren", oder „Ihre Firma in einem vollkommen anderen Land". Wir erzählen mit Ihren Mitarbeitern und für sie Unternehmensgeschichten.

- **Trainings zu den aufgedeckten Themen:** Konflikte, Kommunikation, Persönlichkeitsentwicklung, etc.

- **Unternehmenstheater:** Die Themen unter dem Tabu können mittels der diversen Formen des Unternehmenstheaters szenisch als Spiegel wirken und bearbeitet werden.
- Und vieles mehr.

Tipps zur Tabuprophylaxe:

Nutzen Sie die folgenden Fragen, um Ihre Wahrnehmung für Irritationen und Inkongruenzen, aus denen Tabus entstehen können, zu schärfen! Wir nennen als Urquelle für die Themen und Fragen *Schlehuber* und *Molzahn 2007*. Wobei wir uns erlaubt haben, ihre Gedanken in unserem Sinne und mit unseren Erfahrungen abzuändern.

Atmosphäre:

Wie ist die Atmosphäre? Wo und wann gibt es Veränderungen in der Atmosphäre? Warum ändert sie sich? Ist sie unterkühlt, frostig, erhitzt, gelähmt, sediert, taub, angespannt, nüchtern, neutral, lebendig? In der Atmosphäre – auch wenn sie nicht greifbar ist – ist alles enthalten.

Kommunikationsstil:

Wie ist der Kommunikationsstil? Welcher Jargon herrscht in Ihrem Umfeld, wie wird wann kommuniziert? Wo gibt es Irritationen? Wie beziehen sich die Sprechenden mit ihren Aussagen und Beiträgen aufeinander, wo gehen sie sich aus dem Weg? Wo sind Tilgungen und Verallgemeinerungen wahrzunehmen?

Teilhabe – Gewichtung:

Wer schließt sich aus Gesprächen aus, wer steht im Mittelpunkt? Wer hat welches Sprechverhalten, wer spricht viel, wer wenig? Wer passt sich wo wie an? Wer nimmt an Gesprächen teil, wer nicht? Wer passt sich nicht an?

Beziehungen:

Welche Beziehungssignale gibt es? Welche Beziehungen – offen/verdeckt – gibt es? Wie werden Beziehungen bezeichnet, formuliert? Wie wird über Beziehungen gesprochen (Wortwahl, Jargon, Ton)? Welche nonverbalen und verbalen Beziehungssignale gibt es?

Welche Abhängigkeiten gibt es, woran sind sie wahrzunehmen?

Status und Macht:

Woran sind Statusunterschiede festzustellen? Wie sehen diese Status-merkmale aus? Wer hat welchen Status – mit wem – in welchem Zusammenhang?

Wer übt verbal/nonverbal wann wo Macht aus?

Kongruenz – Inkongruenz:

Wo bestehen in dem Gesagten und Erlebten Kongruenz bzw. Inkongruenz? Wer ist kongruent? Wann besonders – wann nicht? Wie wird im Miteinander auf Inkongruenzen/Kongruenzen reagiert? Was sind wann typische Folgen?

Abgrenzungen in der Sprache:

Wo gibt es in Gesprächen Hinweise auf Abgrenzungen von Menschen? Z.B. Herum- oder Herausreden? Wann treten Verallgemeinerungen, nebulöse Sätze und Formulierungen, „Man"-Sätze", Stammeln, Stocken, Unsicherheiten und verbales Fluchtverhalten auf? Wann „verschwinden" Informationen? Wann verschwinden Informationen aus dem Bewusstsein von Mitarbeitern, oder werden gedämpft, ignoriert, vertuscht, verdrängt?

Grenzsetzungen Einzelner:

Wo und wann können Sie – womöglich auch warum – Verhaltensweisen wie starke Gefühle und Gefühlsschwankungen, Wallungen, Erröten, Peinlichkeiten, Scham, peinliche Stille, Vertuschungen, Lähmungen, starke

Trance, Rechtfertigungen, Ablenkungen, schnelle und plötzliche Themen-
wechsel, Zurechtweisungen, Schuldzuweisungen etc. wahrnehmen?

Werte und Normen:

Was gibt es für Werte (ausgesprochene – unausgesprochene)? Wer stellt
sie auf? Wer lebt sie? Wie werden sie gelebt? Kongruent – Inkongruent?
Welche Rituale und Mythen gibt es? Was geschieht, wenn diese nachge-
fragt und angesprochen werden?

Rituale:

Welche Rituale gibt es? Worin sind sie begründet? Wie werden sie ausgeführt? Wer sorgt für Rituale? Wer stellt sie in Frage? Wann werden welche
Rituale ausgeführt?

Führung untereinander – miteinander:

Wer führt wen wie? Wer lässt sich führen? Welche Führungskraft braucht
welche Führung? Wer führt still? Wer führt nicht, obwohl er/sie führen
soll? Was tut er/sie stattdessen?

Wie wird geführt? Welche Akzeptanz hat Führung? Welche Annahmen und
Glaubenssätze gibt es zur Führung und zum „Geführtwerden"? Wer beein-
flusst wen und wie? Wer übernimmt Verantwortung, offiziell – inoffiziell?
Wer sendet welche Signale?

Führungsstile:

Wer führt mit welchem Führungsstil? Wie wirkt sich dieser aus? Warum führt er/sie auf diese Art? Was wird geführt? Ist der Führungsstil
zielorientiert? Gibt es Ziele? Wie verhalten sich die Mitarbeiter bei
welchem Führungsstil?

Kontakt:

Wie ist der Kontakt untereinander? Wer hat mit wem auf dem Dienstwege und „freiwillig" Kontakt? Wo gibt es Freundschaften, wie sehen diese aus und was bewirken sie für die Befreundeten und die anderen? Wo gibt es Feindschaften, wie sehen diese aus und was bewirken sie für die „Befeindeten" und die anderen? Wie wird welcher Kontakt gepflegt? Kongruenz – Inkongruenz? Wo gibt es welche offiziellen und inoffiziellen Kontaktpflegewege – wie sehen diese aus? Was verhindern sie – was ermöglichen sie?

Ein Beispiel, wie schnell ein Missverständnis oder ein Ritual entsteht.

„Wenn der Guru sich abends zur Andacht niederließ, kam die Aschramkatze und störte die Andächtigen. So ordnete er an, die Katze während des abendlichen Gottesdienstes anzubinden.

Als der Guru starb, band man die Katze bei der abendlichen Andacht weiterhin an. Und als die Katze gestorben war, wurde eine neue Katze in den Aschram geholt, damit sie während der Andacht entsprechend angebunden werden konnte. Jahrhunderte später verfassten gelehrige Schüler des Guru gelehrte Abhandlungen über die liturgische Bedeutung des Festbindens einer Katze während der Zeit des Andachtrituals."

Oder fragen Sie einfach die Tabuknacker:

Barbara Messer   und   Sandra Masemann

EiN FEST

„Jetzt weiß ich, was wir machen!", sagt Petra und lächelt Horst mit ent-
schlossenen und leuchtenden Augen an. „Wie du das immer hinkriegst- so
schnell eine Lösung zu finden." Horst ist einfach froh, Petra an seiner Seite
zu haben. „Wieso? Das machst du doch auch, nur in anderen Bereichen!
Wir zwei sind eben einfach ein gutes Team!"

Ihre Blicke treffen sich und lange schauen sie einander an. Petra ist die
erste, der eine Träne den Schnabel entlang kullert. Und jetzt sprudelt es
aus Horst heraus: „Es ist einfach auch ganz schön schwer, die ganze Gruppe zu führen und dabei selbst nicht zu verzagen. Manchmal kann ich nicht
mehr und würde am liebsten alles hinschmeißen." „Ja, ich merke auch,
wie mir die Kraft schwindet. Es ärgert mich, dass die anderen so wenig
Vertrauen in uns haben. Und diese Gerüchte sind das Allerschlimmste."

Horst nickt vehement: „Wir können es nur schaffen, wenn wir alle zusam-
menhalten und uns auch direkt mitteilen, wo wir schwach sind und Unterstützung brauchen. Das haben wir früher auch so gemacht, am Südpol,
meine ich."

Petra ist mit ihren Gedanken nun ganz am Südpol: „Wie eng haben wir
uns Frauen beim Brüten aneinander gekuschelt, als wir so viele Monate
ohne Nahrung auf euch gewartet haben. Und dann diese Sorgen: Wird er
es schaffen, wird er lebend wiederkommen? Und halte ich die lange Zeit
ohne Essen bis dahin durch?"

Beide rücken ein wenig zusammen und kuscheln sich eng aneinander.
„Ja!", denken sie beide, „wir Pinguine haben schon ganz andere Situa-
tionen gemeistert." Petra erzählt Horst ihre Ideen zum Umgang mit den
Tabus an Bord. Er ist skeptisch und unsicher, ob es ihm gelingt, die Tabus
offen und wertschätzend anzusprechen. Doch weiß er auch, dass es seine
Aufgabe ist.

Um etwas Zeit zu gewinnen, verkündet Horst über die Lautsprecher des
Schiffs folgende Botschaft: „Liebe Pinguine! Am heutigen Abend, wenn
die Sonne im Meer versinkt, findet eine Versammlung statt. Petra und ich
sind der festen Überzeugung, dass es Zeit ist, um all die Tabus, Gerüchte
und Sorgen, die seit einigen Tagen uns allen das Leben schwer machen,
offenzulegen." Viele der Pinguine brechen abrupt ihre Arbeit ab. Einige sind

zutiefst geschockt, sie fühlen sich ertappt. Petra sieht es in ihren Augen und greift zum Mikrofon, welches sie fest mit beiden Flossen umschlossen hält. „Liebe Pinguine, wir möchten euch einladen, am heutigen Abend darüber zu sprechen, welche Sorgen ihr habt, und auch welche Horst und ich haben. Wir glauben ganz fest an den Zusammenhalt unserer Gruppe und möchten Zeit und Raum geben, uns alle daran zu erinnern."

Der Abend wird ein echter Erfolg, eine Mischung aus Ernst und Humor. Am Schiffsmast wird ein großes Plakat aufgehängt, auf dem mit viel Freude und Leichtigkeit die Gerüchte der letzten Zeit notiert werden. Jemand schlägt sogar vor, das beste Gerücht zu wählen und den Gewinner mit einer Extraportion Fisch zu belohnen. Ein Glück für Horst und Petra, sie gewinnen. Denn die Mutmaßungen über ihren „Ehekrach" bescheren ihnen ein wahres Festmahl.

Es gibt musikalische Beiträge von den Telefonistinnen, die die Zukunft im Zoo besingen. Einige der Pinguinmänner erzählen von der schweren Zeit allein im Eis und vom dem unermesslichen Glück, bei Rückkehr zur Kolonie den Ruf ihrer Frau zu hören. Horst und Petra haben einen Sketch vorbereitet. Einen zu ihren Befürchtungen und einen zu ihren Wünschen an die anderen Pinguine. Ach, würde der Abend doch nie enden! Erst zum Morgengrauen gehen die meisten ins Bett.

Noch viele Wochen später zehren die Pinguine von diesem Abend. So viel gelacht und Kraft geschöpft haben sie schon lange nicht mehr. Fast wie im Flug vergeht die Zeit und das Gefühl von Zuversicht und Leichtigkeit macht sich breit.

„Wir sind kurz vor Cuxhaven!", ruft Horst begeistert in die Menge. Doch der laute Sturm der Gefühle verschluckt fast jedes seiner Worte. Er erinnert sich daran, wie sie es früher im Eis gemacht haben. Schnell sind ein paar Pinguine ausgewählt, die an erhöhten Punkten postiert sind. Manche können mittlerweile an den Segeln emporschwingen, um im richtigen Moment die Worte weiterzutragen.

Die Pinguine können sich nicht mehr halten. Die schrillen Freudenschreie, unnachahmliche Freudenklatscher mit dem Bauch aufs Holz, die wilden Flossenbewegungen und das Auf- und Abspringen der jungen Pinguine sind bereits von Weitem zu erkennen.

Am Hafen steht voller Erwartung die Delegation des norddeutschen Zoos.

Durch Ferngläser beobachten die Frauen und Männer das Treiben auf dem Schiff. „Großartig, diese Pinguine sind genau das, was unseren Zoo nach vorne bringt!"

Die Ankunft ist mit Worten kaum zu beschreiben. An der Kaimauer stehen Hunderte von Leuten, die aus der Zeitung über die Ankunft der Pinguine erfahren haben. Zahlreiche Kinder sind in Pinguinkostümen erschienen, Demonstranten fordern auf großen Plakaten den Einsatz von erneuerbaren Energien, um die Pole zu retten. „Schützt die Pinguine!", ruft es aus allen Richtungen. Es duftet nach Fisch, denn viele Fischverkäufer sind erschienen, um den Pinguinen ihren besten Fisch zu schenken. Die Atmosphäre ist überwältigend.

Horst und Petra steigen als erste von Bord. Sie sprechen aus einem Schnabel: „Wir sind froh, dass Sie alle hier sind. Für uns ist es eine Ehre, so empfangen zu werden. Und wir möchten uns vor allem bei den Menschen des Schiffs bedanken, die uns den weiten Weg hierher brachten. Doch jetzt möchten wir nichts weiter als endlich ankommen." Die Menge jubelt und es folgt ein kaum endender Applaus.

„Selbstverständlich!", antwortet der Zoodirektor. Und nun sehen die Pinguine erst die ganzen Kühlwagen, die gefüllt mit lauter Eis und offenen Türen als Transportmittel bereitstehen. Innerhalb kürzester Zeit sind alle verstaut und die Fahrt beginnt. Viele schlafen vor Erschöpfung ein. „Was glaubst du Horst, werden wir einen guten Platz haben?" „Ganz sicher", antwortet Horst, doch da ist Petra schon eingeschlafen.

Im Zoo angekommen springen die Pinguine aus den Kühlwagen direkt ins kühle Nass, indem sich bereits viele Fische tummeln. Zum Glück ist Montag und der Zoo ist für Besucher geschlossen. „Endlich!", verschafft Horst seiner nicht zu bändigen Freude Platz. „Wir haben es geschafft, lasst uns jeder das tun, worauf er Lust hat. Alles andere morgen."

Doch der Zoodirektor steht bereits hinter ihm: „Herr Horst, dürfte ich Ihnen noch eine Frage stellen, über die Sie bis morgen nachdenken?" „Oh nein!", denkt Horst. „Ich kann nicht mehr. Ich möchte einfach schwimmen, jagen und mich im Wasser drehen!"

Petra weiß, wie schwer für Horst die lange Zeit ohne Bewegung war und wendet sich dem Zoodirektor zu: „Was gibt es denn?" „Wir haben uns noch keine Gedanken gemacht, wie wir Sie als Attraktion bewerben und wie wir die ganze Werbung aufziehen wollen. So eine große Menge an Pinguinen hat es in einem Zoo noch nie gegeben."

„Wir werden uns morgen mit Ihnen treffen!", antwortet Petra keck, wohlwissend, dass sie auf den nächsten Seiten im Logbuch etwas dazu finden wird. „Komm, lass uns abtauchen!" Horst schupst Petra liebevoll von hinten Richtung Wasser.

9. Corporate Design für den Mittelstand

Der Irrglaube, dass nur Millionenkonzerne ein Corporate Design benötigen, ist immer noch weit verbreitet. Dabei ist es vollkommen egal, ob kleines Segelboot oder großer Luxusliner... Die Regeln, um sicher in See zu stechen, sind immer gleich.

Generell gilt: Je professioneller ein Außenauftritt konzipiert ist, umso hochwertiger wird ein Produkt oder eine Dienstleistung eingeschätzt bzw. je geringer, wenn die Präsentation schlecht ist oder überhaupt nicht stattfindet.

Oder welches Schiff würden Sie für Ihre nächste Reise bevorzugen? Den verrosteten alten Kahn oder den rausgeputzten, frisch auf Hochglanz polierten Dampfer?

Das Innere, also den Maschinenraum, kennen Sie nicht, sondern Sie schließen vom Äußeren und dem ersten Eindruck auf Qualität und Leistung. Und genauso geht es auch Ihren Kunden.

Also: Seien Sie stolz auf sich und Ihr Unternehmen und zeigen Sie, was Sie zu bieten haben! Dann wird auch Ihr Kunde stolz sein, Sie gefunden zu haben!

What you see is what you get

Erst die Art der visuellen Präsentation gibt Ihnen die Möglichkeit, Ihr Unternehmen am immer dichter werdenden Markt zu positionieren.

Hierbei sollte der äußere Auftritt natürlich immer zur Seele Ihres Unternehmens passen, ansonsten verlieren Sie schnell an Glaubwürdigkeit.

Nutzen Sie Ihr Corporate Design als Verkaufsinstrument, es wird Ihr bester Lotse auf dem Weg zu Ihrem Kunden!

Gerade mittelständische Unternehmen können sich durch eine geschickte Präsentation in Form eines professionellen Corporate Designs einen Wettbewerbsvorteil verschaffen.

Hierbei zählt der individuelle Auftritt, denn jedes Unternehmen hat sein eigenes Gesicht. Es wartet nur darauf, ins rechte Licht gerückt zu werden!

Begrifflichkeit - Was bedeutet Corporate Design?

Corporate Design beschreibt landläufig das visuelle, charakteristische Erscheinungsbild eines Unternehmens.

In der Umsetzung bedeutet das die durchgängige Gestaltung diverser Kommunikationsmittel wie Briefpapier und Visitenkarten, Broschüren und Flyer, Formulare, Websites, Power Point Vorlagen etc.

Zu einem Corporate Design gehören u.a.:

- Logo

- Auswahl von Typografie

- Farbgebung

- Gestaltungsmittel wie Symbole, Ornamente, Zeichen

- charakteristische Bildsprache

- Gestaltungsraster, Anordung der Gestaltungselemente

- Auswahl von Materialien wie Papier

- Architektur, Innenausstattung

Tatsächlich ist ein Corporate Design jedoch weitaus mehr als nur eine "attraktive Aufmachung"... vielmehr macht es die inneren Werte für Ihren Kunden sicht- und begreifbar.

Als Aushängeschild spiegelt es den guten Geist Ihres Unternehmens wider, besitzt einen hohen Wiedererkennungswert und lässt sich problemlos in weitere Werbemittel wie Geschäftspapiere, Broschüren oder Ihre Homepage integrieren.

Was bringt mir ein gutes Corporate Design?

Ein gutes Corporate Design hat das Ziel:

1. eine Marke zu schaffen, ...

um diese dann zu positionieren und eine klare Aussage über sich zu treffen.

2. eine Identifikationsmöglichkeit sowohl für Mitarbeiter als auch für Kunden zu schaffen.

So finden die „richtigen" Kunden den Weg zu Ihnen und Ihre Mitarbeiter können sich und somit auch Sie selbstbewusst präsentieren.

3. Emotionalität zu wecken, ...

denn Ihr Kunde will kein Produkt kaufen, sondern ein Gefühl und einen Nutzen.

Jemand, der eine Kreuzfahrt bucht, kauft sich mit seinem Ticket keinen Kabinenplatz, sondern Erholung, Spaß, Unterhaltung...

4. Wiedererkennungwert zu schaffen, ...

denn ein einprägsames Corporate Design baut bei durchgängiger Verwendung Vertrauen auf. Vermeintlich Bekanntes wird eher konsumiert.

5. Professionalität zu vermitteln, ...

denn das zeigt dem Kunden: Die Firma investiert in sich selbst und besitzt unternehmerisches Selbstbewusstsein.

Schließlich vertrauen Ihnen Ihre Kunden ihr Geld an und erwarten dafür eine professionelle Leistung. Und auch hier gilt: Der erste Eindruck zählt!

6. Geld zu sparen, ...

denn der finanzielle Nutzen durch Vereinheitlichung/Richtlinien/Vorlagen ist nicht zu unterschätzen. Je klarer und einheitlicher das Corporate Design im Vorfeld gestaltet und definiert ist, umso einfacher ist zum späteren Zeitpunkt die jeweilige Implementierung in die unterschiedlichen Medien.

Das spart Zeit und somit auch Geld.

Bedarfscheck - Wie professionell ist mein derzeitiger Auftritt?

Anhand der folgenden Checkliste können Sie prüfen, wie es um Ihren derzeitigen Auftritt bestellt ist.

* Gibt es eine durchgängig verwendete Schriftart/Hausschrift?

* Gibt es durchgängig verwendete Farben?

* Ist Bild- und Fotomaterial vorhanden?

* Wenn ja, wird dieses auf eine einheitliche Art eingesetzt?

* Verwenden Sie durchgängige Symbole/grafische Elemente?

* Lässt sich ein einheitliches Gestaltungsraster erkennen?

* Fühlen Sie sich durch Ihren derzeitigen Auftritt treffend präsentiert?

* Zieht sich Ihr derzeitiger Auftritt gleichmäßig durch Ihre vorhandenen Medien wie Print und Online?

All diese Komponenten ergeben in ihrer Summe ein unverwechselbares und charakteristisches Erscheinungsbild. Je konsequenter umgesetzt, desto besser!

Der Weg ist das Ziel - Von der Analyse über die Strategie zur Umsetzung

Ohne eine vorangehende Analyse ist es unmöglich, ein wirkungsvolles Corporate Design für Ihr Unternehmen zu schaffen.

Das Motto lautet: Nicht im Trüben fischen!

Denn wie wollen Sie erfolgreich auf Kundenfang gehen, wenn Sie nicht wissen, welchen Köder Ihr Kunde bevorzugt? Nur wer sich selbst, seine Zielgruppe, seinen Markt und seine Konkurrenz genau kennt, kann sich gezielt präsentieren und positionieren.

Anders gesagt, was bringt Ihnen ein ästhetischer Auftritt, wenn Ihre Zielgruppe sich nicht mit diesem identifizieren kann.

Die Macht der Marke - Ich gehe meilenweit für eine Camel

Bis zum Jahr 1991 warb die Zigarettenfirma Camel mit dem Camel-Mann. Er ging meilenweit durch die Wildnis für eine Zigarette, solange bis die Sohlen qualmten.

Ähnlich wie auch der Marlboro-Mann stand er für das Gefühl von Freiheit, Wildnis und Abenteuer. Nachdem jedoch die Beliebtheit des Camel-Mannes zunehmend abnahm, entschloss sich die Firma zu einem radikalen Imagewandel.

Im Jahr 2004 präsentierte die Firma eine neue Kampagne unter dem Motto „Reine Geschmackssache", die mit putzigen Comic-Kamelen in lustigen Situationen warb.

Die Spots und Anzeigen des Zigarettenherstellers wurden mit Auszeichnungen überhäuft, leider sprachen die Umsatzzahlen eine andere Sprache. Diese gingen nämlich rasant in den Keller. Die wenigen neu hinzugewonnenen Kunden konnten die Masse an Abwanderern Richtung Marlboro Country nicht auffangen.

Die Spots kamen zwar überwältigend gut beim breiten Publikum an, die Zielgruppe fühlte sich anscheinend jedoch nicht angesprochen. Zwar gibt es keine Beweise, es liegt aber nahe, dass sich der Camel-Raucher nicht mehr mit dem Image seiner Marke identifizieren konnte.

Tipp

Schreiben Sie auf, wie Sie und Ihre Kunden Ihr Unternehmen sehen - heute und in der Zukunft.

Wichtig hierbei sind u.a. folgende Faktoren:

FIRMA

Historie, Struktur, Größe, Angebot etc.

Frage:

- Bin ich ein traditionsstarkes Unternehmen oder punkte ich durch Innovation?

- Möchte ich mich eher personenbezogen oder als Unternehmen präsentieren?

ZIELGRUPPE

männlich oder weiblich, Position, Beruf, Alter, Charaktereigenschaften usw.

Frage:

Wenn Sie sich Ihren „Lieblingskunden" in einer Person vorstellen, wie würde dieser aussehen?

234

STÄRKEN/USP

Kernkompetenz, besondere Angebote, Vorteile/Nutzen für den Kunden

Frage:

- Wenn Sie Ihre Kunden fragen würden, was sie an Ihnen schätzen, was wäre die Antwort?

- Wie haben sich zufriedene Kunden in der Vergangenheit über mich und mein Angebot geäußert?

- Was würde ich mir wünschen, welche Aussagen Kunden in Zukunft über mich und mein Unternehmen treffen sollten?

- Was macht mich einzigartig/besonders?

KONKURRENZ

in der unmittelbaren Umgebung, im Internet, regional, überregional, gestalterische Merkmale der Konkurrenz wie dominierende Farben, Schriften

Frage:

- Wenn ich nach der eigenen Dienstleistung/Produkt suchen würde, wen würde ich dann finden?

- Wie positioniert sich die Konkurrenz?

- Wie kann ich mich von meiner Konkurrenz abheben/wie falle ich auf?

Tipp

Schlüpfen Sie einmal in die Rolle Ihres Kunden und machen sich auf die Suche nach "Ihrem" Angebot. Geben Sie z.B. passende Begriffe in bekannte Suchmaschinen ein und sehen Sie sich die Ergebnisse an.

Aber Achtung: Versetzen Sie sich hierbei genau in die Rolle des Kunden. Nicht die korrekte Bezeichnung zählt, sondern wonach der Kunde tatsächlich sucht.

Ein Endkunde, der eine Klimaanlage benötigt, würde wohl auch nach dem Begriff „Klimaanlage" suchen, weniger nach dem Begriff „Raumlufttechnik", auch wenn diese Bezeichnung natürlich fachlich korrekt ist.

Analysen der häufig gesuchten Begriffe finden Sie im Internet. Hilfreich hierbei ist z.B. das Google Keyword-Tool.

Meine relevanten Suchbegriffe

_____

_____

_____

_____

_____

_____

_____

_____

_____

ANALYSE	STRATEGIE
Wer bin ich? Selbstanalyse: Was biete ich an, wie definiere ich mich und meine Firmenphilosophie?	**Wie präsentiere ich mich?** Wie visualisiere ich meine Werte und Philosophie (z.B. gut und günstig, einzigartig und individuell...)?
Was sind meine Alleinstellungsmerkmale/Stärken? Was macht mich einzigartig?	**Wie kann ich diese Merkmale visuell unterstützen?** Welche Schrift, Farbe, Symbolik passt zu meinem Image?
Wie sieht meine Zielgruppe aus? Wie sieht mein Traumkunde aus?	**Wie positioniere ich mich zielgruppengerecht?** Welches Design passt zu meiner Zielgruppe?
Mit wem muss ich mich am Markt messen? Wie sieht meine Konkurrenz aus?	**Wie grenze ich mich von meinen Mitbewerbern ab?** Wie schaffe ich es, „aus der Reihe zu tanzen"?

INDIVIDUELL ABGESTIMMTES CORPORATE DESIGN

In der Praxis - Form follows Function

Neben allen wichtigen inhaltlichen Aspekten zählt natürlich vor allem die Funktionalität. Auch hierbei ist eine genaue Bedarfsanalyse für den späteren Einsatz entscheidend.

Deshalb stellen Sie sich immer die Frage:

Wo und wie wird das neue Corporate Design eingesetzt?

Hier einige Beispiele aus der Praxis:

PRINTBEREICH

Gebrauch von Faxen

- Das Logo sollte gut in s/w bzw. Graustufen funktionieren, d.h. gute Kontraste aufweisen. Außerdem sollte es eine klare Form aufzeigen, um möglichst verlustfrei beim Empfänger anzukommen.

- Die Schrift z.B. auf Brief- und Faxbögen sollte nicht zu dicht am Rand platziert werden, um beim späteren Ausdruck vollständig zu erscheinen.

Schriftverkehr wird häufiger von Ihrem Kunden abgeheftet

- Logo auf Briefbogen rechts oben platzieren

- grafische, farbige Elemente am rechten Rand platzieren

So findet Ihr Kunde schnellstmöglich beim Durchblättern Ihr Angebot in seinem Ordner.

WERBEMITTEL

Verwendung von Werbeartikeln (z.B. Kugelschreiber, Feuerzeuge...)

- Das Format des Logos sollte sich hierfür eignen.

- Hier zählt: je weniger Farben, umso kostengünstiger ist der Druck.

Fazit

Passen Sie Ihren Auftritt Ihren Bedürfnissen an. Eine Patentlösung hierfür gibt es nicht. Deshalb nehmen Sie Abstand von Angeboten aus der Schublade. Denn die Aufmachung muss zum Kern passen...

Und dieses gelingt nur durch eine intensive Analysephase Ihres Unternehmens, Ihres Umfelds und Ihrer Anforderungen.

Claudia Wind

GELANDET – UND NUN?!

Am nächsten Morgen treffen sich Horst, Petra und der Zoodirektor am Beckenrand, während alle anderen genüsslich im Wasser toben. Horst und Petra sind bestens vorbereitet und machen gleich Vorschläge:

„Geben Sie unserer Attraktion einen Namen, der nach mehr klingt. Bringen Sie unsere Geschichte in ein kleines Kinderbuch, welches alle Besucher unter 10 Jahren erhalten", beginnt Petra. Horst ergänzt: „Werben Sie mit der besonderen Gestaltung unseres neuen Lebensraumes. Kein Zoo ist so pinguinfreundlich eingerichtet. Nehmen Sie die Menschen von der Umweltorganisation mit dazu, sorgen Sie auch für passende Sponsoren."

Und so geht es noch lange Zeit weiter. Angefüllt mit den ganzen Ideen aus dem Logbuch, machen Horst und Petra einen Vorschlag nach dem anderen. Nicht, ohne ihre Interessen aus den Augen zu verlieren. Gemeinsam mit allen anderen Pinguinen haben sie in der Nacht lange darüber gesprochen, dass sie sich ein noch größeres Becken, noch mehr Rückzugsräume und besondere Brutplätze wünschen. Die Vorstellung, dass sie künftig beobachtet werden, gefällt den meisten Pinguinen überhaupt nicht. Nach dem Gespräch mit dem Zoodirektor sind Horst und Petra guter Dinge, dass viele ihrer Wünsche umgesetzt werden können.

Doch bereits nach 10 Tagen bekommen einige Pinguine merkwürdige Zustände. Petra und Horst sind sehr besorgt. „Die älteren Pinguine wirken so lustlos und erschöpft. Manche zeigen sich überhaupt nicht und verkriechen sich in die allerletzte Ecke", sagt Petra nachdenklich. Horst empfindet es ähnlich: „Hier ist so viel Müdigkeit und Erschöpfung und dabei haben wir doch alles was wir brauchen. Ich glaube die Menschen nennen das *ausgelaugt*." „Maria spricht seit Tagen nicht mehr, sondern schaut mit leerem Blick ins Wasser. Und dabei schnabbelt sie doch so gern.", ergänzt Petra und zeigt mit ihrer Flosse auf Maria, die einfach nur da sitzt. „Lass uns ins Buch schauen, wir finden ganz bestimmt etwas." Und die beiden fangen an zu lesen.

10. Burnout-Prophylaxe

Lieber Kapitän im Kompetenzmodus als Blinder Passagier im Überlebenskampf!

Unbestritten. Wir leben in einer sehr stressigen Zeit.

Aber auch Sie können eine Menge tun, damit Sie richtig in Stress kommen. Haben Sie schon einmal darüber nachgedacht?

Da gibt es so einiges:

- Arbeiten Sie so oft es geht, also immer! Nutzen Sie auch den Feierabend, das Wochenende und die Feiertage!

- Wenn Sie Urlaub nehmen, dann möglichst wenig, max. 2 Wochen am Stück (der Erholungseffekt tritt erst in der 3. Woche ein)! Rufen Sie täglich in der Firma oder Praxis wegen eventueller Schwierigkeiten oder Rückfragen an! Und vergessen Sie nicht, die Fachliteratur mitzunehmen! Laptop und Handy dürfen niemals aus sein!

- Packen Sie Ihren Zeitplan voll, damit keine Pausen entstehen und Sie richtig Termindruck haben!

- Bauen Sie Ihren Perfektionismus aus und geben Sie sich die Schuld, wenn etwas schief läuft!

- Machen Sie es sich auf gar keinen Fall gemütlich an Ihrem Arbeitsplatz, schaffen Sie kein Wohlfühl-Ambiente! Sie sind ja nur auf der Arbeit und das den ganzen Tag!

- Ihre Selbstbestätigung gewinnen Sie komplett aus der Arbeit! Kein Mitarbeiter, Kollege, Kunde oder Patient kann ohne Sie auskommen! Auf Privatleben sollten Sie gänzlich verzichten!

- Merken Sie sich gut, wie anstrengend manche Mitarbeiter sind, wie undankbar sich manche Kunden zeigen und wie schlecht alle über Sie denken! Am besten ärgern Sie sich noch darüber!

- Stellen Sie sich nicht in das Zentrum Ihres Lebens, loben Sie sich nicht für die täglichen Erfolge und sagen Sie es auch keinem!

- Verbringen Sie keine Zeit mit Freunden oder der Familie! Sollten Sie sogar eine eigene haben, dann ignorieren Sie diese! Oder begeben Sie sich auf die Suche nach dem „idealen Partner", den es nur in Ihrer Fantasie gibt! So wahren Sie sich eine Lebensaufgabe!

- Sagen Sie niemals: Nein! Übernehmen Sie alles, was Sie übernehmen können, delegieren Sie nichts und trauen Sie Ihren Mitarbeitern keine eigenverantwortliche Tätigkeit zu!

- Sprechen Sie mit keinem Ihrer Mitarbeiter ein persönliches Wort, damit Sie Ihre Vorstellungen als Chef auch richtig von oben nach unten durchdrücken können! Kaizan sollte ein Fremdwort bleiben!

- Verfallen Sie in den Kontrollwahn - nichts geht ohne Sie, keiner macht was er soll und schon gar nicht in Ihrem Sinne!

Vielleicht finden Sie sich in der einen oder anderen Passage wieder.

Wenn Sie diese Dinge beachten, dann könnte es gut sein, dass Sie Kurs auf Burnout nehmen und zwar mit voller Kraft voraus! Ihre Lebensbalance gerät aus den Fugen. Von Work-Life-Balance kann nicht mehr die Rede ein.

Lebensbalance

Unser Leben basiert im Wesentlichen auf den 4 Lebenssäulen:

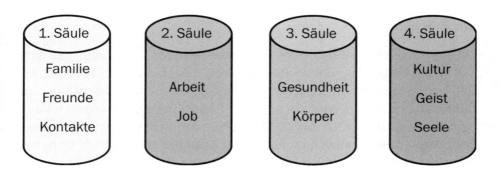

Es geht um ein ausgewogenes Verhältnis zwischen diesen Lebensbereichen. Dabei ist nicht gemeint, dass wir jeder Säule gleich viel Zeit schenken oder dort unsere Energien gleichmäßig verteilen. Aber eine angemessene Aufmerksamkeit sollte man jedem Bereich widmen. Sonst könnte es gut sein, dass das eigene Schiff in Schieflage gerät, ein Kentern ist durchaus möglich.

Ein Beispiel:

Ein Jungunternehmer hat vor der Firmengründung seine Traumfrau gefunden. Der Fahrplan ist klar: Er baut die Firma auf, sie hält den Haushalt hoch und kümmert sich um die „Aufzucht der Jungen". Nach ein paar Jahren fühlt sich die Frau alleingelassen und vernachlässigt. Ihr Mann hat gar keinen Feierabend mehr, muss ständig erreichbar sein, scheint unabkömmlich für das Unternehmen. So hat sie sich das nicht vorgestellt. Die Firma läuft, jetzt soll auch noch expandiert werden. Nein, das ist zu viel. Er ist mehr mit der Firma verheiratet als mit ihr. Sie will ausziehen, weg mit den Kindern. Wenn der einstige Jungunternehmer jetzt nicht erkennt, dass seine Lebensbalance mächtig ins Wanken gekommen ist und eine steife Brise weht, dann wird er Mühe haben, sein Schiff auf Kurs zu halten. Er wird alleine durch die Unwägbarkeiten des Lebens schippern oder viel Initiative ergreifen müssen, um eine neue Familie aufzubauen. Die komplette Vernachlässigung eines Lebensbereiches ist auf Dauer ein Geschäft mit negativem Ertrag.

Mit der Gesundheit ist es nicht anders. So lange der Körper mitmacht - alles okay. Aber scheren wir uns gar nicht um ein bisschen Sport und gesunde Ernährung, dann kann das Folgen haben.

Ein Beispiel:

Ein Banker kümmert sich nicht um seine Gesundheit, sondern nur um die Karriereleiter. Es geht zu Beginn stetig hinauf, sein Engagement im Unternehmen weiß man zu schätzen. Mit den Jahren nimmt nicht nur das Gehalt an Umfang zu, sondern auch der Bauch. Der Körper antwortet auf die jahrelange Vernachlässigung. Bluthochdruck stellt sich ein. Die eigene Leistungsfähigkeit sinkt. Jetzt mit einem Ausdauersport anzufangen, wo man 20 Jahre nichts davon wissen wollte, wird sehr schwer fallen (aber es geht!). Wie angenehm erscheint es im Gegenzug, immer ein bisschen etwas zu machen und den Bauchumfang gar nicht erst so groß werden zu lassen? Übrigens scheint es dann auch leichter, die Karriereleiter hinaufzukommen - zumindest rein physisch gesehen.

Natürlich ist es für die Familie sehr gut tolerierbar, wenn (aufgrund einer Praxisneugründung beispielsweise) sehr viel Energie und Zeit in den Job fließen. Es ist dann völlig in Ordnung, dass die Aufmerksamkeit einem Bereich gilt und die Konzentration sich um die eine Geschichte dreht. Auch der Körper kann eine gewisse Zeit tolerieren, in der wir uns nicht so sehr um ihn kümmern. Aber diese Phase darf nicht unendlich lange dauern.

Zudem ist ein Mangel in einem Lebensbereich durchaus verkraftbar, wenn der übergewichtige Teil auf den eigenen Stärken und Talenten beruht.

Ein letztes Beispiel:

Ein Triathlet trainiert viele Stunden am Tag. Er kommt in Fluss (Flow), wenn er sich bewegen darf. Er spricht davon glücklich zu sein, wenn er alles geben kann, bis zur Ziellinie. Familiengründung kam für ihn nicht in Betracht, da er in der ganzen Welt unterwegs ist. Ein Mangel mit dem er gut leben kann, weil ihm sein Leistungssport so viel gibt, dass er sich trotzdem glücklich fühlt und ein erfülltes Leben führt.

Finden wir kein ausgewogenes Verhältnis zu allen Lebensbereichen, dann kann eine Klippe namens Burnout auf unserem Kurs liegen!

Burnout – eine Begriffsbestimmung

Ursprünglich kommt der Begriff aus der Raketentechnik und bedeutet „Brennschluss". Dies ist genau der Zeitpunkt, in dem das Triebwerk einer Rakete abgeschaltet wird und der antrieblose Flug beginnt.

1974 wurde von dem deutschstämmigen Psychoanalytiker Freudenberger in Amerika dieser Begriff zur Beschreibung der Erscheinung des vollständigen und zunächst unerklärlichen Motivationsverlustes geprägt.

Zu Beginn wurde dieses Phänomen bei den „helfenden" Berufszweigen beschrieben (Krankenschwestern, Sozialarbeiter).

In Deutschland ist die besondere Gefährdung der „hilflosen Helfer" vor allem seit Schmidbauers Buch (1977) diskutiert worden.

Christina Maslach und Ayala Pines aus Kalifornien haben weitere Sozialberufe untersucht (ab 1976). Maslach & Jackson entwickelten 1981 das gängigste Instrument zur Erfassung von Burnout: den Maslach-Burnout-Inventory, der 1986 überarbeitet wurde. Burisch beschreibt 1989 einschlägig die Theorie der inneren Erschöpfung in seinem Buch „Das Burnout-Syndrom". (2. Auflage 1994).

Schließlich gerieten auch andere Berufsgruppen und der private Bereich ins Blickfeld.

Burnout ist „...*ein Energieverschleiß, eine Erschöpfung aufgrund von Überforderungen, die von innen oder von außen – durch Familie, Arbeit, Freunde, Liebhaber, Wertesysteme oder die Gesellschaft - kommen kann und einer Person Energie, Bewältigungsmechanismen und innere Kraft raubt. Burnout ist ein Gefühlszustand, der begleitet ist von übermäßigem Stress, und der schließlich persönliche Motivationen, Einstellungen und*

Verhalten beeinträchtigt." (Freudenberger 1994)

Auch wenn Burnout zunächst als Erschöpfungszustand in der Berufswelt angesehen wurde, ist ein „Ausbrennen" durch den privaten Bereich immer mehr in die Diskussion gekommen. Das erscheint geradezu logisch, wenn man beachtet, dass bestimmte Faktoren der Persönlichkeitsstruktur eine entscheidende Rolle spielen, ob Burnout entsteht oder nicht.

Dazu zählen folgende Kriterien (Bergner 2007):

- Scheinbare Unmöglichkeit der Veränderung einer beruflichen oder privaten Situation

- Nichtausübung einer gewünschten Rolle im beruflichen oder privaten Bereich

- Nichterreichung eigener, oftmals unbewusst vorherrschender privater oder beruflicher Ziele

- Entfernung vom eigenen Lebenssinn, ebenso privater wie auch beruflicher Natur

Eine aktuelle Definition:

„Im Falle einer Burnout-Krise nimmt die psychische Belastbarkeit bereits im mittleren Berufsalter ab. Menschliche Überforderung und Enttäuschungen führen zu emotionaler Erschöpfung und Resignation. Der phasische Verlauf kann bis zur Entfremdung von sich selbst und zu völligem Rückzug von anderen Menschen führen und in Depression und körperliche Erkrankungen münden." (Müller 2004)

Burnout – ein Prozess

Burnout ist als Prozess zu verstehen. Es kommt dem stetigen Abbrennen eines Lagerfeuers gleich, wobei das Nachlegen von Brennbarem langsamer erfolgt, als das Herunterbrennen. Die Glut hält lange. Wer ausbrennt, muss zuvor gebrannt haben.

Dieser Prozess läuft in 3 Phasen ab:

In der **ersten Phase** ist man sehr leistungsfähig, man arbeitet auf Hochtouren sozusagen. Das kann über Jahre so gehen. Der eigene Akku wird über Gebühr strapaziert und mehr entladen als wieder aufgeladen. Die Seele bleibt auf der Strecke. Der Ärger ist ein Leitsymptom und macht sich durch aggressives Verhalten bemerkbar.

In der **zweiten Phase** reagiert der Körper mit Rückzug. Die Leistungskraft, die Kreativität nimmt ab, wenn auch noch nicht wirklich spürbar für die Umwelt. In dieser Übergangsphase wird ein gewisses Fluchtverhalten an den Tag gelegt: man meidet Enttäuschungen und Minimaltraumen, schafft Distanz. Die Mitmenschlichkeit wird deutlich reduziert. Angst entsteht, die nicht wirklich begründet scheint.

Die **dritte Phase** geht einher mit innerer Leere, der eigene Akku tendiert gegen null. Die Isolation bestimmt diese Phase. Man ist nicht leistungsfähig, völlig erschöpft. Lebensunlust macht sich breit. Suchtverhalten und Depression spielen eine große Rolle. Diese letzte Phase ist allgemein als Burnout bekannt.

Burnout lässt sich am besten verhindern, wenn wir es so schnell wie möglich als solches erkennen. Je eher die Tendenz bemerkt wird, desto leichter ist ein Ausstieg möglich. Maschinen stopp! Anker setzen! Aber gerade die erste Phase wird meist verkannt und nicht ernst genommen.

Stress gehört zu den Hauptfaktoren von Burnout - der dauerhaften Erschöpfung.

Stress und Stressoren

Als chronischer und unkontrollierter Stress führt er zum Verlust der Balance zwischen positiven und negativen Emotionen, zwischen Anspannung und Entspannung. (Schonert-Hirz 2008)

Die **geistige Erschöpfung** zeigt sich an reduzierter Konzentration und Kreativität.

Die **emotionale Erschöpfung** macht sich bemerkbar an Zynismus und Reizbarkeit, wenn wir anderen die Schuld geben. Hoffnungslosigkeit und Depression sind vorherrschend, wenn wir der Meinung sind, dass es an uns liegt.

Die **körperliche Erschöpfung** wird deutlich durch eine reduzierte Immunabwehr, Schlafstörungen und psychosomatische Beschwerden.

Die **soziale Erschöpfung** führt zum Rückzug und zur Depersonalisation.

Stress wird durch Stressoren hervorgerufen. Bei den Stressoren unterscheidet man zwischen den einschneidenden Erlebnissen und den kleinen, lang andauernden Belastungen. Für jede Kategorie gibt es sowohl positive (Eustress) als auch negative (Disstress) Beispiele:

Stressor	positiv	negativ
Ereignis	• Hochzeit • Firmengründung	• Trauerfall • Kündigung
Dauerbelastung	• Kinder • Steigende Verantwortung	• Überforderung • Zeit-/Termindruck

Die steigende Verantwortung kann einen Motivationsschub bewirken:

Ein Chef schenkt seinem Mitarbeiter Vertrauen, indem er ihm ein neues Aufgabenfeld überlässt, er überlässt ihm mehr Verantwortung. Dieser kann nun seine Qualifikationen und Fähigkeiten voll ausspielen und geht mit großer Motivation an die Sache. Diese steigende Verantwortung kann aber in den Negativsektor wechseln und zum Disstress führen, wenn der Verantwortungsbereich für einen selber nicht mehr überschaubar ist, wenn die Verantwortung zu groß ist und nicht im eigenen Kompetenzbereich liegt.

Die negativen Belastungen auf Dauer sind diejenigen, die beim Burnout die Schlüsselrolle spielen. Burnout gibt es in jeder Berufssparte: ob Chefarzt oder Krankenschwester, ob Unternehmer oder Mitarbeiter, ob Zahnarzt oder Assistentin, ob Manager oder Hausfrau, ob Kapitän oder Matrose.

Sowohl für die Unternehmer als auch für die Mitarbeiter sind folgende Stressoren zu bedenken:

Unternehmer	Mitarbeiter
Zeitmanagement	
• selbst erzeugter oder auferlegter Termindruck • ungenügende Planung und Organisation	• zu viele Aufgaben in zu engem Zeitfenster • ständiger Zeitdruck

Unzufriedenheit

- zeitraubende und sinnlose Verwaltungszwänge

- zahlreiche administrative Auflagen von Seiten der Politik

- unzureichender Einfluss auf Arbeitsorganisation

- Angst vor Insolvenz

- falsche Vorstellungen und Fantasien über die eigene Berufsrolle

- schlechte Zahlungsmoral von Kunden, Patienten, Auftraggebern

- ständige organisatorische Umstellungen

- immer wiederkehrende Belastungen bei wenig Energiefluss

- Unmöglichkeit befriedigender Arbeit

- Mangel an Autonomie und Entscheidungsfreiheit

- zu viel Kontrolle

- konfliktreiche Rollen

- Unklarheiten der Ziele und Erfolgskriterien des Unternehmens

- Ziele, die von eigenen Wertvorstellungen abweichen

- permanente Angst vor Arbeitsplatzverlust

- prekäre Arbeitsverhältnisse wie Leiharbeit und Zeitarbeit

- Ungleichgewicht zwischen beruflicher Verausgabung und Entlohnung

Beziehungen

• wenig tragfähige Beziehungen zu den Mitarbeitern • schlechte Kommunikation • zu viele menschliche Kontakte mit hoher persönlicher Zuwendung (Kunden oder Patienten) • Mangel an emotionaler Intelligenz • ständiger Personalwechsel	• mangelnde Wertschätzung/ soziale Anerkennung • unpersönlicher Umgang • wenig Rückmeldung, Lob und Anerkennung • zu viele menschliche Kontakte mit hoher persönlicher Zuwendung (Kunden oder Patienten) • Mangel an Unterstützung bzw. Rückendeckung im Kontakt mit Kollegen oder Kunden • bedrückendes und intrigenbelastetes Klima • defizitäres Führungsverhalten

Überforderung

- zu hohe Auftragslage
- Kontrollzwang
- Hang zum Perfektionismus
- Unfähigkeit der Delegierung
- Mangel an qualifiziertem Personal
- Unfähigkeit des NEIN-Sagens

- zu hohe Arbeitsbelastung
- wachsende Anforderungen, die außerhalb des Kompetenzbereichs liegen
- ständige Änderung der Aufgaben oder der Arbeitsplatzbeschreibungen
- Tätigkeitsfeld liegt nicht im Bereich der eigenen Stärken
- wachsende Komplexität und Unüberschaubarkeit der Arbeitsabläufe und -zusammenhänge
- zu große Verantwortung
- fehlende Partizipationsmöglichkeiten
- hoher Erfolgsdruck

Unterforderung

- Mangel an intellektuellen Herausforderungen
- immer wiederkehrende Routine-Tätigkeiten
- eigene Talente werden nicht genutzt
- ständig zu wenig Arbeit
- keine Fort- und Weiterbildung/Stagnation eigener Fähigkeiten

Die Schweizer Philippe Rothlin und Peter R. Werder haben dem Phänomen der Unterforderung am Arbeitsplatz einen Namen gegeben: **Boreout**. Nach einer Umfrage von Salary.com und AOL sind 33% der 10.000 befragten Arbeitnehmer nach eigenen Angaben nicht ausgelastet und unterfordert im Job. Laut einer Gallup-Studie füllen 7 von 10 Mitarbeitern eine Position aus, die ihnen nicht wirklich liegt. Auch Langeweile kann richtig Stress machen, zur inneren Kündigung führen und schließlich in der Depression enden. (Bergel, Martens, Moser 2007)

Nicht nur die Psyche wird von Stressfaktoren beeinflusst, sondern auch die Physis. Was passiert mit unserem Körper, wenn er den negativen Belastungen auf Dauer ausgesetzt ist?

Die 3 Phasen von Stress

Die **Alarmreaktion** ist die erste physiologische Reaktion, wenn wir uns einer Stress-Situation ausgesetzt sehen. Die Aktivierung des Sympathikus bewirkt die Ausschüttung eines ganzen Hormoncocktails (Adrenalin, Noradrenalin, Cortisol, Corticosteron - alle Mann an Deck!). Das hat eine Steigerung der Herzfrequenz, erhöhten Blutdruck, erhöhte Blutzuckerwerte und Atemfrequenz, sowie einen Anstieg der Magensäureproduktion zur Folge. Maximale Leistungsbereitschaft, um sofort reagieren zu können: verbesserte Durchblutung von Herz, Hirn und Muskeln und bessere Belüftung der Lungen. Das eigene Schiff nimmt richtig Fahrt auf, alle Segel sind gesetzt bei Windstärke 10.

Wenn der Stressfaktor anhält, dann gibt es eine Gegenreaktion, um den hohen Energieverbrauch zu senken. Die **Widerstandsphase** setzt ein. Die Windstärke lässt nach. Dafür ist der Parasympathikus zuständig. Er sorgt unter anderem für ein Zusammenziehen der Bronchien, vermehrten Speichelfluss sowie für die Anregung der Magen-, Darm-, und Blasentätigkeit. Dabei bleibt die Ausschüttung der Stresshormone hoch. Entzündliche Prozesse und eine Schwächung der Fortpflanzungsorgane können die Folge sein.

Durch die anhaltende Bereitstellung energierelevanter Stoffe kommt es zu „Nachschubproblemen". Die Möglichkeiten der Anpassung gehen verloren

– die **Erschöpfungsphase** beginnt. Es sind alle Segel gesetzt, aber die große Flaute kommt. Die Funktion des Immunsystems und der Geschlechtsdrüsen ist beeinträchtigt. Langzeitfolgen können schwere Erkrankungen sein: Bluthochdruck, Erkrankungen des Herzens, des Kreislaufs und der Nieren, Stoffwechselstörungen, Entzündungsprozesse und Allergien.

Von besonderer Bedeutung ist die Änderung der Hirnwellentätigkeit, wenn wir unter Stress stehen.

Stress und Informationsverarbeitung

Wir unterscheiden 2 Arten der Informationsverarbeitung im Gehirn: den Kompetenzmodus und den Überlebensmodus. (Lammers 2005)

Im Ruhezustand befinden wir uns im **Kompetenzmodus.** Hier läuft die Verarbeitung der Informationen über das gesamte Gehirn ab, besonders die höheren Zentren, die Gehirnrinde und das Frontalhirn, kommen zum Einsatz. Wir sind imstande, unsere Umgebung klar wahrzunehmen und aufgrund einer umfassenden Einschätzung unserer Lage, langfristig richtige Entscheidungen zu treffen.

Bei Stress schalten wir in den **Überlebensmodus** um. Die Informationen werden im „älteren" Gehirn verarbeitet, im limbischen System, das auch „Reptilienhirn" genannt wird. Wir fällen Entscheidungen, die für das unmittelbare Überleben von Bedeutung sind. Durch den Hormoncocktail können wir sofort durchstarten: flüchten, kämpfen oder uns totstellen. Wir verhalten uns, als wären wir im Überlebenskampf.

Eine unbestritten sinnvolle Einrichtung:

Dem Neandertaler sicherte es die Chance auf das Überleben, wenn er sich mit einem lebensbedrohlichen Tier konfrontiert sah. Schnelle Beine waren hier entscheidend und keine geistigen Höhenflüge. Auch aus heutiger Sicht keine schlechte Programmierung:

Ein Fußgänger ist im Vorteil, wenn er die drohende Gefahr eines heranrasenden Autos erkennt und kurz entschlossen Platz macht, statt zunächst über Recht und Unrecht nachzudenken.

Als Unternehmer können wir uns in einer stressigen Situation darauf verlassen, dass der Körper Energien freisetzt, wenn wir extrem gefordert sind (zum Beispiel hohes Tagespensum aufgrund vieler Patienten in der Arztpraxis). Das ist erfreulich und versetzt uns in die Lage, kurzfristig viel leisten zu können.

Nachteilig wird es dann, wenn wir uns längere Zeit im Überlebensmodus befinden, denn hier behält man nicht die globalen Zusammenhänge im Blick und trifft schlechtere Entscheidungen im Sinne von langfristigen Zielsetzungen. Die Kreativität geht verloren und die Produktivität nimmt ab. Wir können unser Potenzial nicht mehr nutzen. Das gilt natürlich sowohl für Unternehmer als auch für Mitarbeiter.

Burnout - eine Chefsache

Mitarbeiter, die lang anhaltendem Stress ausgesetzt sind, haben für Firmen durchaus eine strategische Dimension. Ihr Potenzial steht nicht in vollem Umfang zur Verfügung. Die Informationsverarbeitung dürfte weitgehend im Überlebensmodus stattfinden, somit sind weitreichende kreative Überlegungen im Sinne des Unternehmens nicht zu erwarten. Zudem verursachen die psychischen und physischen Erkrankungen, die aufgrund von anhaltendem Disstress in der Widerstandsphase und Erschöpfungsphase auftreten, immense Kosten:

Der Bundesverband deutscher Psychologen (BDP) gab in seinem Bericht zur psychischen Gesundheit am Arbeitsplatz 2008 bekannt, dass die Zahl der psychischen und Verhaltensstörungen drastisch zunimmt. So macht ihr Anteil an den Ausfalltagen inzwischen 10,5% aus (zuvor 6,5%). Psychische Probleme werden mit dem wachsenden Stress und Druck erklärt. Sie sind bereits vierthäufigster Grund für das krankheitsbedingte Fernbleiben vom Arbeitsplatz und bis 2020 könnten sie an 2. Stelle stehen. Es ist auch belegt, dass die Skelett- und Rückenschmerzen (machen 33% der Krankheitstage aus) zum großen Teil von Stress bedingt werden und nicht von körperlicher Belastung, wie ursprünglich angenommen.

Hier wird deutlich, dass wirtschaftlicher Erfolg untrennbar mit erfolgreicher Personalentwicklung zusammenhängt. Wir sind gut beraten, wenn wir von der Individualisierung des Themas wegkommen. Wenn wir von Ressourcen der Belegschaft und Kostensenkung reden, dann ist genau hier der Hebel anzusetzen. Wir müssen uns um die Besatzung an Bord kümmern. Das bedeutet, dass wir den negativen Stressoren am Arbeitsplatz Beachtung schenken müssen. Dem Unternehmer bieten sich viele Lösungsansätze. Die wichtigsten auf einen Blick:

1. Mitarbeiter als Mensch reflektieren und sich für ihn interessieren

2. Mobbing unterbinden und für gutes Betriebsklima sorgen

3. Gekonnt kommunizieren, delegieren, kritisieren und führen

4. Chance zur Weiterbildung bieten

5. Entscheidungsfreiheit einräumen

6. Verantwortung übertragen

7. Teamarbeit fördern

8. Angemessene Entlohnung

Im Zuge einer Befragung von 4000 Angestellten bezüglich ihrer Arbeitsbedingungen wurden Faktoren ermittelt, die die eigene Einsatzbereitschaft erhöhen. Das Ergebnis lässt aufhorchen:

Die Wertschätzung kommt an erster Stelle. Es folgen Weiterbildung, Firmen-Werte, Entscheidungsfreiheit, Image, Herausforderungen und Teamgeist, Kundenorientierung und Betriebsklima. Die angemessene Entlohnung wurde erst an zehnter Stelle angegeben!

Die Bemühungen um die psychische Gesundheit unserer Mitarbeiter und damit auch physische Gesundheit wird jedem Unternehmen auf Dauer einen Wettbewerbsvorteil verschaffen. Ganz nebenbei reduziert es auch den eigenen Stress. Zumindest dann, wenn ständige Planänderungen aufgrund von Ausfalltagen der Mitarbeiter und häufiges Einarbeiten von neuem Personal nicht zu Ihren Lieblingsbeschäftigungen zählen sollten.

Burnout – eine Chance

Aber Burnout ist mehr. Denn Burnout führt uns in eine Lebenskrise, die wir auch als Chance sehen können. Burnout will uns etwas sagen. Wir werden gezwungen, uns mit uns selber, unserem Leben, unseren Werten und Zielen auseinanderzusetzen. Ein Warnsystem sozusagen, damit es am Ende unseres Lebens nicht womöglich heißt: Thema verfehlt!

Diese Auseinandersetzung müssen wir aber nicht erst führen, wenn Burnout auf dem Plan steht, wenn wir drohen auf einer Sandbank zu stranden. Dann bedarf es oft der Hilfe von außen, die man in Form eines Coachs, eines Psychotherapeuten, eines Buchs, eines Seminars oder eines Freundes in Anspruch nehmen sollte. Ein anderes Schiff muss uns ins Schlepptau nehmen, um von der Sandbank loszukommen. Fragen und Interventionen können durch den eigenen Veränderungsprozess helfen.

Zunächst ist es von Bedeutung, dass man sich selber in den Mittelpunkt rückt und den derzeitigen Standort bestimmt.

Standortbestimmung

- Wer bin ich? Wie authentisch bin ich beruflich und privat? Ist mein Leben Rollenspiel, Anpassung, Kongruenz? Bin ich immer ich selbst?

- Was ist mir wichtig in meinem Leben?

- Woher beziehe ich meine Energie? Welche Personen oder Tätigkeiten bauen mich auf? Wo erfahre ich Liebe, Verständnis und Geborgenheit?

- Was erträume ich mir für mein Leben? Meine Ziele? Welche habe ich erreicht, welche sind neu?

- Was macht mir Angst?

- Welche Bedeutung hat beruflicher Erfolg im Vergleich zu anderen Bereichen in meinem Leben?

- Welchen Preis bin ich bereit für meinen Lebensstil zu zahlen, welcher wäre mir zu hoch?

- Kann ich Hilfe geben und annehmen?

- Was bedeutet für mich, Dinge zu ändern oder zu erhalten: Resignation, Kampf, Einsicht?

- Was fühle ich? Was sagt mein Bauch?

Jetzt gilt es, sein Leben zu planen, eigene Ziele unter Beachtung der persönlichen Wertigkeiten festzulegen. Nur wenn unsere eigenen Werte in unseren Zielen vorhanden sind, dann werden wir ein erfülltes und zufriedenes Leben führen. Gegebenenfalls ist eine Neuausrichtung – eine Kursänderung - vorzunehmen.

Veränderungen bedürfen einer Zielklarheit. Ziele setzen Energien frei, lassen uns Durststrecken besser überstehen und stärken das Selbstvertrauen, wenn wir sie erreicht haben. Veränderungen erfordern das Verlassen der Komfortzone. Diese stellt unsere vertraute Umgebung dar – hier finden wir Ordnung, Geborgenheit, Ruhe, Bequemlichkeit, Stabilität und Sicherheit.

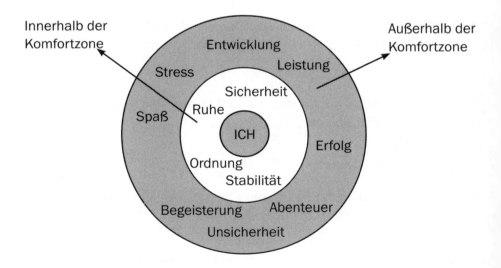

Wie bemerkte John A. Shedd treffend:

Sicher ist ein Schiff nur im Hafen - aber dafür sind Schiffe nicht gebaut!

Zum Verlassen der Komfortzone benötigen wir Energie, die durch ein bestimmtes Ziel freigesetzt wird (zum Beispiel Erweiterung des Exports in neue Länder). Das Ziel muss attraktiv sein. Die Vorfreude bewirkt die Positivtönung von Stress: Dopamin, Serotonin und Endorphine sind dieses Mal die Hormone der Wahl, machen die Besatzung an Deck aus und sorgen für Glücksgefühle. Dann sind wir bereit, ein Risiko einzugehen, Spannungen in Kauf zu nehmen, neue Herausforderungen anzugehen. Ein gigantischer Erfolg und viel Lebensfreude könnten der Lohn sein. Zudem geben Sie sich die Chance auf persönliches Wachstum und absolute Begeisterung. Die Erweiterung Ihrer Komfortzone wäre die Folge.

Nach der Standortbestimmung gilt es, die eigenen Stressfaktoren herauszufiltern.

Stressfaktorenanalyse

Welche Stressoren betreffen Sie? Welche können Sie ändern und welche nicht? Aber Vorsicht! Bei dieser Einteilung neigen wir dazu, die Tatsachen eher unter der Kategorie „nicht veränderbar" abzuspeichern.

Einerseits machen wir für Problemlösungen gerne andere verantwortlich. Das scheint auf den ersten Blick einfacher zu sein. Wir geben die Verantwortung ab. Wenn wir aber meinen, dass wir keinen Einfluss haben, dann können wir auch nichts tun. Andere Personen oder Umstände sind für unser Befinden verantwortlich. Wir sind hilflos unserem Schicksal ausgesetzt. Dann haben wir erst ein richtiges Problem. Wir lähmen uns selber, drängen uns in die Passivität und fühlen uns noch schlechter, da keine befriedigende Lösung in Sicht scheint.

Ein Beispiel aus dem Privatleben:

Eine Frau fühlt sich nicht mehr wohl in ihrer Ehe. Sie möchte sie beenden. Das scheint ihr aber unmöglich, da sie finanziell von ihrem Mann abhängig ist. Also kommt Trennung nicht in Betracht. Sie fühlt sich nicht handlungsfähig. Dafür kommt viel schlechte Stimmung auf und eine Ehe, die von Leere gekennzeichnet ist.

Sie hat die Verantwortung abgegeben. Wenn sie bereit wäre, auch mit weniger Finanzen zurechtzukommen, in eine kleinere Wohnung zu ziehen, selber für ihren Lebensunterhalt zu sorgen, dann könnte sie durchaus aktiv werden. Sie hat sich entschieden. Sie hat sich für eine schlecht funktionierende Ehe ohne finanzielle Sorgen entschieden. Gleichzeitig hat sie sich gegen eine neue (glücklichere?) Beziehung entschieden, denn wir entscheiden uns immer. Wer wird das am meisten zu spüren bekommen? In erster Linie ihr Mann natürlich, dem sie die Schuld gibt. Man kann sich die Szenen bildhaft vorstellen. Dabei ist sie es, die sich selber zur Passivität verurteilt hat.

Andererseits schließen wir bestimmte Lösungsansätze von vornherein aus, weil wir meinen: Das geht nicht! Wir machen uns gedanklich eng. Dadurch sind wir in unserem Handlungsspielraum eingeschränkt.

Ein Beispiel aus der Arbeitswelt:

Ein Mitarbeiter fühlt sich permanent bei der Arbeit überfordert. Er traut sich das nicht zu äußern, da er Angst vor einer Kündigung hat. Die viele Arbeit kann er nicht ändern, mit dem Chef nicht reden, seine Leistungsfähigkeit nicht erhöhen, um das Pensum zu schaffen. Was bleibt? Das Gefühl der Ausweglosigkeit, keine Chance auf Besserung. Das wird keine Motivationssteigerung zur Folge haben. Im Gegenteil, psychosomatische Erkrankungen drohen.

Was ist zu tun? Zunächst die Erkenntnis: Doch, es geht. Geht nicht, gibt es nicht. Er kann mit dem Chef reden. Es gilt, die eigene Angst zu überwinden. Das setzt voraus, dass er eine mögliche Kündigung in Kauf nimmt. Das ist viel verlangt und trotzdem die einzige Chance, dass sich etwas ändern könnte. Es liegt an ihm, eine Veränderung aktiv anzugehen. Zunächst den „Worst-Case" annehmen und durchspielen. Die Beendigung des Arbeitsverhältnisses beinhaltet auch eine echte Option auf einen Job in einer neuen Firma, den er gut schaffen kann. Vielleicht wird der Chef aber auch reagieren und ihn entlasten, ihm eine 2. Kraft zur Seite stellen. Vielleicht kann er innerhalb der Firma an eine Position versetzt werden, die ihn besser ausfüllt, ohne ihn zu überfordern. Allein dadurch, dass der Mitarbeiter sich gedanklich eng gemacht hat (aus verständlicher Angst?), schließt er selber Lösungsmöglichkeiten aus. Dann kann er sich über die schlechte Arbeitsmarktsituation, über den unkooperativen Chef und die ganze Welt beklagen. Was für eine Alternative?

Der Satz „Das geht nicht!" sollte immer hinterfragt und auf Daseinsberechtigung geprüft werden.

Ein letztes Beispiel aus der Praxis:

Ein Zahnarzt führt eine gut gehende Praxis. Die Zahnarztpraxis läuft sogar so gut, dass das Bestellbuch für 3 Monate ausgefüllt ist. Das erweist sich als Stressfaktor:

- Kurzfristig notwendige Behandlungen müssen eingeschoben werden (Zeitdruck)

- Patienten warten lange auf einen neuen Termin (Frustration)

- Freiräume müssen lange zuvor geplant werden oder kurzfristige Vorhaben (z.B. Fortbildungen) bedeuten großen organisatorischen Aufwand

Die Reihe der negativen Begleiterscheinungen könnte fortgesetzt werden. Wo liegt die Lösung, wenn das Zeitmanagement am Limit angekommen ist? Weniger Patienten wären das Thema. Jetzt müsste der Zahnarzt bereit sein, ein Aufnahme-Stopp für Neupatienten (für eine befristete Zeit) anzuweisen. Doch er meint: Das geht nicht! Was würden die Patienten denken und kommen dann morgen noch genug? Wenn er sich trauen würde, dann wäre er erstaunt. Nicht nur darüber, dass das Bestellsystem nicht mehr jeden Tag ad absurdum geführt wird, weil das Tagespensum einfach nicht zu schaffen ist. Sondern auch darüber, dass Patienten einen guten Ruf zu schätzen wissen und gerne bereit sind, ein bisschen auf die „Erstbegegnung" zu warten, um dann voll im Mittelpunkt des Geschehens zu stehen: nämlich als Patient mit tolerablen Wartezeiten und kurzfristigen Terminvereinbarungen. Wie so oft spielt auch hier die gelungene Kommunikation eine wesentliche Rolle. Aber zunächst liegt es an dem Zahnarzt, sein „Das geht nicht!" zu überdenken.

Gehen wir mit Sorgfalt an die Unterteilung der Stressoren in veränderbare und nicht veränderbare! Dann können wir ins Handeln kommen.

Bewältigungsstrategien für Stress

1. Die **Handlung** ist eine sehr dankbare Strategie. Sie gibt uns das Gefühl von Selbstbestimmtheit. Die Erfahrung, dass man durch eigene Aktionen etwas verändern und verbessern kann, steigert die Eigenmotivation. Erreichte Ziele haben einen positiven Rückkopplungseffekt: Steigerung des Selbstbewusstseins und Zutrauen in weitere Aktivitäten. Ein Gefühl von Sicherheit und Kontrolle stellt sich ein.

2. Die Elemente der aktiven und passiven **Entspannung** nehmen unter den Bewältigungsstrategien einen sehr wohltuenden Platz ein. Wenn wir uns über längere Zeit im Überlebensmodus befinden, dann ist Ruhe unverzichtbar, um wieder in den Kompetenzmodus zu gelangen. Möglichkeiten gibt es reichlich, aber für das Zeitfenster muss man selber sorgen.

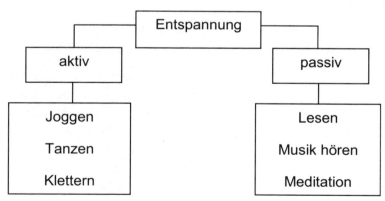

3. Die **Einstellungsänderung** erweist sich oft als sehr nützlich, wenn Dinge wirklich nicht zu ändern sind. Jede Tatsache, jedes Ereignis, jeder Zustand hat seine zwei Seiten: die gute und die schlechte. Wenn wir in der Lage sind, das Positive an der Sache zu sehen, dann geht es uns besser. Gedankenhygiene kann eine heilsame Wirkung haben, denn oftmals sind es die Gedanken von den Dingen, die uns schlecht fühlen

lassen und nicht die Dinge selbst. Die Änderung des Blickwinkels stellt eine echte Herausforderung dar und setzt das eigene Wollen voraus.

Die größten Potenziale liegen bei uns selbst. Der Mensch hat grundsätzlich die Möglichkeit zur Selbstregulation. Wir sind eigenständig in der Lage, für Lust, Sicherheit, Wohlbefinden und Sinnerfüllung zu sorgen. Wenn wir die Verantwortung für unser Leben übernehmen, dann können wir aktiv werden, dann können wir anfangen, in unserem Sinne zu handeln.

Fangen Sie bei sich selbst an und seien Sie der Kapitän auf Ihrem Schiff:

1. Machen Sie Ihr Selbstbild positiv! Lieben Sie sich so, wie Sie sind! Nehmen Sie sich an mit dem, was Sie sind!

2. Sorgen Sie gut für sich: Achten Sie auf gesunde Ernährung, betreiben Sie einen Ausdauersport und trinken Sie viel! (Wasser natürlich!)

3. Trennen Sie sich von Energieräubern!

4. Überdenken Sie Ihre eigenen Ansprüche und legen Sie Ihren Perfektionismus ab, denn Perfektionismus ist eine unrealistische Erwartungshaltung!

5. Lernen Sie NEIN zu sagen!

6. Loben Sie sich selber, wann immer das geht, auch für selbstverständliche Dinge!

7. Teilen Sie große Ziele in Teilabschnitte!

8. Sehen Sie konstruktive Kritik als Chance zum persönlichen Wachstum und Fehler als Möglichkeit zum Lernen!

9. Ruhen Sie sich aus, bevor Sie müde sind. Wenn Sie es eilig haben, dann gehen Sie einen Schritt langsamer!

10. Suchen Sie sich Unterstützung und delegieren Sie gekonnt!

11. Üben Sie sich in gelungener Kommunikation!

12. Pflichten und angenehme Aktivitäten sollten sich die Waage halten! Nehmen Sie sich jeden Tag etwas Positives vor!

13. Tun Sie anderen Gutes, dann tun Sie sich das Beste! Bereiten Sie magische Momente!

Überlegen Sie sich, wen Sie in Ihrem Team haben möchten, in Ihrem privaten und beruflichen Team! Wer soll mit an Bord sein? Es gibt immer Menschen, die einem helfen können, die eigenen Ziele schneller, leichter und besser zu erreichen. Werden Sie aktiv, das Team zu finden, das Ihnen bei Ihren Veränderungen hilft! Lee Lacocca, ein amerikanischen Automobilmanager und großer Rhetoriker, unterstreicht die Bedeutung:

Der Schlüssel zum Erfolg sind nicht Informationen - es sind Menschen!

Burnout kostet viel, sehr viel. Neben der eigenen Gesundheit kostet es die Gesundheit unserer Gesellschaft. Der Gestaltung der Arbeitswelt kommt hierbei eine wichtige Rolle zu. Darauf haben Sie Einfluss.

Achten Sie auf sich und Ihre Mitarbeiter, damit sich auch Ihr Schiff auf großer Fahrt befindet, um mit reichen Schätzen zurückzukehren: nämlich als wirtschaftlich und menschlich erfolgreiches Unternehmen und mit einem Kapitän und Matrosen an Bord, die sich im Kompetenzmodus befinden.

Dr. Gerburg Weiß

EiLE MiT WEiLE

„Na, jetzt ist mir so einiges klar! Viele von uns sind einfach überlastet - sie haben ein Burnout", sagt Horst und zeigt auf die Stelle im Buch. Petra sieht es ganz ähnlich: „Das ist doch auch kein Wunder, bei so vielen Besuchern und das jeden Tag. Wir stehen ja ständig unter Beobachtung." Horst nickt zustimmend: „Und auch der ganze Lärm. Ich träume sogar manchmal von den vielen Besuchern, den lachenden Kindern und komme gar nicht mehr zur Ruhe. Das geht bestimmt vielen anderen auch so."

„Wir brauchen einfach mehr Zeit ohne Besucher und auch noch mehr Freiräume für uns alle, vor allem, weil auch bald der Nachwuchs kommt." „Ja, wir müssen dringend mit dem Zoodirektor reden." Und kaum haben es die beiden beschlossen, sind sie auch schon auf dem Weg zum Direktor. Sie springen ins Becken und von dort in einen unterirdischen Wasserlauf, den der Zoodirektor extra anlegen lassen hat. Dieser Kanal ist die direkte Verbindung in sein Büro.

Nach dem Gespräch sind beide erleichtert und haben gute Neuigkeiten für alle anderen. „Wir werden künftig zwei Tage in der Woche besucherfrei haben. Und der Zoodirektor erklärt sich damit einverstanden, dass unser Bereich um 1/3 vergrößert wird. Er will nun endlich den Extra-Brutbereich bauen lassen. Und für diejenigen, die keine Lust auf Menschen haben, ein Rückzugsbecken."

„Ihr seid einfach spitze!", tönt es aus vielen Schnäbeln. Den anderen ist bewusst, was Horst und Petra alles leisten, um den neuen Lebensraum so angenehm wie möglich zu gestalten. Auch Maria kommt aus ihrer Ecke. Sie sagt ganz leise: „Danke!"

Während die Pinguine bereits von den neuen Möglichkeiten schwärmen, sitzt der Zoodirektor grübelnd und verärgert im Zimmer. „Wieso habe ich das nicht vorher bedacht? Das ist mir irgendwie durch die Lappen gegangen. Es wird schon gut gehen und es läuft ja, habe ich immer gedacht." So eine Situation war ihm noch nicht untergekommen. Denn eigentlich hatte er immer genug Zeit, alles in Ruhe zu planen und sein Bauchgefühl hatte ihm meistens recht gegeben. Angestrengt kaut er auf seinem Kugelschreiber herum. „Ich werde einfach die Pinguine fragen." Und er greift zum Hörer.

Doch Horst und Petra haben nun wirklich keine Lust mehr zu reden, sie wollen den freien Tag genießen und mit den anderen auf Fischfang gehen. „Wir geben ihm einfach unser Logbuch, dann kann er selbst lesen.", schlägt Horst vor. „Eine gute Idee, schließlich steht darin ein ganzer Artikel zum Thema Qualitätsmanagement." Gesagt, getan, Horst tütet sein Logbuch wasserdicht ein und schwimmt mit schneller Flosse durch den Kanal. Er überreicht dem Direktor das Buch und bittet ihn, achtsam damit umzugehen.

Der Zoodirektor ist froh, nun Anregungen zu bekommen und vertieft sich mit einem starken Kaffee und geschlossener Tür in die Lektüre.

11. Qualitätsmanagement

Ob sich der Untergang des britischen Luxusdampfers »Titanic« 1912 mit einem funktionierenden Qualitätsmanagement auf seiner Jungfernfahrt von Southampton nach New York hätte verhindern lassen können, darüber lässt sich trefflich streiten.

Kurz zur Historie

Aber gerade um solche Unglücke zu verhindern, haben Henry Ford und Frederick Winslow Taylor bereits um 1900 ein Qualitätsmanagement in Form einer Qualitätskontrolle am Ende des Produktionsprozesses eingeführt. Diese Endkontrolle war jedoch lediglich das Aussortieren fehlerhafter Produkte. Es stand also die Produktqualität im Vordergrund. Die Produkte mussten in der damaligen Zeit fehlerfrei und wenn möglich lange haltbar sein.

Durch die Globalisierung und die zunehmende Massenfertigung haben wir heute einen Käufermarkt. Der Kunde entwickelte und entwickelt stetig sein Qualitätsbewusstsein weiter. Die Hersteller und die Industrie haben erkannt, dass die Qualität ein hervorragendes Mittel ist, sich von der Konkurrenz abzuheben. In jeder Unternehmensphilosophie findet sich heute der Begriff des Qualitätsbewusstseins und der Qualität.

Qualitätsmanagement

aus Wikipedia, der freien Enzyklopädie

„Qualitätsmanagement oder QM bezeichnet grundsätzlich alle organisierten Maßnahmen, die der Verbesserung von Produkten, Prozessen oder Leistungen jeglicher Art dienen. QM ist eine Kernaufgabe des Managements. Ziel ist immer die Erfüllung der Kundenwünsche. In Branchen wie der Luft- und Raumfahrt, Medizintechnik, Gesundheitsversorgung, Arznei- und Lebensmittelherstellung ist Qualitätsmanagement auch gesetzlich vorgeschrieben."

Einsatz

Die Wirtschaftswissenschaften sehen QM als Teilbereich des funktionalen Managements, mit dem Ziel, die Effizienz einer Arbeit oder von Geschäftsprozessen zu erhöhen. Dabei sind materielle und zeitliche Kontingente zu berücksichtigen sowie die Qualität von Produkt oder Dienstleistung zu erhalten oder weiterzuentwickeln.

Inhalte sind etwa die Optimierung von Kommunikationsstrukturen, professionelle Lösungsstrategien, die Erhaltung oder Steigerung der Zufriedenheit von Kunden oder Klienten sowie der Motivation der Belegschaft, die Standardisierungen bestimmter Handlungs- und Arbeitsprozesse, Normen für Produkte oder Leistungen, Dokumentationen, berufliche Weiterbildung, Ausstattung und Gestaltung von Arbeitsräumen.

Bei der Gestaltung von Arbeitsabläufen in Organisationen soll QM sicherstellen, dass Qualitätsbelange den zugewiesenen Platz einnehmen. Qualität bezieht sich dabei sowohl auf die vermarkteten Produkte und Dienstleistungen, als auch auf die internen Prozesse der Organisation und ist definiert als das Maß, in dem das betrachtete Produkt oder der betrachtete Prozess den Anforderungen genügt. Diese Anforderungen können explizit definiert sein, sie können aber auch implizit vorausgesetzt werden (Erwartungen). Qualität ist das Ausmaß an Übereinstimmung von Anforderungen (explizit formuliert) und Erwartungen (nicht explizit formuliert). Im Laufe der Zeit werden dann die Erwartungen zu Anforderungen! Soweit die Enzyklopädie.

Die wohl weltweit anerkannteste Norm ist die DIN EN ISO 9000:2000

Unter Qualitätsmanagement versteht man – entsprechend der Definition nach DIN EN ISO 9000:2000 – aufeinander abgestimmte Tätigkeiten zum Lenken und Leiten einer Organisation, die darauf abzielen, die Qualität der produzierten Produkte oder der angebotenen Dienstleistung zu verbessern.

Zitatende (aus Wikipedia, der freien Enzyklopädie)

Welchen Nutzen haben kleine und mittelständische Unternehmen durch ein QM-System?

In vielen Branchen und Bereichen hat sich die Anwendung des Qualitätsmanagements längst etabliert. Die relativ einfache Struktur der Norm kommt speziell kleinen und mittleren Unternehmen entgegen. Bestimmte Nachweise und Forderungen können ausgeschlossen und damit das QM-System auf die jeweiligen betrieblichen Belange zugeschnitten werden. Insbesondere in der QM-Dokumentation lassen sich die betrieblichen Abläufe einfach und systematisch abbilden. Die Norm DIN EN ISO 9001:2000 ist prozessorientiert, dabei gut zu handhaben und direkt an der Unternehmenspolitik orientiert. Für Hersteller von Produkten oder Dienstleister ist sie gleichermaßen gut geeignet zur Anwendung. Eine he-rausragende Bedeutung wird der Kundenorientierung beigemessen. Dabei werden sorgfältig die Kundenwünsche bzw. Forderungen des Markts an das Unternehmen erhoben und die eigene Fähigkeit geprüft, ob alle diese Leistungen gemäß Kundenwunsch erbracht werden können.

Verschiedene Modelle und Standards

Die Zahl von Qualitätsmanagementnormen, welche als Rahmen oder auch als verpflichtende Vorgabe für die Etablierung eines Qualitätsmanagementsystems herangezogen werden, wird immer umfangreicher.

Hierbei zeigen sich starke regionale und branchenspezifische Unterschiede. Vor allem asiatische und angelsächsische Hersteller, insbesondere in der Industrie, haben Qualitätsmanagementmethoden eingeführt.

EFQM und ISO 9001

Wie erwähnt, ist das bekannteste Qualitätsmanagementmodell die ISO 900, daneben EFQM-Modell, beide haben Schnittmengen in der Prozessorientierung.

Im Vergleich zur ISO 9001:2000 hat das EFQM-Modell eine größere Motivation für weitere Verbesserungen. Es ist ein Wettbewerbsmodell, welches nicht auf die Erfüllung von Vorgaben, sondern auf die Selbstverantwortung in der Bewertung abzielt. Das zentrale Anliegen des EFQM-Modells ist die stetige Verbesserung mittels Innovation und Lernen in allen Unternehmensteilen und in Zusammenarbeit mit anderen EFQM-Anwendern. Es orientiert sich laufend an weltbesten Umsetzungen, sodass es für ein

Unternehmen nie möglich ist, die Maximalpunktzahl zu erreichen. EFQM lässt sich nicht nur auf Wirtschaftsunternehmen, sondern auch auf Dienstleistungs- und soziale Einrichtungen anwenden.

Auszug aus einigen speziellen Modellen

Das Capability Maturity Model ist für Organisationen mit Entwicklungsaufgaben (z.B. interne IT-Abteilungen, Auto-Entwicklung, Maschinen-Entwicklung etc.). Durch die spezifische Ausrichtung auf Entwicklungsorganisationen kann CMMI detaillierter auf einzelne Prozessaspekte eingehen.

Six Sigma wird überwiegend in der Produktion als statistisches Mittel verwendet, um den Herstellungsprozess zu überwachen.

In der Automobilindustrie gibt es die strengsten Zertifizierungen. Jene sind die ISO/TS 16949:2002 oder deren Vorgänger QS-9000 und VDA 6.1. Eigene Standards sind ebenfalls in der Medizintechnik, der Luft- und Raumfahrt und in Kernkraftwerken vorgesehen.

Im Projektmanagement werden ebenfalls eigene QM-Verfahren eingesetzt.

Welche Kritik gibt es?

Kritisch wird zum einen die Interpretation der ISO-Normen gesehen, da diese vom Inhalt her für alle nur denkbaren Bereiche gilt und daher anfänglich schwer verständlich wirkt. Häufig wird auch kommentiert, dass nur extern auditierte und zertifizierte Qualitätsmanagementmodelle objektiven Kriterien standhalten, da bei einer Selbstbewertung oftmals zugunsten der eigenen Situation (selbst) bewertet wird.

Von Auditoren/Assessoren ausgestellte Zertifikate beispielsweise der EFQM mit ihren drei möglichen Zertifikaten legen daher einen Schwerpunkt auf (externe) Audits anstelle von Selbstbewertungen.

Das QM nach der Normenreihe DIN EN ISO 9000 hat sich bewährt und als universell einsetzbares, produktunabhängiges Modell eines Managementsystems für Qualität international durchgesetzt; sie wurde sogar zur weltweit meistgenutzten ISO-Norm.

Seit Dezember 2000 gilt die weiterentwickelte und neugefasste Normenreihe ISO 9000:2000. Die wesentlichen Änderungen zu vorherigen Versionen sind:

- Das bisherige Normenwerk war durch viele Ergänzungen und Erweiterungen sehr umfangreich und damit schwer überschaubar geworden.

- Es ließ sich nicht pragmatisch genug auf kleine und mittelständische Unternehmen anwenden.

Jetzt wird **die Prozessorientierung** in konsequenter Weiterentwicklung in den Vordergrund gestellt. Das Qualitätsmanagementsystem kann damit besser dem betrieblichen Geschehen angepasst werden, wie z.B. Bewertung und Optimierung von Prozessen sowie der Abbau von Schnittstellen werden erleichtert.

Die neue prozessorientierte Norm ist übersichtlicher und näher an der Unternehmenspraxis.

Auf nur vier Kernnormen wurden die bisherigen 25 Normen, Leitfäden und Normenentwürfe konzentriert, alles übrige wird zu Technical Reports herabgestuft oder gelöscht. Diese vier sind:

- ISO 9000:2000: Begriffe/Definitionen

- ISO 9001:2000: Nachweisforderungen (bisher ISO 9001/9002/9003)

- ISO 9004:2000: Anleitung zur Verbesserung der Leistungen

- ISO 19011: Auditwesen, Leitfaden für das Auditieren von QM- und UM-Systemen

Die ISO 9002 und ISO 9003 gibt es nicht mehr. Dafür eröffnet die neue Norm ausdrücklich die Möglichkeit, das QM-System und damit auch die Nachweisforderungen auf die betrieblichen Belange anzupassen (Tailoring).

Die tatsächlichen betrieblichen Abläufe werden im QM-System abgebildet.

Eine herausragende Bedeutung kommt jetzt der Kundenorientierung zu. Die Kundenwünsche bzw. die Forderungen des Markts werden vom Unternehmen sorgfältig geprüft und die Fähigkeit zur Erfüllung ebenso. Die Produktorientierung wurde verstärkt. Das Unternehmen prüft, ob seine Produkte die Forderungen des Markts und die Vorgaben der Produktspezifikation erfüllen.

Der Markt und die Kundenerwartung ändern sich und mit ihnen erfolgreiche Unternehmen durch ständige Verbesserung ihrer Produkte/Dienstleistungen und Prozesse. Auch dies findet jetzt seinen Niederschlag.

Ein Managementsystem ist heute ein Steuerungsinstrument der Geschäftsleitung. Es ist Führungsaufgabe, ein QM-System aufrechtzuerhalten und weiterzuentwickeln. Die oberste Leitung muss selbst aktiv werden und dies auch nachweisen können.

Die Einbindung anderer Managementsysteme wird erleichtert, so zum Beispiel Umweltmanagementsysteme, z.B. DIN EN ISO 14001, und Arbeitsschutz- und Sicherheitsmanagementsysteme, z.B. OHRIS (Occupational Health- and Risk-Management).

Inhalte eines Qualitätsmanagementsystems

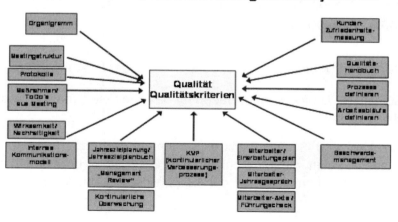

Grundsätzliche Bestandteile eines Qualitätsmanagementsystems:

1. Qualitätsplanung

2. Qualitätslenkung

3. Qualitätssicherung

4. Qualitätsverbesserung

Qualitätsplanung - es wird ein Ist-Zustand ermittelt und die Rahmenbedingungen für das Qualitätsmanagement festgelegt. Danach werden Konzepte und Abläufe erarbeitet. Die Fragen dazu lauten:

Was wollen Sie erreichen?

Wie wollen Sie es machen?

Wie stellen Sie es sicher?

Qualitätslenkung - die in der Planphase gewonnenen Ergebnisse werden umgesetzt.

Nicht die Qualität an sich wird „genormt", sondern der Weg zur Qualität. Man könnte anstelle von Qualitätsmanagement also auch von Prozessmanagement sprechen.

Qualitätssicherung - Auswerten qualitativer und quantitativer Qualitätsinformationen (Kosten-Nutzen-Betrachtungen, Überprüfen von gemachten Annahmen).

Qualitätsgewinn - ein sich aus den vorherigen Schritten ergebender Gewinn. Das kann Arbeitsverbesserung, das kann ein sofortiger monetärer Gewinn oder aber auch ein Gewinn an Arbeitssicherheit oder Produktsicherheit sein.

Die Struktur

Das Qualitätsmanagement ist grundsätzlich ein selbstähnlicher Prozess, das heißt die Verfahren zur Verbesserung des jeweiligen Gegenstands/

Prozesses lassen sich auch auf den Qualitätsmanagement-Prozess selbst anwenden.

Das Management oder die oberste Leitung

Das Management, häufig auch als die oberste Leitung bezeichnet, hat heute fest umrissene Aufgaben, im Wesentlichen

- die Qualitätspolitik festzulegen,
- Ziele zu beschreiben und anzupassen und
- Verantwortungen zu übertragen.

Dabei liegt es im Interesse des Managements, eindeutige Beschreibungen niederzulegen, andernfalls können sie persönlich für die durch das Produkt eingetretenen Schäden zur Verantwortung gezogen werden.

Regelkreis des Qualitätsmanagements

Großer Wert wird auf die kontinuierliche Verbesserung der Prozesse gelegt. Erfahrungen daraus fließen wieder zurück in die Planung, sodass ein Regelkreis (Demingkreis) entsteht:

Um ein QM-System einzuführen oder zu beginnen nachfolgend einige Fragen, mit denen Sie testen können, wie weit Sie bereits fortgeschritten sind. Diese Liste gibt nur einen kleinen Überblick und erhebt keinen Anspruch auf Vollständigkeit.

Strategie/Ziele und Organisation

1. Gibt es eine von der obersten Leitung festgelegte Unternehmensphilosophie (ein Leitbild) und daraus abgeleitete (messbare) Ziele in
   schriftlicher Form?

   ☐ Ja   ☐ Nein

2. Ist der organisatorische Aufbau des Unternehmens festgelegt, z.B. in
   Form eines Organigramms?

   ☐ Ja   ☐ Nein

3. Gibt es eine Übersicht über die wesentlichen Arbeitsabläufe des Unternehmens und deren Wechselwirkungen?

   ☐ Ja   ☐ Nein

4. Sind die wesentlichen Arbeitsabläufe des Unternehmens schriftlich
   festgelegt?

   ☐ Ja   ☐ Nein

5. Ist die Beschaffung (Bestellung) von Roh- und Werkstoffen, Hilfsmit-
   teln etc. geregelt und existieren hierfür organisatorische Hilfen (z.B.
   in Form eines Bestands-, Lagerverzeichnisses, Lieferantenverzeich-
   nisses etc.)?

   ☐ Ja   ☐ Nein

6. Werden die Arbeitsabläufe des Unternehmens durch die Unternehmensleitung regelmäßig überprüft und auf Angemessenheit bewertet? Werden (sofern erforderlich) Maßnahmen zur Verbesserung der
   Arbeitsabläufe festgelegt und umgesetzt?

   ☐ Ja   ☐ Nein

7. Werden die festgelegten Unternehmensziele regelmäßig auf Errei-

chung überprüft und (sofern erforderlich) neuen Anforderungen angepasst?

☐ Ja   ☐ Nein

Mitarbeiterführung

1. Werden regelmäßige Teamsitzungen durchgeführt und darüber Aufzeichnungen (Protokoll) geführt?

   ☐ Ja   ☐ Nein

2. Sind die Verantwortlichkeiten aller Mitarbeiter festgelegt? (z.B. Stellen- oder Aufgabenbeschreibungen)

   ☐ Ja   ☐ Nein

3. Erfolgt die Auswahl neuer Mitarbeiter nach einem festgelegten Vorgehen (z.B. Qualifikationsanforderungen aus der Stellenbeschreibung)?

   ☐ Ja   ☐ Nein

4. Erfolgt die Einarbeitung neuer Mitarbeiter nach einem festgelegten Ablauf (z.B. mit Hilfe eines Einarbeitungsplans)?

   ☐ Ja   ☐ Nein

5. Werden Mitarbeiter-Schulungen nach Bedarf geplant, festgelegt und durchgeführt? Sind Nachweise über extern durchgeführte Schulungen (z.B. Teilnahmezertifikate) vorhanden?

   ☐ Ja   ☐ Nein

6. Werden interne Schulungen in geeigneter Weise protokolliert und diese Nachweise aufbewahrt?

   ☐ Ja   ☐ Nein

Dokumentation

1. Ist der Umgang mit den in dem Unternehmen verwendeten internen Dokumenten (Informationen usw.) geregelt? Werden diese Dokumente bei Bedarf aktualisiert? Ist stets die aktuelle Version aller Dokumente an den entsprechenden Plätzen vorhanden und werden alte Fassungen entfernt?

    ☐ Ja ☐ Nein

2. Ist geregelt, wann und wie externe Dokumente (z.B. Prospekte von Zulieferern) in dem Unternehmen ausgelegt oder an Kunden verteilt werden dürfen? Wird dafür gesorgt, dass immer die aktuelle Version dieser Dokumente an den vorgesehenen Plätzen vorhanden ist?

    ☐ Ja ☐ Nein

Risikomanagement

1. Sind die auslegepflichtigen Unternehmensvorschriften (Unfallverhütungsvorschriften, ggf. Mutterschutzverordnung, ggf. Jugendarbeitsschutzgesetz, Arbeitszeitverordnung) vollständig vorhanden und für die Mitarbeiterinnen einsehbar?

    ☐ Ja ☐ Nein

2. Werden alle Mitarbeiter des Unternehmens regelmäßig zu den Themen Arbeitsschutz, ggf. Strahlenschutz etc. unterwiesen? Sind diese Unterweisungen nachweisbar (z.B. Protokolle)?

    ☐ Ja ☐ Nein

3. Werden alle vorhandenen aktiven, geliehenen, geleasten, überlassenen Geräte oder Maschinen in einem Bestandsverzeichnis aufgelistet, das den jeweiligen gesetzlichen Forderungen/Vorschriften genügt?

    ☐ Ja ☐ Nein

4. Erfolgen regelmäßige sicherheitstechnische Kontrollen der Geräte durch dafür befähigtes (externes) Personal?

☐ Ja ☐ Nein

5. Ist für das gesamte Unternehmen ein Unfallverhütungsplan vorhanden und umfasst dieser alle Bereiche des Unternehmens?

☐ Ja ☐ Nein

6. Berücksichtigen die Abläufe und Prozesse des Unternehmens die aktuellen Leitlinien des Fachgebiets in dem das Unternehmen tätig ist? Liegen diese Leitlinien in aktueller Form im Unternehmen vor?

☐ Ja ☐ Nein

7. Sind die Rückverfolgbarkeit und die Behandlung von Beschwerden geregelt und gewährleistet?

☐ Ja ☐ Nein

8. Wird die Kundenzufriedenheit in systematischer Weise erfasst? Werden aus den Ergebnissen Maßnahmen für die Weiterentwicklung des Unternehmens abgeleitet?

☐ Ja ☐ Nein

Wie viel Zeit benötigt der Aufbau eines Qualitätsmanagementsystems?

Wie lange die Einführung eines Qualitätsmanagementsystems dauert, ist sehr unterschiedlich und richtet sich nach den Ressourcen an Personal und Mitteln, die hierzu zur Verfügung stehen. In der Regel ist die Einführung eines Qualitätsmanagementsystems ein 1- bis 1,5-Jahresprojekt. Eine Zertifizierung ist auch wesentlich schneller erreichbar. Besonders in kleinen Unternehmen kann bei kurzfristig hohem Einsatz der Mitarbeiter und Berater, ohne größere Überarbeitung der Abläufe, eine Erstzertifizierung erfolgen.

Auch kleine und mittelständische Betriebe sind auf ein gut funktionierendes Qualitätsmanagement angewiesen.

Aber seien wir mal ganz ehrlich, diese Maßnahme von der Erstellung bis zur Zertifizierung ist ein endlos langer und kostspieliger Weg. Mal abgesehen davon, dass Qualitätsmanagementbeauftragte ausgebildet werden müssen und zusätzlich noch mindestens ein externer QM-Berater notwendig ist.

Selbst nach der Zertifizierung hört der Papierkrieg für das QM-System nicht auf, denn schließlich soll und muss es ja auch leben (umgesetzt werden). Das bedeutet, mindestens ein Mitarbeiter wird mit dem Beginn des Qualitätsmanagements permanent mit der Dokumentation beschäftigt sein, damit die Rezertifizierung gewährleistet werden kann.

Qualität ist ein zentraler Erfolgsfaktor für jedes Unternehmen.

Qualität ist kein Zufall. Sie ist immer das Ergebnis einer geplanten und systematischen Vorgehensweise. Ein Qualitätsmanagement-System schafft die notwendigen Rahmenbedingungen, um Prozesse beherrschbar zu machen und sichert Ihre Leistungs- und Qualitätsfähigkeit.

Mal angenommen, es gäbe eine ganz einfache Lösung für Ihr Unternehmen, wie interessant wäre das für Sie?

Die Lösung sieht exemplarisch wie folgt aus:

Die Softwarelösung easyQM (Entwicklung Dr. Andreas Lintner, Willich)

*   easyQM ist sofort einsetzbar
*   Es ist ein automatisches Controlling-System integriert
*   Alle Mitarbeiter/innen können sofort damit arbeiten
*   Nichts wird mehr vergessen

- Papierloses Arbeiten

- Minimaler Schulungsaufwand

- Spielend leicht bedienbar

- Die Schulungskosten minimieren sich

- Geringer Zeitaufwand für das Individualisieren auf das Unternehmen

- Automatische Auswertung (Statistik) der Mitarbeiter- , Kunden- und Lieferantenbewertung

- Automatische Auswertung der Jahreszielplanung

- Organisieren von Meetings

- Die Umsetzung ist ohne einen zusätzlichen externen Berater möglich

- Und, und, und...

Mit dem selbsterklärenden Qualitätsmanagement-System easyQM erhalten Sie eine enorme Zeitersparnis, die Software beweist sich im täglichen Einsatz in der Verwaltung und ermöglicht die Vereinfachung und Beschleunigung von Abläufen in der Unternehmensorganisation.

Der Arbeitsaufwand zur Sicherstellung von messbarer Qualität nimmt deutlich ab!

Dies wird insbesondere durch die systematische Planung aller wichtigen Prozesse, die Umsetzung und Dokumentation aller sinnvollen Tätigkeiten zur Qualitätssteigerung, die klar definierte Ablauforganisation und eine umfassende, automatische Maßnahmenplanung erreicht.

EasyQM führt automatisch zu besseren Strukturen im Unternehmen und verbessert die Kommunikation. Außerdem ist ein umfassender Informationsfluss bei allen Mitarbeitern im Unternehmen gewährleistet.

Auf den nächsten Seiten finden Sie einige Screenshoots mit weiteren ausführlichen Informationen.

Das Organigramm

Das **Organigramm** (*Organisationsplan, Organisationsschaubild, Stellenplan*) ist eine grafische Darstellung der Aufbauorganisation. Organisatorische Einheiten sowie deren Aufgabenverteilung und Kommunikationsbeziehungen werden ersichtlich.

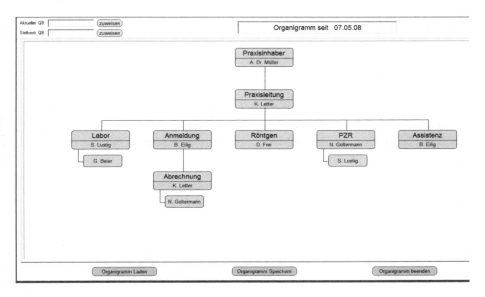

Einige Funktionen in easyQM:

- einfachster Aufbau des eigenen Organigramms

- speichern mit „Gültigkeit ab"-Funktion

- alle früheren Organigramme bleiben in der Historie erhalten

- Mitarbeiter dürfen mehrfach im Organigramm erscheinen (Haupttätigkeit, Nebentätigkeit, Springer)

- Definition, welcher Vorgesetzter hält mit welchem Mitarbeiter Jahreszielgespräche

- „intelligentes" Organigramm, nicht nur Schaubild, sondern auch die Struktur des Organigramms wird in easyQM gespeichert (hierdurch lassen sich viele administrative Arbeitsabläufe im Unternehmen automatisieren)

Dokumentation

Dokumentation, lästig aber hilfreich!

EasyQM bietet die Möglichkeit nahezu alle für das Qualitätsmanagement erforderlichen Dokumente in easyQM zu erstellen. Hierzu bietet easyQM folgende Dokumentenhierarchie an: „Goldene Regeln", „Allgemeine Qualitätsdokumente", „Arbeitsanweisungen", „Prozesse" und „Handbücher".

Alle Dokumente sind in einer Datenbank implementiert, sodass aus Versehen kein Dokument von der Festplatte gelöscht werden kann.

Alle Prozesse und Arbeitsanweisungen lassen sich mittels eines komfortablen Editors in Form eines Ablaufdiagramms darstellen.

Sollte ein Ablaufdiagramm nicht gewünscht oder erforderlich sein, so lassen sich Prozesse auch nur mittels eines Texteditors beschreiben.

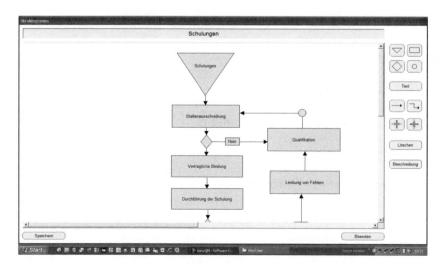

Zu jedem einzelnen Element im Ablaufdiagramm kann ein umfangreicher Beschreibungstext angelegt werden

Sollte ein Beschreibungstext zum besseren Verständnis des Ablaufdiagramms nicht ausreichen, so können zu jeder Beschreibung mehrere Bilder oder Grafiken abgelegt werden.

Lenkung der Dokumente. Um sicherzustellen, dass alle Mitarbeiter auf die aktuellen Dokumente zugreifen, kann zu jedem Qualitätsdokument ein „Gültig ab"- Datum eingestellt werden. Erst ab diesem Tag ist dieses Dokument für alle Mitarbeiter im Unternehmen sichtbar. Dokumente, deren Gültigkeit hierdurch erlischt, werden automatisch nicht mehr sichtbar sein.

Das ist DIN EN ISO9001:2000 ohne Aufwand.

Für verschiedene Branchen ist es möglich, Ihnen Musterhandbücher und Qualitätsdokumente zu liefern.

Werden Sie von einem Unternehmensberater betreut? Wenn ja, hier kann er Ihnen jetzt wirklich helfen!

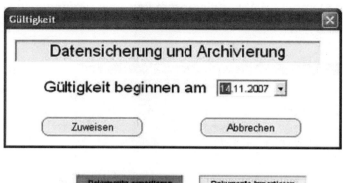

Jahreszielplanung

Wer seinen Hafen nicht kennt, dem weht kein Wind günstig.

(Seneca, römischer Dichter und Philosoph (4 v. Chr. – 65 n Chr.))

Einmal im Jahr sollte sich die Unternehmensführung mit den Führungs-mitarbeitern (eventuell auch mit dem erweiterten Kernteam) Zeit nehmen, um den aktuellen Status des Unternehmens festzustellen, das abgelaufe-ne Jahr zu bewerten und das kommende Jahr zu planen. Bei der Planung des kommenden Jahres werden neben quantitativen Zielen, wie z.B. Um-satzzahlen, auch Qualitätsziele festgelegt.

In vielen Unternehmen ist die Jahreszielplanung elementares Instrument der strategischen Unternehmensführung.

Zu jedem quantitativen Ziel, wie z.B. Umsatz, wird festgelegt, welcher Mitarbeiter hierfür verantwortlich ist. Als weiteres wird festgelegt, in welchen Zeitabständen der verantwortliche Mitarbeiter das Einhalten des quantitativen Ziels zu überprüfen hat. Automatisch erinnert easyQM bzw. easyNet den verantwortlichen Mitarbeiter hieran und zwar je nach gewähltem Zeitabstand jeden Tag, jede Woche oder jeden Monat. Ist ein Teilziel nicht erreicht, so muss der verantwortliche Mitarbeiter entsprechende Gegenmaßnahmen ergreifen.

Alle für den Unternehmer wesentlichen Bereiche des Unternehmens werden beleuchtet. Wie ist der aktuelle Stand in einem Bereich und welche Zielsetzung für das kommende Jahr liegt vor?

Sollte Handlungsbedarf vorliegen, so können direkt Maßnahmen ergriffen werden. Die so definierten Maßnahmen werden automatisch im easyNet den verantwortlichen Mitarbeitern zugeordnet.

Für das Gesamtunternehmen, aber auch für jeden einzelnen Bereich bzw. jede einzelne Abteilung lassen sich Qualitätsziele definieren. Jeder Bereich bzw. jede Abteilung kann dann zu jedem Qualitätsziel Maßnahmen definieren, die zur Zielerreichung notwendig sind. Die so definierten Maßnahmen werden automatisch im easyNet den verantwortlichen Mitarbeitern zugeordnet.

Meeting-Struktur

Meetings gehören in einem Unternehmen mit zu den wichtigsten verbalen Kommunikationsinstrumenten. Um hierdurch jedoch nicht unnötigen administrativen Aufwand zu betreiben, lassen sich viele Arbeitsabläufe in easyQM vereinfachen bzw. automatisieren!

Jahresmeetingplanung

Nach Erstellung einer Jahresmeetingplanung werden automatisch entsprechend dem aktuellen Organigramm alle Personen benachrichtigt, welche Meetings, an welchem Tag, jeder einzelne im kommenden Jahr haben wird.

Einzelne Meetings anlegen

Nachdem ein einzelnes Meeting angelegt ist, werden alle Mitarbeiter, die an diesem Meeting teilnehmen, automatisch benachrichtigt, dass dieses Meeting stattfindet, ob es ggf. ausfällt, ob die Agenda einsehbar ist und ob das Protokoll freigegeben ist ... und alles nahezu automatisch!

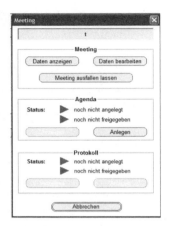

Meeting durchführen

In easyQM wird natürlich auch das Protokoll erstellt. Die Anwesenheiten der einzelnen Mitarbeiter lassen sich statistisch auswerten. Je Mitarbeiter oder auch je Bereich/Abteilung!

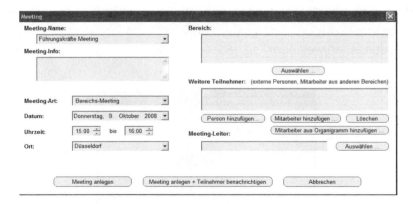

Protokoll erstellen

Werden im Protokoll "ToDo´s" für einzelne Mitarbeiter festgelegt, so werden diese automatisch bei Freigabe des Protokolls den einzelnen Personen zugeordnet. Dass "ToDo´s" auch zu erledigen sind, hieran erinnert easyQM die Mitarbeiter natürlich.

ToDo's

Das tägliche Dilemma: die ToDo´s

EasyQM organisiert das, was zu organisieren ist!

Wer kennt diese Problematik nicht: „Herr Müller, bitte arbeiten Sie die Werbeunterlagen bis nächste Woche Freitag aus!" Wurde diese Arbeit (hier genannt „ToDo") termingerecht erledigt, dann wäre alles in Ordnung. Und wenn nicht? Wer kontrolliert, dass die Arbeit auch wirklich erledigt wurde? Bei diesem, jeden Tag auftretenden Dilemma hilft easyQM.

ToDo´s werden nicht mehr auf einen Zettel geschrieben oder per Mail via Outlook versendet, sondern werden direkt in easyQM eingegeben.

Die Person, die dieses ToDo erledigen muss, sieht dies an seiner "ToDo"-Ampel. Grün bedeutet: Es ist noch genügend Zeit vorhanden, um das ToDo zu erledigen. Gelb bedeutet: Die Zeit, um das ToDo zu erledigen, läuft in Kürze aus. Rot bedeutet: Zeitpunkt, zu dem das ToDo erledigt sein sollte, ist abgelaufen!

In easyQM lassen sich in vielen Modulen ToDo´s anlegen:

- in easyNet (beim täglichen Arbeiten)
- in jedem Meeting
- in jedem Audit
- in jeder Jahreszielplanung
- bei Nichterreichung von Zielen
- ...

Kundenbefragung

Nicht uns muss unsere Dienstleistung gefallen, sondern dem Kunden! Ob Kundenzufriedenheitsmessung oder Kundenbefragung, alles ganz easy.

Die Kundenzufriedenheitsmessung ist ein wesentlicher Bestandteil der DIN EN ISO 9001:2000. Die Ergebnisse einer Kundenzufriedenheitsmessung (aber auch einer allgemeinen Kundenbefragung) liefern dem Unternehmen wichtige Informationen.

Im easyNet haben Sie die Möglichkeit, Ihren Kunden entweder anonym vor einem LogIn oder personifiziert nach einem LogIn eine Frage zur Kundenzufriedenheitsmessung bzw. zur Kundenbefragung zu stellen.

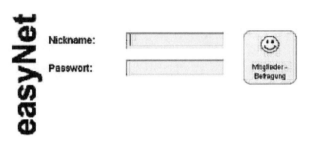

Sie haben die Möglichkeit, eine nahezu beliebige Anzahl an Fragen zu hinterlegen. Nach dem Zufallsprinzip wird im Einzelfall eine Frage entsprechend ausgewählt und gestellt.

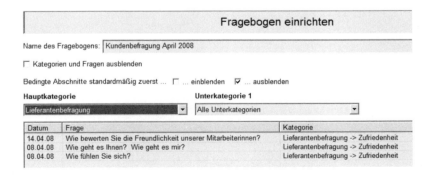

Alternativ zur Stellung einer einzigen Frage haben Sie die Möglichkeit, nach einem LogIn Ihren Kunden einen vollständigen Fragebogen zur Kundenzufriedenheit bzw. zur Kundenbefragung anbieten zu können.

Die Auswertung erfolgt dann nahezu automatisch. Also Ergebnisse anschauen und handeln.

Karin Letter

ALLES WiRD GUT

„Aha!", beendet er den Artikel und beschließt: „Ich brauche ein Qualitätsmanagementsystem. Das ist doch klar!" Und tatkräftig wie immer beginnt er gleich am nächsten Tag damit. Er weiß, dass die Pinguine eine zentrale Rolle im Unternehmen Zoo spielen und gewinnt sie für seine Idee, ein solches QM einzuführen.

Sie erklären sich bereit, das Qualitätsmanagement immer wieder hinsichtlich der Qualität zu überprüfen. So testen sie z.B. die Qualität vom Speiseeis selbst, denn mit der Zeit haben sie richtig Freude am Eisschlecken gewonnen. „Ich teste das Erdbeereis", ruft Simon, einer der ganz jungen Pinguine.

Maria ist Feuer und Flamme, den Kontakt zu den Tieren aus dem Nachbargehege zu pflegen. Petra hat sowieso den Eindruck, dass zwischen Maria und dem Eisbären Marvin mehr als bloße Nachbarschaft besteht. „Maria wird dafür sorgen, dass der Direktor auch die Informationen und die Stimmung aus dem Eisbärgehege erhält." Schnell sind noch andere gefunden, die sich engagieren. Martin – mittlerweile ein sehr akribischer und zuverlässiger Pinguin - erklärt sich sogar bereit, als Delegierter in den Qualitätszirkel des Zoos einzutreten.

„Was sind wir doch für eine tolle Gemeinschaft!", spricht Horst aus tiefster Seele. „Ja!", steigt Petra mit ein. „Ich hätte nie gedacht, dass wir uns hier so wohl fühlen. Und bald werden wir auch unseren Nachwuchs bekommen. Bis dahin ist sicher alles gut vorbereitet. Ich hoffe, es geht den anderen am Südpol auch gut."

Da sind sich alle nicht so sicher. „Lass uns eine Gedenkminute für alle anderen Pinguine der Welt einlegen! Ich bin mir sicher, dass diese Energie zu spüren ist.", schlägt einer der Älteren aus der Gruppe vor.

Das Schweigen tut gut und die Pinguine spüren die tiefe Verbindung untereinander, zum Meer, zum Eis und auch zu den Fischen, die sie täglich ernähren.

„Dies ist ein guter Tag!", sagt Petra und alle klatschen sich gegenseitig auf die Schultern. Dieses Ritual haben sie seit der Zeit im Zoo immer mal wieder bei den Menschen beobachten können.

Horst denkt an Christoph, was er macht und wie ihm das Führen gelingt. Wie gerne würde er ihm den letzten Beitrag aus dem Logbuch zuschicken.

12. **Führen ist wie Musik, nur wer genau spielt und den Takt einhält, kann ein Top Dirigent sein!**

„Führung heißt führen, führen heißt Führung! Mit der Commitmenttechnik klare und nachvollziehbare Aktivitäten vereinbaren.

– von Michael Letter

Über Führung und Führungsstile gibt es hunderte, ja wahrscheinlich tausende Bücher, Konzepte und immer wieder neuverpackte Ansätze. Vom autoritären bis zum „Kuschelkurs" ist fast alles vertreten.

Wer von den Führungskräften macht eher „Karriere"? Der softe und bescheidene Chef, der stets ein offenes Ohr hat für die Kollegen und aufs Wohl „der anderen" bedacht ist – aber dann schnell als willensschwach angesehen ist? Oder die aggressiv-durchsetzungsstarke Führungskraft, die vor allem den eigenen Vorteil verfolgt – sich damit aber auch den Ruf erwirbt, „über Leichen zu gehen"?

Führungskräfte, die sich zum Beispiel für die Position des Abteilungsleiters empfehlen wollen, müssen lernen, sich durchzusetzen: gegen Kollegen und Vorgesetzte, aber zuweilen auch gegen die Kunden, etwa in schwierigen Verhandlungssituationen. Allerdings: Der Grat zwischen aggressiver – und abschreckender – Vorgehensweise und vornehm-bescheidener Zurückhaltung, die zur Beliebtheit führt, jedoch nicht zum Weiterkommen, ist sehr schmal.

Was erwartet der Mitarbeiter?

Mitarbeiter erwarten, dass eine Führungskraft ihrer Aufgabe gerecht wird, sozial kompetent, Ideengeber, Ratgeber und guter Zuhörer ist. Sie muss klar kommunizieren können, was denn ihre Erwartung an die Mitarbeiter ist, zum Beispiel unmissverständlich ausdrücken, wann, welche Aufgaben, wie erledigt werden sollen. Das zumindest sind die häufigsten Nennungen, die ich in zahlreichen Umfragen bei Mitarbeitern in mittelständischen Unternehmen erhalten habe.

Und hier ist das Dilemma, viele Führungskräfte erarbeiten mit ihren Mitarbeitern Ziele in Form von Zahlen, Daten, Fakten ohne auch zu erarbeiten, wie denn diese erreicht werden sollen. Die eigentlichen Aktivitäten, die zu diesen Zielen führen, sind nicht klar und eindeutig. Die Führung versagt, der Mitarbeiter wird nicht eindeutig geführt und der Spielraum für Ausreden, warum und wieso Ziele nicht erreicht werden, wird kunterbunt.

Die Commitmenttechnik bietet Abhilfe:

Was aber ist ein Commitment?

Wenn Sie diesen Begriff „googlen", dann ergeben sich fast 1 Million Treffer. Daher betrachten wir an dieser Stelle das Commitment aus dem Fokus der Führung:

Hier bezeichnet man allgemein ein Commitment als das Ausmaß, in dem sich eine Person mit einer bestimmten Organisation identifiziert.

Drei weitere Kennzeichen von Commitment werden hierzu genannt:

(1) Akzeptanz der Ziele und Werte der Organisation,

(2) Bereitschaft, sich für die Organisation in erheblichem Ausmaß zu engagieren und

(3) starker Wunsch, Mitglied der Organisation zu bleiben.

Zitat:

„Die unterstellte Erfolgsformel seitens der Organisation für die Wirkung von hohem Commitment lautet: „Commitment schützt vor Fluktuation" und Fluktuation kostet in der Regel Geld, so dass in den meisten Fällen wohl auch gilt: „Commitment senkt Kosten". Inzwischen kann ein deutlicher Zusammenhang von Commitment und Fluktuation als belegt gelten, wobei der (negative) Zusammenhang zwischen Commitment und solchen Variablen, die sich als „Vorläufervariablen" von Fluktuation bezeichnen lassen, wie die Absicht, den Arbeitsplatz aufzugeben oder die Suche nach einem neuen Arbeitsplatz, noch höher ausfällt. Die Relevanz für die Unternehmenspolitik ist demnach offensichtlich und die individuelle Erfassung mit Messverfahren ist gesichert.

Allerdings haben sich Erwartungen, dass Commitment vor allem dann, wenn es ausschließlich als Identifikation mit der Organisation interpretiert wird, hoch mit Leistungsverhalten korreliert, nicht bestätigen können."

Bernd Six, Institut für Psychologie der Martin-Luther-Universität Halle-Wittenberg

Das heißt, zuerst einmal muss sich die Führungskraft selbst diesem Commitment stellen, den Zielen und Werten des Unternehmens, den Willen und die Bereitschaft haben, sich erheblich zu arrangieren und auch weiter dem Unternehmen anzugehören und dieses mitzugestalten. Erst jetzt kann er auch Commitments mit seinen Mitarbeitern vereinbaren.

In diesem Kontext ist das Commitment am ehesten mit einer verbindlichen Zusage oder Vereinbarung zu sehen.

Zuckerbrot und Peitsche

Wodurch lässt sich ein Angestellter motivieren? Ist es der Raum zur freien Entfaltung der eigenen Leistungsmöglichkeiten? Ist es die ehrliche Anerkennung? Die Möglichkeit, sich mit dem Unternehmen zu identifizieren? Oder doch die ausgezeichnete Provision? Und dann gibt es noch diejenigen, die sich nur zu etwas bewegen lassen, wenn der Chef ihnen die unangenehmen Konsequenzen ihres Verhaltens vor Augen führt. Sie ändern ihr Verhalten nur, um Nachteile zu vermeiden. Und oft speist sich die Motivationsstruktur nicht allein aus beruflichen Quellen. Für viele Menschen besitzen etwa Freizeit und Familienleben einen hohen Stellenwert.

Die Führungskraft klärt in einem Vorgespräch mit einem Mitarbeiter zu welchem Motivationstyp er gehört. Benötigt er das Zuckerbrot, die Peitsche oder ist der „goldene Mittelweg" angesagt? So kann sie einen individuellen Mix an Motivatoren zubereiten und bestimmen, welche Instrumente notwendig sind, um selbst un- und demotivierte Mitarbeiter zu besseren Leistungen zu bewegen.

Zudem stellt sich die Frage, ob es Gründe für Demotivation gibt. Die Demotivationsfalle droht etwa, wenn der „falsche Mitarbeiter am falschen Platz" arbeitet. Die Führungskraft gleicht darum Qualifikations- und Anforderungsprofil miteinander ab. Falls es Diskrepanzen gibt, können die Beteiligten nach Lösungsmöglichkeiten suchen.

Zielvereinbarungskultur etablieren

Was ist bei der Durchführung des Commitmentgesprächs zu beachten? Die Führungskraft gibt dem Mitarbeiter Gründe, sich für das Unternehmen einzusetzen. Dies gelingt durch eine Zielvereinbarungskultur – dem Mitarbeiter wird bei der Zieldefinition ein Mitspracherecht eingeräumt. Dies bedeutet: Zu Beginn führt der Vorgesetzte ihm bildlich vor Augen, was es für ihn und die Firma bedeutet, wenn er gute Leistungen bringt. Die Zielerreichung sollte begeistert und begeisternd formuliert sein: „Stellen Sie sich die Folgen vor, wenn es uns gelingt, all unsere Kunden zu begeistern!" Dann bindet er ihn aktiv in den Zielfindungsprozess ein: „Was glauben Sie, könnten Sie dazu beitragen, absolute Kundenfreundlichkeit zu erreichen?"

Der Mitarbeiter fühlt sich ernst genommen und kann Vorschläge unterbreiten, welche Möglichkeiten ihm in seinem Tätigkeitsbereich offen stehen, einen persönlichen Beitrag zur Zielerreichung zu leisten. Jeder Mensch verfolgt seine eigenen Ideen und Ziele mit größerem Engagement als die, die ihm andere vorgeben.

Zu empfehlen ist, Lob und Anerkennung für geleistete Arbeit auszusprechen: „Sie haben ja im letzten Quartal bei der Betreuung unseres wichtigen Kunden Müller bewiesen, dass Sie Kundenorientierung groß schreiben!" Gerade bei der Gesprächseröffnung ist die Betonung der Stärken wichtig. Leider loben viele Führungskräfte vor allem die Sache, die ein Mitarbeiter gut erledigt hat. Die meisten Chefs werden persönlich, wo sie sachlich bleiben sollten: bei der Kritik. Dafür bleiben sie sachlich, wo sie persönlich werden müssten – nämlich beim Lob. Bewusstes Loben stellt den persönlichen Beitrag des Mitarbeiters in den Vordergrund, der zu einem guten Arbeitsergebnis geführt hat. Und auch, wenn Kritik ansteht, gilt: Die Führungskraft spricht niemals die Identitätsebene an, sondern immer die Verhaltensebene. Es geht um die Handlung – nicht um die Person. Die Persönlichkeit des Mitarbeiters lässt sich nicht ändern – aber seine Verhaltensweise beeinflussen.

Mithilfe dialogorientierter Gesprächstechniken (siehe Kasten) gibt die Führungskraft dem Mitarbeiter Gelegenheit, ein eigenes Bild seiner Stärken und Schwächen zu zeichnen. Wenn sie anderer Meinung ist, begründet sie ihre Ansicht. Schließlich formuliert sie: „Ich habe mir überlegt, wie Sie

Ihre Fähigkeiten noch optimaler einsetzen können. Ich möchte mit Ihnen besprechen, welche Maßnahmen dafür notwendig sind."

Am Ende des Gesprächs steht der Konsens, der in konkrete Vereinbarungen mündet: „Wir sind zu dem Ergebnis gekommen, dass Ihre Stärke in der Privatkundenbetreuung liegt. Diese Fähigkeit bauen wir weiter aus. Sie dürfen jedoch die Neukundenansprache nicht vernachlässigen. Lassen Sie uns gemeinsam geeignete Fördermaßnahmen festlegen!" Die Gesprächspartner gießen die Vereinbarung in einen Zeitplan: Welche Maßnahmen müssen bis wann erledigt sein?

All dies hält die Führungskraft schriftlich in einem Protokoll fest, das sie dem Mitarbeiter vorlegt, damit er sich damit einverstanden erklären kann. So ist ein Maßnahmen-Controlling möglich und der Vorgesetzte kann nachfragen, warum ein Punkt nicht bis zum vereinbarten Zeitpunkt bearbeitet wurde.

Fazit:

Die Qualität des Commitmentgesprächs steht und fällt mit der intensiven Vorbereitung. Die Kenntnis der Motivationsstruktur ist der „Motivationsknopf", den die Führungskraft drücken muss, um zu besseren Leistungen anzuspornen. Des Weiteren stehen Anreize zur Verfügung, die materieller Art sein, aber ebenso Motivationsfaktoren wie Karrierechancen oder Selbstverwirklichung am Arbeitsplatz betreffen können.

Check fürs Commitmentgespräch

- Stellen Sie die Motivationsstruktur des Mitarbeiters fest.

- Definieren Sie Ihre Gesprächsziele, wählen Sie einen motivierenden Gesprächseinstieg.

- Stellen Sie die Ursachen für Demotivation fest und beseitigen Sie sie.

- Beenden Sie das Gespräch mit klaren Zielvereinbarungen, deren Erreichung Sie kontrollieren können.

Dialogorientierte Gesprächstechniken

- Überreden Sie nicht, überzeugen Sie argumentativ.

- Offene Meinungsfragen veranlassen den Mitarbeiter, von und über sich zu reden. Die Antworten erlauben Rückschlüsse auf Einstellungen und Motive.

- Formulieren Sie Aussagen als Ich-Botschaften: „Ich habe beobachtet, dass Sie Probleme haben bei ... Was sagen Sie dazu?"

- Hören Sie aktiv zu: „Habe ich Sie richtig verstanden ...?"

- Sorgen Sie für Klarheit: Wiederholen Sie Äußerungen des Mitarbeiters mit eigenen Worten.

- Kritisieren Sie in Frageform: „Was halten Sie davon, wenn Sie zukünftig Folgendes berücksichtigen ...?"

Mögliche Fragen für das Commitment

- Mit welchen konkreten Schritten erreichen Sie Ihr Ziel?

- Was sind die To Do`s?

- Womit fangen Sie an?

- Was ist dann der nächste Schritt?

- Was bedeutet das genau? Was heißt das genau?

- Beschreiben Sie mir das ganz konkret!

- Wie können Sie sicherstellen, dass das funktioniert?

- Welche Zeit/Kapazitäten brauchen Sie dafür?

- Wann und wie werden Sie erstmalig merken, dass es Erfolg hat?

- Welche Schwierigkeiten/Hindernisse können auftreten?

- Wie werden Sie diese lösen?

- Wann werden Sie wen informieren?

Wichtig dabei ist, dass alle Antworten schriftlich und zwar in den Worten des Mitarbeiters, festgehalten werden. Erst wenn die Führungskraft aufgrund der Antworten keinerlei Zweifel mehr hat, dass das angestrebte Ziel erreicht wird, ist dieser Gesprächspart zu Ende. Nun gilt es die Vereinbarung auch tatsächlich in ein Commitment zu wandeln. Die Führungskraft bespricht die Konsequenzen.

Was bedeutet Konsequenz?

Laut Wikipedia:

„Konsequenz (von lat. consequi folgen, erreichen) ist eine – oft zwingende, mindestens jedoch mögliche – Folge eines Anfangssachverhaltes: wenn A stattfindet, resultiert daraus – zwingend oder möglicherweise – B."

Erzieherische Konsequenz bezeichnet pädagogisch angemessene, spürbare Folgen (Konsequenzen) zum Verhalten eines Kindes, insbesondere lernwirksame Belohnungen für gutes Bemühen, lehrsame Erfahrungen und eine Vermittlung von Erfahrung durch verständliche Worte und Hinweise. Nicht dazu gehören unangemessene Folgen (schädigende Konsequenzen, als hart angesehen Strafen oder auch Konsequenzen, die mit dem Verhalten des Kindes in keinem für das Kind ersichtlichen Zusammenhang stehen)."

In der Führung wird häufig unter Konsequenz nur die negative Seite betrachtet. Um ein Commitment wirkungsvoll zu gestalten, ist es erforderlich mit dem Mitarbeiter zuerst die förderlichen Konsequenzen, also die Belohnungen zu besprechen. Wichtig dabei ist, dass diese „Belohnung" auch wieder vom Mitarbeiter erarbeitet wird. Vertrauen Sie als Führungskraft darauf, dass Ihren Mitarbeitern an dieser Stelle immer Belohnungen einfallen, welche Sie realisieren können.

Tipp:

Sehr häufig ist der Wunsch von Mitarbeitern an dieser Stelle, dass das Erreichen der Ziele entsprechende Würdigung und Anerkennung findet.

Dies ist für mich als externer Betrachter immer ein klarer Hinweis, dass in diesem Unternehmen zu wenig Anerkennung stattfindet.

Wenn die positive Konsequenz besprochen und schriftlich fixiert ist, kann nun auch mit dem Mitarbeiter die negative Seite betrachtet werden. Was geschieht, wenn die Ziele nicht erreicht werden? Insbesondere wird dabei beleuchtet, was geschehen soll, wenn die zugesagten Aktivitäten nicht ausgeführt wurden. Die „Sanktionen" können nun von häufigeren Erinnerungen, bis hin zur Ermahnung und in ganz schlimmen Fällen vielleicht auch zur Abmahnung führen. Aber dem Mitarbeiter wird klar vorher kommuniziert, dass es so weit kommen kann.

In diesem Prozess wird natürlich auch die Frage erörtert, was alles getan wird, um solche Folgen zu verhindern. Wann und wo nimmt die Führungskraft Controllingaufgaben wahr, um den Mitarbeiter in seinen Aktivitäten zu steuern.

Exemplarisch einige generelle Fragen, die natürlich auf den jeweiligen Kontext angeglichen werden müssen:

Beispielfragen für Konsequenzen

- Welche Gefahren lauern, wenn Sie dieses oder jenes nicht machen?

- Was passiert, wenn Sie die Produktion/den Verkauf oder... nicht erreichen?

- Wie viele Abschlüsse/Kunden sind Ihnen entgangen?

- Was passiert, wenn ein Kunde/Kollege sich über Sie beschwert?

- Was wird die Unternehmensleitung sagen, wenn Sie es nicht tun/ wenn Sie es nicht erreichen?

- Was wird Sie das kosten?

- Welche Kosten kommen da auf unser Unternehmen zu?

- Ist es für Sie denkbar, dass Sie in eine Situation kommen, in der Sie/Ihr Unternehmen einen anderen Mitarbeiter benötigen/ benötigt? Was kann das für eine Situation sein?

Ein hohes Mitarbeiterengagement und eine starke Verbundenheit der Mitarbeiter mit der Organisation wirken sich positiv auf das Arbeitsklima, die Produktivität und die Erfolgszahlen eines Unternehmens aus (vgl. u. a. Cohen 1991, 1993; Coffman/Gonzales-Molina 2003). Auch die seit 2001 jährlich von der Gallup GmbH erhobenen „Engagement Indexe" für Deutschland (o. V. 2005; Eakin 2002) ergaben für das Jahr 2006, dass 88 Prozent der deutschen Arbeitnehmer keine echte Verpflichtung gegenüber ihrem Arbeitsplatz aufweisen. 69 Prozent der Arbeitnehmer machen „Dienst nach Vorschrift", 18 Prozent der Mitarbeiter haben bereits innerlich gekündigt und nur 13 Prozent werden als loyal, produktiv und mit ihrer Arbeit zufrieden eingestuft. Das fehlende Engagement der Mitarbeiter beruhe – so die Studie – in erster Linie auf schlechtem Management: Arbeitnehmer wussten vielfach nicht, *was von ihnen erwartet wird*, empfanden, dass ihre Meinungen und Ansichten nicht beachtet würden oder dass sie eine Position ausfüllten, die ihnen nicht liege. Nach dieser Erhebung resultiert mangelndes Mitarbeiterengagement in mehr Fehltagen, einer höheren Mitarbeiterfluktuation, einer subjektiv empfundenen höheren Arbeitsbelastung (Stress) und einer geringeren Arbeitsmotivation. Dies müssen nicht nur die Betriebe teuer bezahlen; gesamtwirtschaftlich führen laut Gallup hohe Fehlzeiten und niedrige Produktivität zu Ausfällen in dreistelliger Milliardenhöhe (Eakin 2002, o. V. 2005).

Ein Ansatz dies zu ändern, ist die oben beschriebene Commitment-Technik, denn diese zielt darauf ab, dem Mitarbeiter klar und für ihn verständlich zu machen, was von ihm erwartet wird.

„Es ist nicht genug zu wissen, man muss es auch anwenden. Es ist nicht genug zu wollen, man muss es auch tun!" (Goethe)

Michael Letter, „das Letter Prinzip"

Literaturverzeichnis

Kapitel: Zukunftsorientierte Unternehmenskultur & Tabus knacken - Lösungen auftun

Asgodom, Sabine; Scherer, Hermann: Jetzt komm ich!. Mvg Verlag. 2001, Landsberg am Lech

Beste-Forma, Nicole. Interwiew mit Brigitte Hirl-Höfer, Personalchefin Microsoft Deutschland. Erschienen in: BPW Journal 1/2008

Blumenschein, Annette; Ehlers, Ingrid Ute: Der Pippi Langstrumpf Faktor. Murmann Verlag, 2004

Canfield, Jack; Hansen, Mark Victor: Mehr Hühnersuppe für die Seele. Goldmann Verlag, München, 2001

Einfach die Welt verändern im Job. Pendo Verlag, München und Zürich, 2006

Feustel, Bert; Komarek, Iris: NLP-Trainingsprogramm. Südwest Verlag, München, 2006

Kälin, Karl; Müri, Peter: Führen mit Kopf und Herz. Ott Verlag, Thun (Schweiz), 1991

Kleinhenz, Susanne: Das 21. Jahrhundert ist weiblich. Gabal Verlag, Offenbach 2007

Kobjoll, Klaus: Motivation. Orell Füssli Verlag, 1993, Zürich

Kornfield, Jack; Feldmann, Christina. Geschichten, die der Seele gut tun. Herder spektrum. Freiburg, 1998

Lundin, C. Stephen; Paul, Harry; Christensen, John: Fish. Ueberreuther, 2003, Wien, Frankfurt

Masemann, Sandra; Messer, Barbara: Improvisation und Storytelling in Training und Unterricht. Beltz Verlag, Weinheim. Erscheinungsjahr 2008 oder 2009 – ist derzeit in der Produktion

McDermott, Ian; = ´Connor, Joseph: NLP für die Management Praxis. Junfermann Verlag, Paderborn, 1999

Peters, Tom: Re-imagine. Gabal Verlag, Offenbach, 2007

Schleicher, Dr., Bettina: Equal Pay – Nicht nur eine Frage der Gerechtigkeit. Erschienen in: BPW Journal 1/2008

Schlehuber, E.; Molzahn, R.: Die heiligen Kühe und die Wölfe des Wandels. Gabal Verlag, Offenbach 2007

Seiwert, Lothar: Mehr Zeit fürs Glück. Gräfe & Unzer, München, 2002

Simon, Walter: Praxisseminar Personalmanagement, Westfälische Wilhelms-Universität, Münster, 2001

Thomson, Charles Chic; Lyons Lael; Ja, aber.... Knaur Verlag, 1995, München

Weyh, Helmut; Krause, Peter: Kreativität – Ein Spielbuch für Manager. Econ Verlag, Düsseldorf, 1993

Wheatley, Margaret J. Leadership and the New Science. In: Thomson, Charles Chic; Lyons Lael. Ja, aber.... Knaur Verlag, 1995, München

Kapitel: Stimme im Berufsalltag

Coblenzer, Horst/Muhar, Franz: Atem und Stimme. Anleitung zum guten Sprechen. Wien, 1976

Eckert, Hartwig/Laver, John: Menschen und ihre Stimmen. Aspekte der vokalen Kommunikation. Mit Stimmbeispielen auf CD. Weinheim, 1994

Kasper, Hans-Josef: Singen und Flugzeuge. Stimmhygiene und Stimmregeneration mit dem Bernoulli-Effekt. Otzenhausen, 2008

Lauten, Anno: 30 Minuten für eine wirkungsvolle Stimme. Weinheim, 2008

Nollmeyer, Olaf: Die souveräne Stimme: Praxisnahes Stimmtraining mit interaktiver CD-ROM. Weinheim, 2007

und im Internet:

http://www.wdr.de/tv/quarks/sendungsbeitraege/2003/0121/000_stimme.jsp

Kapitel: Balanced Scorecard

Strategien erfolgreich umsetzen

Kaplan/ Norton - Schäffer/ Peschel Verlag

Balanced Scorecard umsetzen - Horvath & Partner
Schäffer/Poeschel Verlag

My Balanced Scorecard - Herwig R. Friedag/ Walter Schmidt
Haufe Verlag

Balanced Scorecard at work - Herwig R. Friedag
Haufe Verlag

Balanced Scorecard anwenden - A. Preißner
Taschenbuch im Hanser Verlag

Balanced Scorecard und Controlling:
Implementierung – Nutzen für Manager und Controller - J. Weber, U.
Schäffer - Gabler Verlag

Frühwarnsystem Balanced Scorecard - Unternehmen zukunftsorientiert
steuern - Gehringer / Michl
Metropolitan Verlag

Strategisches Management mit der Balanced Scorecard - A. Müller
Kohlhammer Verlag

Im Internet u.a.:
www.scorecard.de
www.balancedscorecard.com
www.bscol.com
www.balanced-scorecard.de

Kapitel: Wie wichtig ist das aktive Verkaufen für Ihr Unternehmen

Zartmann R., L. Stempfle: „Aktiv verkaufen am Telefon" GABLER Verlag
ISBN: 978-3-8349-0555-0

Kapitel: Burnout-Prophylaxe

Bergel S, Martens A, Moser C. Faul durch falsche Führung. Business-Krankheit Boreout. Manager-Seminare 115/2007, 32-38

Bergner TMH. Burnout-Prävention. Das 9-Stufen-Programm zur Selbsthilfe. Stuttgart: Schattauer 2007

Bundesverband Deutscher Psychologen. Anstieg psychischer Probleme in der Arbeitswelt. Pressemitteilungen 2008

Burisch M. Das Burnout-Syndrom. Theorie der inneren Erschöpfung. Heidelberg: Springer 1994, 2. Auflage

Freudenberger HJ (1974). Staff burn-out. Journal of Social Issues, 30, 159-165.

Freudenberger H, North G. Burn-out bei Frauen. Über das Gefühl des Ausgebranntseins. Frankfurt a.M.: Krüger 1992

Hillert A, Marwitz M. Die Burnout-Epidemie oder Brennt die Leistungsgesellschaft aus? München 2006

Lammers W. Burnout ist Chefsache. Maienfeld 2005

Löhr J. Lebe Deine Stärken. Wie Du schaffst, was Du willst. Econ 2004

Müller EH. Ausgebrannt - Wege aus der Burnout-Krise. Herder 1994

Obermeyer M. Sich nie mehr ausgebrannt fühlen. ZM 8/2002, 76-78

Obermeyer M. Take off statt Burnout. ZM 5/2003, 80-84

Paustian T, Pitzken M. Profi – beruflich und privat. ZM 21/2000, 36-39

Peseschkian N. Steter Tropfen höhlt den Stein. München: Pattloch 2000

Schonert-Hirz S. Meine Stress-Balance. Rezepte für Vielbeschäftigte von Dr. Stress. Frankfurt: Campus 2006

Sprenger RK. Die Entscheidung liegt bei Dir. Wege aus der alltäglichen Unzufriedenheit. Frankfurt: Campus 2004

Die Autoren

Sonja D´Angelo

Dipl.-Betriebswirtin (BA)

Unternehmens Coach seit 2007
im Bereich Weiterbildung und
Coaching tätig

Kernkompetenzen:

SAP-Consultant und Trainerin seit 2001 im Bereich Logistik
Zertifizierte Master Verkaufstrainerin (INtem)
Zertifizierte Management Trainerin (INtem)
Business- und Management Coachin
NLP Practitioner (DVNLP)
Assess Beraterin (Scheelen AG)

Schwerpunkte

Verkaufstraining mit Einbindung der Führungskräfte als Coach
Prozessanalyse und Mitarbeiterorientiertes SAP-Training
Auf SAP-Prozesse abgestimmtes Verkaufstraining
SAP-Key-User Coaching
Kompetenzanalyse und Strategic Success Modelling Prozesse

www.sapiens.ch

Claudia Gorzalka

M.A. Stimmtrainerin

Kernkompetenzen:

Studium der Germanistik (Schwerpunkte: Linguistik und Rhetorik), Kunstgeschichte und Philosophie, Abschluss M.A.
Studium der Musikwissenschaft
Privates Gesangstudium bei Manfred Liefländer (MH Dortmund), Ralph Richey (Folkwanghochschule), Edeltraud Blanke (Münster), Hans-Josef Kasper (Saarbrücken)
Fortbildungen in Bewegungstheater, Feldenkrais, Eutonie, Alexandertechnik, Pilates

Künstlerische Tätigkeit seit 1985 als Sängerin, Chorleiterin und Regisseurin
Unterrichtstätigkeit seit 1986 in Körperorientierter Stimmbildung, Bühnensprechen, Gesang und Rezitation
Mitglied des TrainerTreffen e.V. und der European Voice Teacher Association

Schwerpunkte

Körperzentrierte Stimmbildung
Bühnensprechen
Gesang (Klassik, Musical,Jazz)
Präsenztraining
Kreativer Stimmgebrauch

www.stimmtraining-professionell.de

Karin Letter

Key Account-Managerin der Letter Consulting und außerdem verantwortlich für die medizinische Dienstleistungsabteilung

Qualitätsmanagement-Beauftragte (Ausbildung TÜV Süd)

Kernkompetenzen:

Praxis-/Firmenanalysen
Praxis-/Firmenorganisation
Personalführung/Personalmanagmanagement
Qualitätsmanagement
Vortragscoaching

Erfolgsbuchautorin:

„Marketing für Arztpraxen" (Mitautorin) Springer Verlag
„Die Praxismanager" Thieme Verlag

Umfangreiche Veröffentlichungen:

Deutsche Ärzteblatt
Kassenarzt
IGeL-Aktiv
Dentalpraxis
u.v.m.

www.letter-consulting.de

Michael Letter

Unternehmens Coach seit 1995
im Bereich Weiterbildung und
Coaching tätig

Kernkompetenzen:

Zertifizierter Business & Master Coach
Qualitätsmanagement Auditor (Ausbildung TÜV Süd)
NLP Practitioner (DVNLP) und viele weitere
Assess Berater (Scheelen AG)
Master Trainer (ECA)
Master Management Executive Coach (ECA)
Management Consultant/Human Resources/Human Capital
Ideengeber: Commitment in der Führung, aktivitätenbasierte Führung
Referent bei Großveranstaltungen und Kongressen

Erfolgsbuchautor:

„Marketing für Arztpraxen" Springer Verlag ISBN 3-540-20641-8
„Die Praxismanager" Thieme Verlag August 2006

Umfangreiche Veröffentlichungen zum Thema: Führung/ Vertrieb und
Marketing

www.letter-consulting.de

Hans-Gerd Mazur

Seit 1992 Geschäftsführer und
Senior Consultant der Eusera
GmbH, der Unternehmensbera-
tung für Beziehungsmanagement

Studium der Wirtschaftswissenschaften mit Abschluss: Diplom Ökonom

Kernkompetenzen:

zertifizierter Verkaufstrainer (BDVT)
Qualitätsmanagement Auditor (TÜV SÜD)
NLP Practitioner (DVNLP)
brainGuide-Experte (Expertenportal)
Mitglied der German Speakers Association (GSA)
und im Fachjournalisten Verband (DFJV)
Werbetexter mit weiteren Zusatzausbildungen

Das Unternehmen Eusera GmbH beschäftigt sich mit dem Schwerpunkt
Kommunikation in Führung und Vertrieb.

Seine Spezialgebiete sind:
Wirtschaftslinguistik und Life-Design

Als Autor und Co-Autor zahlreicher Publikationen und als
Vortragsredner gilt er heute als der kompetente Ansprechpartner für
die Wirtschaft

www.eusera.de

Sandra Masemann

Jahrgang 1975

Diplom-Sonderpädagogin, Spiel-
und Theaterpädagogin (BUT)

Kernkompetenzen:

5-jährige Berufserfahrung als Sprachtherapeutin
Mehrjährige freiberufliche Dozententätigkeit für diverse Universitäten
& Fachhochschulen (Hannover, Hamburg, Oldenburg, Braunschweig,
Dresden)
Mehrjährige Tätigkeit als Spiel- und Theaterpädagogin mit Kindern und
Jugendlichen sowie theaterpädagogische Fortbildungen für LehrerInnen
Mehrjährige Schauspielerfahrung mit den Schwerpunkten: Improvisa-
tionstheater und Körpertheater
NLP- Practitioner (DVNLP)
Ausbildung in systemischen Strukturaufstellungen (Vargas von Kibed,
Sparrer)
Selbständige Trainerin seit 2005
Fachbuchautorin

Schwerpunkte

Unternehmenstheater
Pflege- Training und Beratung
Train the Trainer
Organisationsberatung
Theaterpädagogik

www.masemann-und-messer.com

Barbara Messer

Jahrgang 1962

Bachelor of Business
Administration,

Kernkompetenzen:

Examinierte Altenpflegerin mit 15 Jahren Pflegepraxis inkl. Management
div. Fachweiterbildungen: Leitung Pflege, Validation, Gerontopsychiatrie,
Kommunikation, spezielle Pflege
Ausbildung in systemischen Strukturaufstellungen (von Kibed, Sparrer)
NLP-Master und NLP-Trainerin (DVNLP)
Suggestopädin, (2002), Ausbildungstrainerin Suggestopädie (2006)
DGSL
Fachbuchautorin, diverse Veröffentlichungen
Mehrjährige freie Theaterarbeit (Maske, Clown, Straßentheater)
Selbständige Trainerin seit 1999

Schwerpunkte

Unternehmenstheater
Pflege- Training und Beratung
Train the Trainer
Organisationsberatung
Theaterpädagogik

www.masemann-und-messer.com

Doris Stempfle

Inhaberin der Firma Stempfle
Unternehmensentwicklung durch
Training

seit 1993 Verkaufs- und Vertriebstrainerin

seit 2002 Managementcoach

Expertin für kreative Problemlösungen in Führung und Verkauf,
NLP Practitioner (DVNLP)
Mitglied im Q-Pool 100 und der GSA
Mehrfache Auszeichnungen mit dem Internationalen Trainingspreis des
BDVT und Fachjournalisten Verband (DFJV)

Kernkompetenzen:

Kommunikation
Verkauf
Führung
Moderation
Vorträge
Zertifizierte Structogramm Trainerin
Mehrfache Mitautorin
Umfangreiche Veröffentlichungen zu den Themen Führung, Verhalten
und Kommunikation

www.stempfle-training.de

Dr. Gerburg Weiß

Burnout-Expertin + Zahnärztin

1994 Approbation als Zahnärztin

von 1994-1998 Assistenz-Zahnärztin

1999 Niederlassung als selbstständige Zahnärztin
in Gemeinschaftspraxis

Promotion 2001

Curriculum für zahnärztliche Hypnose 2003-2005

seit 2005 in Gemeinschaftspraxis Dr. Sensmeier & Kollegen in Minden
als Spezialistin für die Behandlung von Kindern und Angstpatienten

Burnout-Expertin

Zahlreiche Vorträge zum Thema Burnout und
Gesundheit in Unternehmen

www.dr-gerburg-weiss.de

Claudia Wind

Dipl.-Designerin (FH)

Partnerin der Düsseldorfer Design-Agentur 02fuffzehn und zuständig für den Bereich Kreation

Dipl. Designerin mit Abschluss an der Fachhochschule Düsseldorf

Mehrjährige Erfahrung als freiberufliche Designerin für Unternehmen und Unternehmer aus den Bereichen Industrie, Handel und Handwerk

Kernkompetenzen:

Positionierung und Gründerberatung

eingetragene Beraterin in der Beraterbörse der KfW Mittelstandsbank, Bereich Gründercoaching

Corporate Design:
Konzeption und Realisation von ganzheitlichen Unternehmenspräsentationen (Print, Online, Direktmarketing)

www.02fuffzehn.de

Ricarda Zartmann

Verkaufs- und Vertriebstrainerin
sowie Managementcoach

Die Expertin für nachhaltige und messbare Vertriebs- und Kommuni-
kationstrainings ist Mitglied der German Speakers Association (GSA),
Q-Pool 100 und des Fachjournalisten Verband (DFJV).

Kernkompetenzen:

NLP Practitioner (DVNLP)
Kommunikation
Telefon
Verkauf
Führung

Erfolgsbuchautorin:

„Aktiv verkaufen am Telefon" GABLER Verlag ISBN: 978-3-8349-0555-0

Umfangreiche Veröffentlichungen zum Thema: Kommunikation, Telefon
und Führung

www.stempfle-training.de

Notizen

Notizen

Notizen

Notizen

Notizen

Notizen

Notizen

Notizen

Notizen